大学生职业生涯规划与创新创业教育研究

颜丽 沈睿媛 著

天津出版传媒集团
天津科学技术出版社

图书在版编目（CIP）数据

大学生职业生涯规划与创新创业教育研究 / 颜丽，沈睿媛著. -- 天津：天津科学技术出版社，2023.6
 ISBN 978-7-5742-1326-5

Ⅰ.①大… Ⅱ.①颜… ②沈… Ⅲ.①大学生－职业选择－研究②大学生－创业－研究 Ⅳ.①G647.38

中国国家版本馆CIP数据核字(2023)第109385号

大学生职业生涯规划与创新创业教育研究
DAXUESHENG ZHIYE SHENGYA GUIHUA YU CHUANGXIN CHUANGYE JIAOYU YANJIU

责任编辑：	杨 譞
责任印制：	兰 毅
出　　版：	天津出版传媒集团 天津科学技术出版社
地　　址：	天津市西康路35号
邮　　编：	300051
电　　话：	（022）23332490
网　　址：	www.tjkjcbs.com.cn
发　　行：	新华书店经销
印　　刷：	定州启航印刷有限公司

开本 710×1000 1/16 印张 16 字数 255 000
2023年6月第1版第1次印刷
定价：98.00元

前　言

我国在高等院校大学生就业方面实行了政府调控、学校推荐等就业机制，高等教育也逐渐由"精英教育"转变为"大众化教育"，大学生就业也步入了"大众化"时代，大学生就业市场竞争激烈。大学生应对当前的就业形势有充分理解与正确认识，积极主动学习、探索职业规划以及就业创业的课程与知识，并保持良好的心态以及奋发进取的精神进行职业生涯规划，调整自己的就业心态，转变就业观念，学习有关的技巧，树立创新意识，从而为大学生毕业以及顺利就业、创业创造有利条件。"大学生职业生涯规划与创新创业教育"已经成为当代大学生的一门必修课程，只有将职业生涯规划以及创新创业教育融入整个大学时期，并实行全程指导，掌握与创新创业有关的知识，提高自身的专业水平以及综合素质，做好创新创业准备工作，这样才能在竞争激烈的就业市场之中脱颖而出。

撰写本书的主要目的是指导当代大学生能够做好职业生涯规划，帮助学生学习创新创业技巧，令莘莘学子可以在大学时期获得更好的发展，将来步入社会之后能够在事业上取得进步。

如今，在"大众创业，万众创新"的时代背景之下，大学生必须树立创新精神，提高创新创业的意识，树立远大的理想与目标。大学生职业生涯规划与创新创业指导应从大学生进入大学开始，先重点实施大学生职业生涯规划教育，帮助大学生树立学习目标，使大学生做好大学阶段的规划，并结合实际情况进行调整，逐步落实。再有计划地对大学生实施就业指导以及创新创业教育，结合课堂教学与实践，引导大学生正确认识自我，立足社会需求，充实自我，为其今后走上工作岗位做好充分准备。

本书是在笔者经过长期大学生职业生涯规划指导及创新创业教育实践经验的积累基础上撰写而成，其中颜丽负责第一章至第五章的撰写，共计15.2万字，沈睿媛负责第六章至第八章的撰写，共计10.3万字。本书较为系统地对大学生如何做好职业生涯规划进行了研究，具有一定的指导性、实用性，以期能为大学生更好地开展职业生涯规划和就业起到指引作用，并对从事大学生职业指导教育工作者提供实质性帮助。由于笔者水平有限，本书中难免存在不足，敬请各位读者批评指正！

目 录

第一章 大学生职业生涯规划概述 003
- 第一节 职业生涯规划的概念与特征 003
- 第二节 影响职业生涯的因素 008
- 第三节 大学生自我认知与职业发展 021

第二章 大学生创新创业教育理论基础 027
- 第一节 大学生创新创业教育发展 027
- 第二节 大学生创业基础环境分析 031
- 第三节 创新的含义、特征与方式 039

第三章 大学生职业生涯规划的制定 077
- 第一节 大学生制定职业生涯规划的意义 077
- 第二节 当代大学生职业生涯规划的目标 082
- 第三节 大学生职业生涯规划的制定原则 087
- 第四节 大学生职业生涯规划的设计、实施与修正 090

第四章 大学生职业化素质与能力提升 103
- 第一节 职业化解读 103
- 第二节 大学生职业化素质的提升 106
- 第三节 大学生职业化能力的提升 121

第五章 大学生职业生涯规划管理的对策 133
- 第一节 妥善做好时间管理的规划 133

第二节　恰当的表达与情绪管理 ·············· 139
　　第三节　提高大学生抗压能力 ·················· 147

第六章　新时代大学生创新思维的培养 ·············· 156
　　第一节　培养创新意识促进人才素质结构的变化 ·············· 156
　　第二节　训练创新思维提升思维品质 ·············· 159
　　第三节　新时代大学生创意方式的形成 ·············· 163

第七章　大学生创新创业教育概况 ·············· 168
　　第一节　当代大学生创业意向与实际需求 ·············· 168
　　第二节　大学生创业的选择与误区 ·············· 174
　　第三节　互联网时代下的创新创业 ·············· 180

第八章　"双创"背景下大学生创新创业教育措施 ·············· 213
　　第一节　重塑高校大学生创新创业教育理念 ·············· 213
　　第二节　研究高校"双创"教育政策的演进逻辑及推进策略 ·············· 218
　　第三节　构建新时代高校"思政"与"双创"协同育人路径 ·············· 232
　　第四节　"双创"教育未来发展趋向的思考 ·············· 240

参考文献 ·············· 247

基础理论篇

第一章 大学生职业生涯规划概述

结合当前的社会现状来看,部分毕业生在就业之前比较迷茫,以及在就业之后频繁跳槽的主要原因就是缺乏职业生涯规划。如果大学生能够尽早结合人生目标以及市场需求,找准自己的职业定位,在校期间有针对性地学习有关知识,并提升自身素养,那么其将来的就业则更具针对性,职业生涯相对比较顺利。

第一节 职业生涯规划的概念与特征

一、大学生职业生涯规划的概念

(一)职业的分析

1.职业的含义及特性

职业是人类社会分工的结果,随着社会的不断发展,以及生产力水平的提高,社会分工更加精细化,职业的类别以及内部的构成等方面变得更加丰富。在职业发展的过程之中,人们对于职业含义的界定各不相同。

对专业概念的界定主要包括了从事职业的主体、职业个体以及社会功能、职业性质等多种因素。职业内涵主要包括具备劳动能力、具备社会价值、满足个体需求、是持续性活动。

人们不仅可以从社会的视角上看待职业,还能从个人的视角上看待职业。从社会的视角来说,职业主要是指人们为了生存、发展而从事社会劳动。从个人的视角来说,职业是一个人扮演有关的工作角色,人们通常所说的职业主要是指在职人员所从事的有偿工作种类,人们日常生活中所说的

"找工作",即选择职业。

站在组织的角度上来看,职业是不同的行业或组织中所存在的一组相似的职位,无论一种职业是普通的还是专业的,都是存在于行业或者组织之中的。

职业具有如下几个特点。

(1)社会性。职业是一种个人在社会劳动体系之中所从事的活动,所以可以将职业活动的过程看作为社会提供服务的过程,职业的社会性体现在以下几个方面:

首先,体现出社会功能,也就是一定的职业对社会的整体作用,通过责任、权利以及义务充分体现出来。通常来说,社会功能比较大的职业有着较高的任职条件,且职业层次较高。

其次,体现出社会报酬,也就是任职者的福利待遇以及工资收入等,这是一项综合性的指标。工资收入较高,其福利待遇不一定高,晋升的空间与机会也不一定多,所以不同的人通过不同的标准进行评判。

最后,体现出职业声望,有的职业收入比较高,但是社会地位相对来说不够高,因为职业声望是人们主观反映职业社会地位的重要因素。所以,不可避免地带有一定的个人偏见,或者容易受到社会环境、舆论因素等影响,导致职业声望以及社会地位存在差异。

(2)连续性。如今,社会在快速发展与进步,社会的分工日益变得精细化,各行各业的专业化水平日益提高,在这种背景之下,要求人们所从事的职业是相对稳定的,具有一定的稳定性以及螺旋上升趋势,即明显的连续性。假如职业生涯出现断层的现象,或者一个发展相对较好的职业道路突然转变了方向,那么对于职业的发展是一种"倒退"现象。可见,职业的连续性比较重要,不停跨行业跳槽并非好事。

(3)经济性。人们在从事某一种职业的过程中,一方面能够为社会创造财富,另一方面能够获得一定的报酬。显而易见,有经济收入是职业的主要特征,且这种经济收入应是稳定的,而不是断断续续、可有可无的。

(4)规范性。任何一种职业都需要特定的职业规范,主要涉及人们在从事某一种职业的时候,应遵守的规则、章程等。这些职业规范可以通过法律、法规的形式体现,也可以通过组织章程、制度形式的形式体现。无论是以怎样的形式体现,职业活动都应受到一定的约束。

（5）知识性与技术性。人们从事某一种职业都应掌握、具备专业的知识与技术,一些职业所需要的知识或者技术相对来说比较容易掌握,一些职业所需要的知识与技术相对来说不易掌握。

（6）统一性与差异性。相同类别职业的劳动条件、工作内容等都是相同的,这就是职业的统一性。因为存在着职业有统一性的特点,所以才出现了行业规范、行业协会等。而不同类别的职业存在着比较大的差异性,在科学技术高速发展的时代,职业差异化将持续扩大。

结合职业的特点来看,无论对于个人的生存还是社会的发展来说,职业都具有十分重要的作用与意义,既能够维持社会的正常运转,为社会创造财富,又能推动个人的发展。

2. 职业的功能对个体生活的作用

对于大多数人而言,职业具有无可替代的地位,体现出了重要作用与意义。

首先,职业是人们生存的手段,职业生活是人生之中不可或缺的重要组成部分,同时是构成人生的关键,人们的职业生活具体表现在参与社会劳动获得生存。人们能够通过职业为社会奉献自己的劳动,社会给予劳动者一定的报酬,而劳动报酬则是人们生存以及发展的主要经济来源,满足人们谋生的需求,同时能够使人们积累个人财富。

其次,职业可以推动人们的个性化发展,每一种职业都有着比较独特的活动结构,对于从业者的心理、生理等方面有着特殊的要求。人们通过参与具体的职业活动,能够逐步形成、发展自己的个性,随着从业时间的增加,个人的智力、体力等方面都能够得到提高。

再次,职业是有效丰富个体社会角色的重要载体,选择谋一份职业就是选择了一种社会角色,也是选择了一种生活方式。可以说,职业角色能够丰富个体社会中的角色,职业也能够成为个体为社会做出贡献的重要途径,在整体的过程之中又能够扮演新的角色,这样一来,个体的生活才能够不断增添新内容。

最后,职业是一个发展自我、实现自我的舞台,职业活动主要是按照社会规范以及内在规律而运行，人们的职业劳动能够谋生的同时，不断为社会创造价值与财富。当今社会的劳动分工比较明确，一个人只能够从事某种比较具体化的劳动形式，通过交换劳动成果，满足彼此的实际需求。与此同时，交换劳动成果的过程能够衡量人们对社会、国家所做出的贡献。

（二）职业生涯规划的概念

职业生涯规划主要是指个人的发展与组织发展相结合，在分析个人以及内外环境因素的前提下，确定个人事业发展的具体目标，并且适当选择实现这一事业目标的职位，制订相对应的工作、行动计划，合理安排时间。如果说职业生涯是人生中的一次旅行，那么职业生涯规划就是旅行中不可或缺的"地图"，是指引人们前进的指南、旅途中的航标。

良好的职业生涯规划应具备以下几点特征。

（1）可行性。计划内容应具有事实依据，并不是美好的幻想，否则只能延误职业生涯发展的机遇。

（2）适时性。规划是一种对未来进行预测的行动，能够确定将来的目标，所以如何实施各项主要活动，以及何时完成各项活动都离不开详细的安排与计划，以此为依据。

（3）适应性。规划未来的职业生涯目标涉及诸多可变因素，所以规划应具有一定弹性，从而增强其适应性。

（4）持续性。人生每个发展阶段应能持续、连贯、衔接。

根据职业生涯规划的时间长短，可以将职业生涯规划分成短期规划、中期规划以及长期规划。短期规划一般是指三年之内的规划，主要是确立近期的目标，规划近期所完成的任务。中期规划一般是指三至五年的规划，规划一定时间之内的目标与任务。长期规划一般是指五至十年的规划，主要是设定比较长远的目标。更长远的规划可以称为远景规划或者远期规划，越是近期的规划，其可行性以及可操作性越强，且应越详细。

二、大学生职业生涯规划的特征

总的来说，大学生职业生涯与其他群体或者个人的职业生涯有着共同的特点，也有着其特殊性。

（一）终生性

大学生职业生涯是其一生之中持续不断的一个过程，职业生涯对大学生一生之中的各种职位与角色，以及其一生之中的各种职业行为、活动进行了概括。

（二）独特性

每一位大学生都拥有自身的从业条件，有着自己的职业规划以及职业选择，且为了实现自己的职业目标不懈努力。正因如此，每一名大学生的职业生涯都是独一无二的，从事着不同职业的个人有着比较明显的职业生涯差异，甚至从事着相同职业的不同个人也有着不同的职业生涯，其职业生涯在不同阶段有所不同。

（三）发展性

大学生职业生涯实际上是一个不断变化的发展过程，呈现出了动态化特点。随着大学生认知能力的提高，他们对于世界以及职业的认知也逐渐深入，这使得其职业目标不断变化。而大学生的职业目标发生变化之后，其职业规划也会做出相应的调整，职业生涯也随之变化。不同的个体之间，有的职业生涯成功，有的则失败；有的职业生涯发展顺利，有的则遭受挫折。

（四）阶段性

大学生职业生涯由不同的发展阶段所构成，可以将其划分为不同的发展时期。在每一个时期、每一个阶段都有着不同的任务以及目标，且职业生涯的各个阶段之间存在着逻辑关系，每一个阶段是前一阶段的延续，同时是后一阶段的基础，各个阶段之间是一个统一发展的过程。当代大学生如果能够主动、积极为职业生涯做准备与规划，迅速迈出职业生涯的关键一步，那么则能为其将来的职业生涯顺利发展打下基础，促进其职业生涯的成功，使其能够实现自己的职业目标。

第二节 影响职业生涯的因素

影响个人职业生涯发展的因素较多,并且其中的关系错综复杂,本节结合影响职业生涯的因素进行了分析。

一、影响职业生涯的自身因素

个人因素在职业生涯中起着决定性作用,决定着人的发展方向以及发展前景,主要包括健康、性别、教育水平、年龄、心理特征等因素。

(一)健康

拥有健康的身体是一个人职业生涯开始的基础,几乎所有的职业都需要拥有健康的身体,但是当今社会紧张忙碌的工作容易给人们带来较大的压力,从而损害人的身体健康。所以,采用一些技巧,保持适度的压力激励自己,同时不损害身体健康是比较重要的。一些积极追求健康的人,大多对于他们过往的职业经历比较满意,他们关心健康、追求快乐的工作,且看重生命。

(二)性别

性别对于事业的挑战别具意义,结合当今时代的现实情况来看,许多职业都带有明显的性别特点,不同性别对于职业的偏好也有所不同。每一个人都可以充分将自身的性别优势发挥出来,从而进一步发展个人职业生涯,体现个人价值。

(三)教育水平

教育能够赋予个人才能,塑造健康的人格,促进个人的长远发展。由于所接受教育程度的不同,在个人职业选择或者被选择的时候,体现出了不同的能量。通常而言,接受过较高水平教育的人,能够在就业之后拥有更大的发展空间,并且在职场不如意再次进行职业选择的时候,其能力以及竞争力相对来说较强。除此之外,人们所学的学科类别、专业类别等,对于职业生涯起着基础作用。人们在选择职业、转换职业的时候，其通常与所学的专业存在着必然关联，所以职业发展受专业培训以及正规教育的影响，教育程度是一个人事业成功不可缺少的重要因素，但是两者之间并非成正比关系。如今，企业更加关注应聘者的能力以及技能水平，而不仅仅是重视学历，一般情况下，企业要找的是既受过正规教育，又有一定发展潜能的人。

(四) 年龄

大多数的正式职业中，所谓的"机会之窗"存在于一个人能够投入、突破的情况下，所以这种"机会之窗"与人的年龄之间有着十分密切的关联。结合实施情况而言，少部分人在认定年龄之后，才开始事业的重要阶段，被称为"大器晚成"，而大多数人有一个最佳的事业发展时期，应牢牢把握优势期，并对自身的职业、事业进行拓展。

(五) 心理特征

职业的选择是将个人快乐原则与现实原则相结合产生的结果，个人在人格以及冲动的引导之下，结合升华的作用，选择能满足其实际需求的职业，影响个体职业选择与发展的心理因素主要包括以下几点。

1. 个性

气质、性格在一个人的个性方面是比较稳定的因素，一个人的性格、气质对于职业选择乃至职业成功方面有着持续性的作用。比如，性格比较内向的人一般不会选择自我表现、自我强调较多的职业，即使选择了这类职业也容易在实际工作的过程中感到不适，从而阻碍其职业成功。

2. 兴趣

俗话说"兴趣是最好的老师"，兴趣在个体职业选择方面发挥出了重要的价值。有关社会研究表明，自主选择与自身爱好、能力以及兴趣等相符的职业的个体，他们的实际工作效率相对来说较高，且能够在较长的时间之内不会感到疲劳。但是如果个体对于所从事的职业缺乏充足的兴趣，那么不仅实际工作效率相对较低，还容易感觉筋疲力尽。个体之所以能够在职业中有较为突出的成就，或者有着一定的专业优势但未有工作业绩，主要原因就是职业兴趣。产生兴趣的内在驱动力能在无形中形成不断进取的精神，且只不知不觉中推动个体排除种种困难。当然个体的兴趣爱好也会随着时间的推移出现一定的变化，但是一旦确定，就会成为职业选择的驱动力，为职业成功奠定基石。

3. 能力

能力是完成一定活动的本领，主要包括完成一定活动的具体方式与所需要的心理特征等。通常来说，人们经常将能力与知识相提并论，任何一种职业的完成都应将能力与知识相互配合。能力属于一种动态系统，知识属于经验系统，掌握知识需要将一定的能力作为基础与前提，知识的掌握需要提高相应的能力。个体所掌握的专业知识以及有关能力均为职业选择的参照与定位，在选择专业的过程中，个体能力方面的因素起到了参考作用，继而结合所学专业进行深造。

将自身能力的强弱作为考虑职业选择的主要因素，是当前阶段求职者中的普遍现象。尽管一些求职者会出现能力估计的偏差或错误，但是在选择的时候仍将能力作为权衡的主要依据。因此，尽量在自身能力允许的职业群体中寻找合适的方位，大大增强职业成功的可能性。

4. 价值取向

一个人意识系统的核心部分就是价值取向，并且在根本上约束了主体因素的其他方面，是一种隐藏较深的稳定性因素，不容易被观察、感觉到，但是这并不妨碍价值取向因素成为影响个体职业定向以及选择的根本因素。个体对于某种价值的追求与排斥，以及对于某类事物的厌恶等，成为价值取向中与职业较为密切的部分。个体能够为了维持生计进行工作，或者是为了实现自身的梦想而参与工作。从个体的角度上来看，一种工作可能有着多重意义，这些意义直接作用于职业定向及选择。部分个体之所以能够对精神实现型职业有着较强的向往，主要原因并非其对于现实生存——物质现实采取漠视、否定态度，而是其价值取向结构中的精神需求以及精神实现超过了物质需求以及物质实现，在职业选择中，价值观结构中的精神性因素占据一定优势。

综上所述，这几个因素构成了一个人的综合素质，是个体选择职业的出发点，更是个体职业发展的重要基础。

二、影响职业生涯的职业因素

如果说在职业选择、发展中,自身因素起着基础性作用,那么职业因素则起着制约、平衡的作用。

(一)职业要求

职业要求主要是指职业对于任职者综合素质的要求,可以说,职业是包含了特定任务的工作,完成特定的任务需要特定的知识、技能等基础条件,并且对人的要求越高,那么被替代的可能性则越小,职业社会层级也就越高。一些职业对于知识、技能等方面的要求比较高,一些职业对于体能等方面的要求比较高,这也就直接决定了在进行职业选择的时候,不同的人应学会适应职业的实际要求。如果人的素质与职业要求不相符,那么就会造成人职不匹配,或者职业满意度较低等问题的出现,从长远的视角上来看,则不利于职业的发展。

(二)职业声望

职业声望是职业地位在人们脑海中所形成的一种主观反映,直接反映出了在一定时期,人们对于职业的态度与评价,个体的职业声望主要是反应个体对于职业资源的状况。

一般而言,决定职业地位的因素有职业社会功能、职业社会报酬以及职业自然条件三方面。

(1)职业社会功能主要是指职业对于社会的功能与作用,主要是从责任、权利、义务等方面体现出来。社会功能相对来说较大的职业其任职的条件更高,职业的层级相对来说也就更高。

(2)职业社会报酬主要是指任职者的福利待遇、工资收入、发展前景等,这是一种综合性的指标。

(3)职业自然条件主要是指职业的自然工作环境,职业自然条件好,其职业社会层级也就越高。

总而言之,职业声望是以上几个因素的综合反映与综合作用的结果,任何单项的因素都无法将职业声望的状况反映出来。由于职业声望是人们对于职业社会地位的主观反映，因此不可避免地带有一定的个人偏见，或者受社会环境、舆论氛围等因素的影响，使得职业声望以及社会地位出现了一定的差异性。从择业的视角上来说，人们通常愿意选择声望比较高的职业，但是有时候也会出现反常的现象，比如将收入高或者工作地区好作为择业的重要指向，不顾及职业社会功能以及个人能力特长等，不利于职业未来发展。

（三）行业环境

行业环境是影响企业发展状况的直接因素，也影响了个人职业生涯发展，个体在进行职业选择的时候，应着重考虑有发展前景的行业，这样才能更加有利于个人职业目标的实现，行业环境主要包括以下几方面内容。

1. 行业发展的现状

结合行业发展的现状分析，应深入了解自己想要进入什么行业，或者自己现在所从事的行业，以及该行业当前的发展趋势，是一个夕阳的行业，还是朝阳行业等。

2. 国际国内重大事件对该行业造成的影响

整体来看，行业的发展容易受到国际国内重大事件的影响，进一步影响到该行业是否能提供比较多的职业机会。

3. 预测行业发展的前景

预测行业发展的前景可以从两个方面出发：一方面，该行业的生命力，其是否有着技术支持以及资金支持等；另一方面，应充分考虑、分析国家对于该行业的政策与投入等。

（四）组织环境

组织环境直接影响着个人的职业生涯，所有人都处在了组织的小环境之中，个体发展与组织发展紧密关联，组织环境主要包括以下几方面。

1. 组织文化

组织文化在一定程度上决定了一个组织如何看待其员工，可以看出，员工的职业生涯受到了组织文化的左右。显而易见，一个主张员工积极参与管理的组织比一个独裁的组织更能为员工提供广阔的舞台与机会。当然，如果个体的价值观念与组织文化产生冲突，难以适应组织文化，也会直接影响其在组织中的发展。

2. 组织制度

组织员工的职业发展，归根结底是需要以组织的管理制度为重要保障，主要包含了合理的培训制度、晋升制度等。组织的价值观念以及指导思想也应渗透制度之中，这样才能使各项制度贯彻执行。如果缺乏制度，或者制度不够合理，那么员工的职业发展难以实现，甚至可能会成为空谈。

3. 领导者的价值观与素质

组织的文化以及管理风格与领导者的价值观念以及素质等有着比较直接的联系，如果领导对员工的职业发展未能给予重视，那么该组织的员工也难以拥有充足的发展空间。

4. 组织整体实力

组织的整体实力是指组织适应环境要求，以及持续发展的资源条件、竞争能力，只有适应环境以及发展趋势，企业才能得以生存。一般而言，个人在整体实力较强的组织下能拥有更大的成长空间。

三、影响职业生涯的环境因素

环境能在直接或者间接中对个人职业发展产生影响，左右着个体所从事的行业，同时改变着人生的发展轨迹，职业环境包括地理环境、社会环境、家庭环境。

（一）地理环境

地理环境对于事业造成的影响经常被人们忽略、低估，在有利于发挥自身才能的环境之中，个体才有更多的职业发展机会，所以个体应选择能够为其提供职业机会的地理环境工作、居住。

（二）社会环境

社会因素影响了每个人对于职业的选择以及职业生涯的发展，结合对社会环境的分析，充分了解国家或者地区的经济发展、法制建设等方向，可以寻求多种发展的机会，对职业发展造成影响的社会因素包括以下几方面。

1. 经济发展水平

经济发展水平相对较高的地区，企业相对集中，并且优秀企业较多，个体职业选择的机会也更多，所以更加有利于个人职业的发展。相反，在经济相对比较落后的地区，个人的职业发展也容易受到限制，但是在一定的条件之下，经济落后的地区存在着更多的发展机会。对此，人们应该结合具体的情况加以分析，不能一概而论。

2. 社会文化环境

社会文化环境包括教育的水平与条件、社会文化设施等，基于良好的社会文化环境之下，个人可以受到良好的教育以及熏陶，为职业发展奠定坚实的基础。

3. 社会政治环境

社会政治与社会经济之间是相互影响的，政治不仅能够影响一个国家的经济体制，还影响着企业的组织体制，进而直接影响到个人的职业发展。政治制度以及政治氛围还可以在无形之中影响个人的追求，进一步对职业生涯产生影响。

4. 社会价值取向

一个人在社会环境之中生存，必然容易受到社会价值观念的影响，大多数人的价值取向或多或少被社会主体价值取向左右。一个人的思想发展、成长的过程，也就是认可、接受社会主体价值观念的过程，社会价值观念正是通过影响个人的价值观念，进而对个人职业选择造成影响。

（三）家庭环境

家庭能够给人生大事留下深刻痕迹，许多人的职业选择就融合了家长的意志，虽然有着比较明晰的个体职业意识，加之心理逐渐成熟，家庭对于个体职业的影响逐渐有所减少，但是家庭作为个体的后盾，对于职业选择方面所发挥出的影响无法从根本上消失。特别是个体在面临职业选择的时候犹豫不决，家人的意志作用会被放大，对于个体的职业选择产生了较为重要的影响。这种影响职业选择的效果并不能一概而论，有着比较积极的一面，但是也有可能在无形之中隐藏着危险,即如果职业实践不尽如人意,那么个体职业发展可能会十分缓慢,甚至出现中断的问题,对于个人职业发展影响较大。

四、职业生涯的三元理论

影响职业选择以及决定事业成功的因素较多,且关系复杂,在进行职业生涯规划的时候,需要充分了解这些因素对于人的职业生涯造成了怎样的影响,以及关键因素有哪些,人们应如何结合这些内在的关系更好地进行职业生涯规划,选择正确的努力方向,争取实现自身的职业理想,避免人生不必要的弯路。

人的职业生涯规划动态过程之中,不同类别的因素发挥出了不同的作用,这些类似的因素构成了决定、影响职业生涯规划的元素。职业生涯三元理论旨在将这些元素对于职业生涯的作用机制进行揭示,并应用这些机制有效制定职业生涯规划。

(一)职业生涯三元素

立足于职业生涯规划的实际需要角度,可按照功能将决定、影响职业生涯规划的元素归纳为五类,即职业自我、工作世界、个人努力、职业环境以及生存环境。生存环境是一种宏观因素,在人的一生之中都存在,但是在个人职业生涯规划方面,生存环境是影响因素,而非决定性因素。职业环境是个人在进行职业选择的时候需要一同考虑的因素,在职业生涯规划及发展的过程中起着重要的作用,并且进行认真的考察与评估,但是其是影响职业生涯的因素,并非职业生涯发展的决定因素。人是具有主观能动性的高等动物,个人的自我因素主要包括先天性遗传因素、后天因素等。但是,个人的后天因素能够通过努力大大改变职业自我因素,进而决定人们的职业发展,因此可以将这类因素归为个人努力元素。这样一来,就可以将职业生涯的决定因素浓缩为职业自我、工作世界以及个人努力,这三类因素相互作用影响着个人职业生涯发展,可以将这三类因素称为职业生涯规划三元素。

1. 职业自我

因为一定的遗传作用,导致了不同的人有着相同的生物属性,同时不同的人又有着身高、年龄等不同的生理特点。人既是社会动物,又具有社会属性，社会属性更多地体现在人的差异性，尤其是在心理特征、思维特征、价值观念等方面。

无论是自然属性还是社会属性，都会形成每一个人与其职业发展的有关因素，将人的自我因素中与职业有关程度高的因素作为一个集合，从而形成了职业自我元素（图1-1）。职业自我通常是指气质、性格、健康等，是职业选择的基本因素。

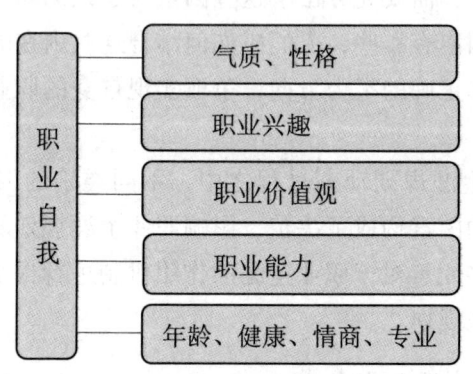

图1-1　职业自我元素

2. 工作世界

工作世界涵盖了社会上各种各样的职业、工作，不同的国家对于职业实行了分类划分的方式，使得职业能够方便被人了解，同时便于人们掌握职业信息。职业是生产力发展的结果，随着生产力的快速发展，不断衍生出了各种各样的职业（图1-2）。

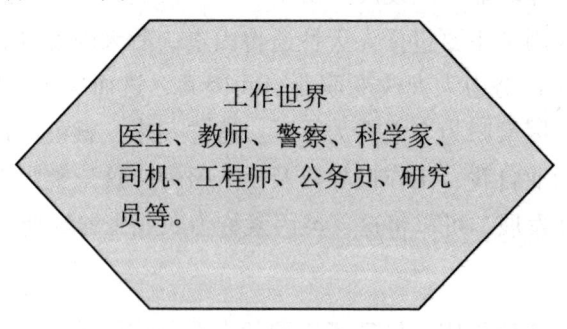

图1-2　工作世界元素

通常情况下，人的一生不可能从事所有的职业，只能选择一种或者多种职业，每一种职业或者工作都有其特定的规则与内容，并且有着不同的职业特点，对从业者的技能、心理特征等方面有着不同要求。这些要求能够为从业者造成一定程度上的障碍，同时能够为其带来一定的机会，应看自己如何选择、把握。除此之外，许多人不懂应选择哪些职业、如何选到自己期待的职业等，这也是择业时，人们容易产生迷茫与困惑的主要原因。

3. 个人努力

当今时代，许多人通常会产生一种无力把握自身命运的感慨，尤其是在面临职业选择时的大学生，他们容易产生迷茫感、彷徨感。俗话说"一分耕耘一分收获"，决定一个人事业成功以及事业高度的重要因素，除了机遇之外，还有个人的不懈努力。影响职业选择的主要因素包括先天遗传以及个人无法控制的因素，同时有着可变因素，主要包括后天习得能力、自我管理等。后者主要是通过个人的努力进行改变，可以将其归结为个人努力元素。

职业生涯规划中，个人努力通常是个人合理控制自身后天可控因素，从而将最大效用发挥出来的过程。个人努力因素主要包括积极的态度、正确的认知等方面（图1-3）。

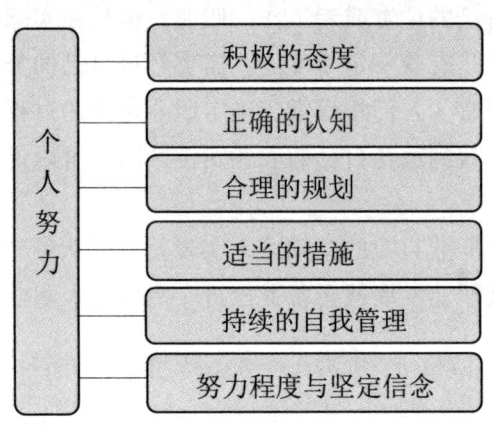

图1-3　个人努力元素

立足于个人的视角上来说，社会发展的过程中存在着适者生存的法则，由于个人的力量十分渺小，一般难以改变环境，只有改变自身，从而适应环境，才能够得到良好且长远的发展。立足于社会发展的角度上来说，正是由于每个人所具备的社会性、适应性，才进一步成就了社会历史发展的规律。

由此可以看出，职业生涯规划的前提是个人，规划者应形成自主意识与职业意识，并且有主观愿望与动力，愿意改变自己。

（二）职业生涯三元素对于职业生涯的内在决定

职业生涯三元素中，各个元素之间并非独立的，而是相互之间有着一定的关联、作用。它们之间所存在的相互关系形成了职业生涯规划的交集区间，交集部分是职业生涯规划的焦点与主要环节。

1. 职业定位

职业自我与工作世界之间的交集，其本质含义就是个人职业自我的特质与工作世界的职业要求相匹配，或者说交集区域中的这些职业、工作适合个人的职业特征。这个区域就是人们所期待的职业，是人们所希望的未来能够寻找到的可以从事的职业。因此，应称之为职业定位或者职业定向，人们可以将职业定位作为一个区域，表示适合个人的职业是某几个或者某几类。

从理论的视角上来看，职业定位是存在的，每一个心智正常的人在社会中都能找到适合自己的位置或者工作、职业，但是在实际生活之中，想要找到适合自己的位置是有着一定难度的，需要经过自己的努力探索才能找到自己的职业定位。通常，人们将探索、确定职业定位的过程称作职业定向。一个人如果能够真正找到适合自己的职业定位区间，可以说其职业规划已经成功了一半。

如果人无法在职业自我的基础之上实现就业，从事与职业自我相适应的工作职位，那么其职业发展就会备受挫折，造成个人职业的满意度与幸福感较低。

2. 自我改善

一个人的努力元素与职业自我元素的交集区间本质含义是提升个人素质以及条件方面所做出的努力，改善自我以及提高自我包括许多方面，但是真正对职业发展有所影响的是个人与职业自我有关的部分。个人改善自我方面的内容存在着较大的不同之处，应包括在职业规划中。

3. 职业探索

个人努力元素与工作世界的交集区域本质含义是个人对于职业、工作的了解与探索做出的努力，这部分的努力能够使个人对职业有更加深入的了解，并掌握职业对个人的要求。这也就是探索职业以及环境的过程，交集以外部分表示所作的探索超过了职业相关的努力，且与职业探索并无关联。

4. 职业目标

适合个人的职业并非只有一种，往往是一个区域，也就是有一些或者一类的职业适合个人。对此，合理的职业定位能够为人们寻找理想职业指明方向，但是这并非个人今后所从事的，或者较为理想的职业，仍需进行探索，从而做出职业决策。

为了将人们职业选择的范围缩小，更加有助于个人做出正确的职业选择，或者进一步实现自身的职业梦想，应明确自身的职业目标。

从整体角度来说，目标代表了个人的愿景，人生拥有一定的目标，才能执着追求，进而有成功的希望。通过阶段性目标的制定，将自己的梦想落实在计划之中，再身体力行，积极进行实践，从而逐步达成自己的人生目标，这就是职业生涯规划的具体表现。

结合职业生涯三元素的关系可以看出，职业目标主要存在于职业自我、工作世界以及个人努力的相互关系之中，或者说存在于职业定位及个人努力相互关系之中。

在进行职业定位之后，职业目标主要取决于自身的实际努力以及意愿之中，或者个人围绕职业定位而做出的多种努力决定了职业的目标。职业目标主要就是职业自我、工作世界以及个人努力三个元素的交集，其含义是职业自我与工作世界的交集形成了职业定位，个体在定位的职业区域之中做出抉择，明确并选择自身比较期待的职业作为自己将来所从事的职业。对此，结合多种努力实现这一目标，个人为此持续改善自身从而适应职业的要求，实现职业目标。这是一个比较统一的、具体的目标，主要涉及了职业名称、应采取的措施、个人努力方向。个人努力的范围主要是改变自身从而适应职业要求，也包括积极对职业进行探索，寻找较为适合自己的职业。只有如此，人们才能做出比较合理的职业生涯规划，这也是三种元素高度统一的结果。

（三）三元理论在职业生涯规划中的应用

职业生涯规划就是发现以及寻找三类元素交集的过程，成功的职业生涯规划就是找到三类元素交集的结果，而成功的人生则是实现了三元素的结合。

三元理论能够使人们掌握在职业发展中，不同因素的不同作用与地位，以及其如何相互作用，并且决定了人的职业生涯发展，这一理论能够为人们提供职业生涯规划的依据与方式，帮助人们科学、合理制定职业生涯规划，提高职业生涯规划的可行性。

通过三元理论可以看出，职业生涯规划包括职业自我、工作世界以及个人努力。首先，人们应充分了解职业自我，不断展开职业探索，掌握职业以及职业的信息，在此基础上，应积极寻找两者之间的交集，并进行职业定位，明确自身的职业发展方向。与此同时，综合多种因素明确自身的职业目标，查找自我以及职业目标之间的差距，并采取有效措施实现近期、远期的自我需求。在进行合理的职业生涯规划的前提下，通过自我管理与执行，逐渐实现不同时期的职业生涯目标，直至个人职业生涯的结束，即职业生涯规划的方式与过程。

由此可以看出，职业生涯规划是一个不断探索的过程并不是一个简单的结果。这种方式适用于尚未进行职业定位或者确立职业目标的人。有的人已经明确了职业目标，可以进行适当的职业生涯规划：依据三元理论，检验自己的职业目标，通过探索职业自我，对职业以及职业环境进行全面分析，从而验证自己所制定的职业目标是否符合职业定位。如果符合，那么可以按照所确立的职业目标制定合理的实施方案。如果不符合，那么需要自我反省、修正自己的职业目标。

人们可以将职业生涯规划看作人生战略的设计，战略实际上就是对未来的发展进行合理安排。一个人能否成功，主要在于能否对自己的人生规划进行管理。大学生应清楚自己想要成为怎样的人，以及将来需要从事怎样的职业，为了实现自己的人生目标应如何安排自己的学习与生活。

职业生涯的规划需要大量的信息，而人们无法把握自己将来的信息，所以有的大学生认为不必制定职业生涯规划。但正是由于信息比较匮乏，人们才需要对自己的未来进行规划，通过自己的不懈努力实现理想。职业生涯更重要的是作为一种激励的措施与手段，使自身能够充满斗志，有着勇往直前的心态。

大学生对自己的人生道路做好规划，设计好前进的策略，不放松学习，时刻保持进取之心，并且善于总结经验，为自己的成功人生奠定基础。制定一个比较科学的职业生涯规划，将有利于选择最佳的职业生活，优化职业生涯过程，并创造出较大的价值。大学生应朝着提高自我、建设自我等方向努力，这是其职业生涯规划的主旨。

第三节　大学生自我认知与职业发展

一、自我认知

自我认知即"自我意识"，主要是个体对自己存在的觉察，包括对自己的行为、心理状态等方面的认知。

通常来讲，自我认知主要包括三个层面，首先是对自己身体状态的认知，也就是物质自我认知。其次是对自身心理状态的认知，也就是精神自我认知。最后是对自身社会性状态的认知，也就是社会自我认知。

心理学上的自我认知可以分为自我觉察、自我认识、自我评价以及自我分析等。

二、自我认知与职业发展

（一）自我兴趣认知与职业发展

1. 兴趣的概念

兴趣指的是人力求认识与趋向某一事物，并于肯定情绪有所联系的心理倾向。兴趣是人参与活动的主要动力,也是成功的必要条件之一,有着重要作用。

大学生充分了解自己的兴趣,有利于其选择喜欢的职业,个体只有选择自己感兴趣的职业,才会主动学习,掌握与该职业有关的知识、技能等,进而长远从事该职业。

2. 兴趣的特点

(1)指向性。兴趣是产生个体行为的内在驱动力,对个体所从事的活动有着行为指向性。

个体兴趣的指向性主要是建立在个体心理以及生理满足需求的前提之下,同时人们基于各种需要满足的前提下,又会产生诸多新的需求,这能丰富其兴趣指向。

(2)情绪性。个体产生兴趣具有一定的情绪,比如个体在参与感兴趣的活动时,经常会感到满意、愉悦,如果一个人在从事自己不感兴趣的工作时,经常会产生枯燥感、乏味感等。对于大学生而言,其选择自己感兴趣的工作能够使心理得到满足。

(3)动力性。兴趣是个体参与实际活动的基本动力,兴趣是学习动机之中比较现实、活跃的成分,如果从事自己不感兴趣的工作,那么就难以有较高的工作积极性。

3. 兴趣对职业生涯发展的影响

(1)兴趣是职业生涯选择的重要依据,大学生在进行职业生涯规划的时候,应更加倾向于自己感兴趣的职业。

(2)兴趣能够提高工作的效率与效能,发挥自身的才能。当个体对职业产生一定的兴趣时,就能充分调动自身的积极性,并且勇于克服工作中的种种困难,增强意志力。

(3)兴趣是确保职业稳定的关键因素,一个人从事自己喜欢的职业,能够保持从业的稳定性、长期性,并且能够主动挑战更高的职位,或者提高自身能力,不会轻言放弃。

（二）自我能力认知与职业发展

1. 能力的概念

自我能力指的是个体在顺利完成某种活动的过程中，所具备的心理特征、身体特征等综合能力。

个体能力的高低直接影响着其在参与某种具体活动时的效率，一个人具备良好的能力是顺利完成活动的关键。

大学生应对自身的职业能力特点进行正确分析，掌握职业对人的能力要求，明确自身职业能力优劣势，科学选择职业。

2. 能力的分类

从不同角度分析，可以将能力分成不同种类，具体如图1-4所示。

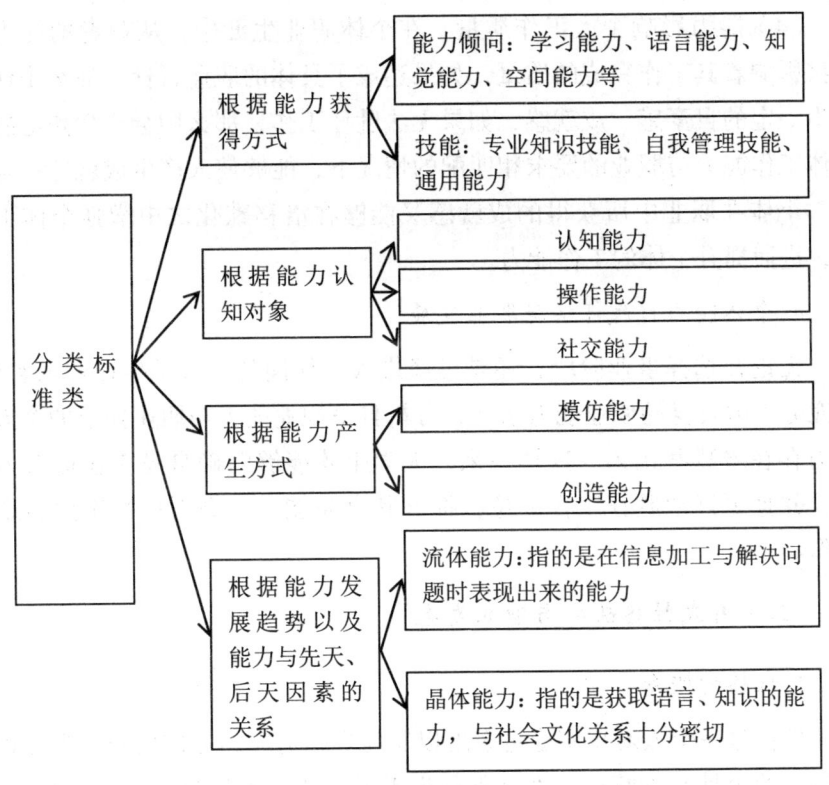

图1-4　个体能力划分图

3. 能力对职业的影响

（1）能力影响个人选择职业。大学生选择何种行业，主要由多种因素决定，其中能力是大学生进入具体职业的决定性因素，假如一个人不具备该职业所要求的能力，那么其无法拥有进入该职业的机会。

（2）能力类型影响工作性质、内容、环境。不同能力类型的人适合不同的职业，不同职业对于人的能力有着不同的要求。大学生在进行职业生涯规划的时候，应充分考虑个人的能力，选择能够充分发挥自身能力的职业。

（3）能力水平影响职业层次匹配。由于同一类职业的方向、职责有所差异，所以会分成不同的层次，每一个层级对从业者的能力要求有所不同，大学生应该结合自身的能力水平选择合适的职业层次，并且不断强化自身的职业能力水平，争取向高层次职位发展。

（4）能力影响个人工作质量。在个体职业生涯中，从业者的能力高低直接影响着其工作完成的质量，如果达成了具体的职业目标，那么个体能够产生一定的自豪感、成就感，如果无法胜任工作，那么则会产生焦虑感。当个体工作能力与职业的要求相匹配的情况下，能够使人产生成就感。与此同时，个体在职业中所获得的成就感又能够在潜移默化之中增强个体工作热情，进而提升个体的工作能力。

4. 个体能力自我评估与职业发展

无论在选择事业阶段，还是已经进入工作岗位，大学生在初入职场时，应充分了解自身的职业能力水平，分析自身职业能力与职业要求的个人工作能力存在着哪些出入。这样一来，大学生才能够明确自身应积极努力的方向，并且更好地胜任工作岗位，提升其自身能力，进而积极挑战高难度的工作。

（三）自我性格认知与职业发展

1. 性格的概念

性格是一个人对现实稳定态度以及与之相适应的习惯化的行为方式中表现出来的个性心理特征。性格不是先天形成的，而是与后天的家庭、教育、成长环境等方面有着密切联系。

2.性格的类型

通常而言，个体的性格主要可以分为以下几种类型。

（1）外倾型性格：内心追求刺激，敢于冒险，性格比较随和、客观，但是也比较容易冲动，善于交际。

（2）内倾型性格：善于计划，并"三思而后行"，对自己感情能做到严格控制，较少出现攻击行为，对人有距离感，不善交际。

（3）中间型性格：介于外倾型性格与内倾型性格之间。

3.性格与职业的关系

（1）性格决定了从事职业的类型，每一种职业都对从业者的性格有着特定要求，大学生择业过程中应选择与自身性格相匹配的职业，尽可能选择比较适合自己性格的工作。大学生应尽可能避开与自身性格出入较大的工作，否则容易在实际工作过程中产生心理冲突，从而出现不适应的情况。

（2）在进行职业生涯规划的时候，大学生的择业与职业规划应充分考虑自身性格特点与职业的性质、规矩适应关系。大学生需要充分审视自我，对自己的性格形成有一定的了解，在择业的时候，尽量从事能够充分发挥自身优势的工作。

（3）职业对性格有着反作用，职业对从业者的性格要求以及性格塑造等方面有着重要的促进作用，科学择业，能够完善从业者性格。大学生在择业以及工作的过程中，应重视通过工作强化对自身的锻炼，调动性格中的积极因素，改变消极的性格，不断完善自己的性格。

（四）自我价值观认知与职业发展

1.价值观的概念

价值观主要是指一个人对于周围客观事物的重要性、意义等总体看法，简言之，价值观是个体关于基本价值的信念、理想等的系统。

2.价值观与职业的关系

（1）价值观决定职业选择。不同的人有着不同的经历、家庭环境等，从而会产生不同的价值观，在面对取舍的时候，个人所做出的最终选择就是其价值观，职业选择同样如此。

（2）不同职业满足不同价值需求。不同的职业能够满足不同价值的实际需求，需要注意的是，大学生在择业的时候应树立正确的价值观，选择适合自己的职业。

第二章 大学生创新创业教育理论基础

第一节 大学生创新创业教育发展

一、大学生创新创业的特点与意义

大学生自主创业主要是指有理想、有胆识的大学生，利用自己的知识、技术、才能，寻求合作、自筹资金等方式主动参与社会竞争，为自己在社会中求生存、谋发展而开辟出一条新的道路，创立新的社会经济单元。他们并非现有岗位的竞争者，而是为自己与社会中的更多人提供就业机会。

大学生自主创业不仅需要其结合专业特长、市场前景以及社会需求创造出更加具有竞争力的新技术、新产品与服务，同是直接面向市场、面向社会的，在为社会创造良好价值的过程之中，也是自我价值的充分体现。目前，虽然成功地走上自主创业道路上的大学生为数不多，但是他们引领了一种新的就业浪潮。

（一）大学生创新创业的特点

大学生创新创业的优势是年龄，有着较高的文化水平以及技术力量，思维活跃，且善于创新。大学生创新创业的劣势是缺乏职场经验以及人脉关系等，启动资金有限，起步较为困难，缺乏耐心，欠缺恒心。

（二）大学生创新创业的意义

大学生创新创业可以推动经济的发展以及社会的进步，加快技术创新的步伐，促进科技成果逐渐向现实生产力转化，实施科教兴国战略。

二、大学生创新创业教育的发展简史

随着多条政策的公布,形成了"创新教育"思想浪潮,诸多经济发达国家先后将创业教育作为本国未来富有挑战性的人才培养战略。

创新教育是以培养人们创新精神以及创新能力为基本价值取向的教育。创业教育是伴随着"创业"兴起的一种新型教育理念,是基于传统教育的革新。

创新创业教育任务——帮助学生树立创新意识,使其投身于创业实践中。

创新创业教育目标——促使学生有能力、有意愿成为创业者,并为推动经济、社会发展而努力。

创新创业教育的作用是充分激发大学生的创业精神以及创业意识,培养大学生由被动创业转向主动创业观念。同时,提高大学生创业活动的成功率,有助于推动大学生创业素质的全面提升。

三、我国大学生创新创业教育的现状

(一)我国大学生创新创业兴起的背景

1. 国际背景

世界经济的发展促进了创新创业活动在全球的兴起,世界组织对于创新创业教育给予了高度关注,创新创业浪潮席卷全球。

世界经济一体化以及产业结构方面的调整,为我们国家创新创业带来了重大历史机遇。

2. 国内背景

我们国家基本上已经完成了社会转型,国内创新创业的环境不断完善,经济发展方式的转型在无形之中为创新创业提供了良好的经济环境。除此之外,政策措施的转变也为创新创业提供了基础环境保障,人才培养方式的转变为创新创业提供了人力资源支撑。

(二) 我国大学生创新创业情况及教育概况

1. 我国大学生创新创业的特点

首先，创新创业的激情较高，通过有关调查数据可知，大多数的大学生都怀揣着创业梦想。其次，大学生创新创业的领域较宽，主要体现在高科技领域、智力服务领域等方面。最后，创新创业行动较为理性，大学生能够更加理性地选择创新创业项目，更加理性地定位自己的创新创业目标，并且更能理性地为自身储备基本条件。

2. 我国大学生创新创业的问题

大学生创新创业的意愿较高，但是实际行动较少，创新创业的能力相对较低。当代大学生创新意识比较薄弱，且创业科技含量比较低。据不完全统计，大学生创新创业成功率比较低，远远低于一般企业。部分大学生创新创业教育缺乏内在动力，导致其创业基础理论知识比较薄弱。此外，部分大学生缺乏毅力以及持之以恒的精神，个人综合素养不够等问题影响了我国大学生创新创业。

3. 我国大学生创新创业教育的发展简况

（1）我国大学生创新创业教育主要分为两个阶段：第一阶段是大学生创新创业教育的自主探索阶段；第二阶段是大学生创新创业教育初步发展阶段。许多学校积极、努力从精神、制度等多方面构建了校园创新创业的环境与氛围，学校重视对大学生开展创新创业意识以及创新创业观念教育，并加强了大学生创新创业教育。

（2）我国大学生创新创业教育政策规定，国家有关部门对创业给予了更多、更广泛的重视，立足于国家的层面上来看，有关部门均制定了一系列促进创业的政策。与此同时，为了能够更好地协调各个部门的工作，这些创业政策涉及了不同社会群体。除此之外，一些政策虽然没有直接关注创业，但是在实际行动中也涉及了对创业的扶持。

(三) 大学生创新创业教育的必要性

当今时代大学生素质教育的核心就是创新创业教育，同时是大学生素质教育的落脚点与出发点，是高等学校教育改革的重要切入点，以挖掘大学生的创新潜能、促进大学生个性发展为宗旨，是现代教育改革的趋势。

在当今社会发展中，创新创业逐渐成为一个值得深入研究的话题，创新创业教育可以培养出优秀的创业者，从长远的角度上来看，可以为推动国家经济发展做出贡献。目前，许多发达国家都普及了创业教育，在大学生择业之前，先对其进行创新创业能力的培养，提高大学生创新创业的意识。对此，高校加强对创新创业教育的研究，对于帮助大学生走向创新创业的成功至关重要。

（1）提升创新创业者的素质与成功率。创新创业教育主要是教会大学生怎样创业、掌握哪些技能才能创新创业，降低了大学生创新创业的跟风性与盲目性，融入了理性成分，能够在源头上控制创新创业的失败率。虽然影响创新创业成功的因素众多，但是如果能够借助合适的创新创业技能，那么就能大大提高创新创业的成功率。创新创业教育虽然无法保证每一次创新创业都能够取得成功，但是大学生在创新创业的过程中能够学习、总结诸多经验，使其受益终身。

（2）提升国家科技实力。创新创业不仅是创新观念以及敏锐的洞察市场，还包括了科技创新。当今时代科技以及生产力快速发展，使得人们更加清楚地认识到国民素质不仅是以高级人才培养以及高科技发展为前提，还是各层次人才培养与科学技术应用的基础。可以看出，大学生创新创业教育成了决定社会经济发展的基本因素，所以许多国家将大学生创新创业教育放在了较为突出的地位。

科学技术是第一生产力，科技创新能够推动经济的发展，带来更多的经济效益，甚至能够推动整个时代的进步、发展。目前来看，我们国家的科技实力与一些发达国家相比仍然存在着一定距离，科技更新迭代较慢，许多产业大多集中在了制造业。我们国家现有的许多高校拥有优质的资源，如果能够在高校培养大学生的创新创业意识，在日常的教育活动之中将实用性的创意合理化、现实化，并适当投入市场运作，则不仅能培养大学生的科技能力，还有利于促进大学生创新创业的成功。

（3）体现创新创业教育的时代走向。创新是人类发展的根本，整个人类历史本身就是一个不断创新的过程，没有创新就没有人类的进步。在实际教育活动之中，大学生创造能力的提高需要自由、全面、和谐的空间，所以高校应尊重大学生的自我发展。基于这种氛围与环境下，教师应建立起平等、民主的师生观念，不断启发学生的创新意识与思维意识等，给予大学生独到的见解，真正实现大学生创新创业教育的发展。

（4）全面适应社会的需求。如今，改革开放政策推动了我们国家社会、政治、经济等方面的发展，尤其是社会主义市场经济体制的确立导致我们国家社会生活发生了前所未有的变化。在此背景之下，人们的思想观念以及价值取向等也发生了一定变化，人们的主体地位被充分体现，社会对人才的素质提出了更高的要求，甚至有了新的界定，大学生在创新创业的过程中，需要通过变革自身而主动适应社会的实际需求。

（5）世界教育改革与发展的共同趋势。21世纪，人类步入了高科技、竞争激烈的信息化时代，在新世纪的挑战之下，想要在激烈的国际竞争中取得战略主动地位，关键在于人才整体素养。所以，应将目光放在大学生身上，对大学生创新创业教育进行跨世纪的教育准备。

每一位大学生优势不同，应在大学生创新创业教育的过程中承认其兴趣、爱好、个体差异等，而不是将其放在同一个篮子里。

①实施创新创业教育是对教育本质、教育规律等的尊重，从而达到真善美相互统一的新境界。

②创新创业教育的实施积极响应了新世纪的教育发展，旨在宣扬以人为本的重要价值理念。近年来，创新创业教育引起了教育界的广泛关注。

③创新创业教育的实施需要大学生不断强化合作精神与自信心，自信教育不仅是成功方法的点拨，还是人格教育以及大学生的自我塑造，增强大学生的信念感。

第二节　大学生创业基础环境分析

环境是成功的首要条件，在个人创业的过程中，环境发挥着不可忽视的作用。创业并非一蹴而就的，但是良好的环境能够使人们顺利完成目标，不好的环境则相反。

一、当前我国大学生创业的基础环境

具体来说，我国大学生创业环境的改善主要体现在以下几方面。

（一）我国创业法律环境的改善

我国有关创业的立法与其他立法相同，经历了从不完善到逐渐完善的过程，在这一过程之中，法律对大学生创业的保护作用日益彰显。

（二）企业有关扶持政策与优惠政策不断增加

1. 对中小企业发展与创业扶持的政策

随着《中华人民共和国中小企业促进法》的贯彻落实，国家在法律政策方面支持中小企业的发展，其中包括资金支持、创业扶持、市场开拓等方面。可以看出，关注、扶持中小企业发展并鼓励创业的社会环境以及政策环境正在逐渐形成。从创业者的角度上来说，优惠政策是其进行创业活动的推助器，能够使创业者降低成本，提高创业成功率。

2. 对企业的优惠政策

（1）对新办的独立核算的从事咨询业、信息业、技术服务业的企业，自开业之日起，第一年免征所得税，第二年减半征收所得税。

（2）对新办的从事交通运输、邮电通信业的企业，自开业之日起，第一年免征所得税，第二年减半征收所得税。

（3）对新办的独立核算的从事公用事业、商业、物资业的企业，报经主管税务机关批准，可以减征或者免征所得税一年。

（4）对农村与城镇为农业生产产前、产中、产后服务的企业，对其提供技术服务，暂免征收所得税。

（三）与大学生创业有关的优惠政策不断增加

近年来，为了鼓励、支持大学生进行创业，国家以及政府出台了多种优惠政策，涉及了诸多方面，笔者将这些优惠政策总结为以下几个方面。

1. 税收优惠

毕业生在毕业年度之内，可以向人力资源和社会保障部门申办《就业创业证》，持有该证件的高校毕业生在毕业年度内创办个人独资企业、个体工商户的，可以按照国家的规定享受税收优惠政策。

2. 免收相关行政事业性收费

毕业两年之内的高校大学生，其从事个体经营的，从在工商部门首次注册登记之日开始的三年内，免收管理类、登记类等有关的行政事业性收费。

3. 免费创业服务

毕业生可以在创业地办理落户手续。有着创业意愿的大学生，可以免费获得公共就业与人才服务机构所提供的创业指导服务，其中包括信息服务、项目开发等。

4. 培养创新人才

大学生创业可以享受高校所实施的系列计划等，同时享受跨学科专业开设的交叉课程、创新创业教育实验班等，以及探索建立的跨学科、跨专业交叉培养创新创业人才机制。

5. 设立创新创业教育课程

大学生自主创业可以享受学校各类专业课程、创新创业教育的资源，以及学校开发的研究方式、学科前沿、创业基础等课程。

6. 增强创新创业实践

大学生自主创业可以享受学校设立的大学科技园、创业园等平台，可以参加大学生创新创业大赛、各类科技创新等竞赛活动，并参与创新创业协会、创业俱乐部等社团，提升大学生创新创业实践能力。

7. 教学制度的改革

有着自主创业意愿的大学生可以享受学校实施的弹性学制，放宽其修业的年限，可以享受学校设立的自主创业大学生创新创业学分累计与转换制度等。

8. 大学生创业指导服务

大学生自主创业可以享受一站式服务、全程指导等，同时可以享受有关培训、指导服务等。

总而言之，国家以及地方各级政府大力鼓励、支持大学生创业的优惠政策比较贴合实际，大学生应充分了解这些政策，坚定其创业的决心。

（四）资金来源多样化有助于创业者突破资金瓶颈

毋庸置疑，启动资金对大学生创业至关重要，即使大学生已经有了比较成熟的创业思路，但是在创业资金瓶颈方面无一不望洋兴叹。但是，随着当前经济发展以及政策的驱动，相较过去，当代大学生的创业资金来源逐渐多元化，多种融资渠道都能够为大学生创业提供较为可靠的资金保障。当然，部分大学生对融资比较陌生，也并非所有人都能够轻松驾驭，但就目前的情况而言，以下几种方式可以成为大学生创业的资金来源。

1. 传统融资方式

传统的融资方式主要是指通过亲属、朋友等获得创业资金的一种融资方式，这是大学生创业过程中比较常见的一种融资方式，适用于家庭条件较好或者社会关系较广的创业者。

2. 个人创业贷款

个人创业贷款主要是指银行为了支持民营经济、私营经济或者个体经营者的发展，遵循国家有关政策而推出的面向个人或者从事生产经营活动所需资金的贷款，意在帮助发展事业的个人能够尽早实现目标。一般来说，是个人因创业或者再创业所提出的资金需求申请，经过银行认可有效担保之后发放的一种专项贷款。

3. 政府设立大学生创业基金

鼓励大学生自主创业是国家的一项政策，可以说，寄托了国家与社会的关怀、期待，为了保证这一项政策得以顺利实施，地方政府设立了大学生创业专项基金。

4. 风险投资

风险投资是一种比较新颖的投资模式，是在创业企业发展的初期投入风险资本，等其发展成熟之后，通过市场退出机制，将所投入的资本从股权形态转化为资金形态，获得高额风险收益。

（五）市场经济的完善提供了公平竞争环境

结合当前的情况来看，我国正处于社会转型期，市场代替计划在这一时期发挥了配置资源的关键作用，社会竞争趋向公平与开放。在这一开放的市场体系之中，企业不再受诸多体制的限制与束缚，从而无限延伸生存空间。

对于创业者而言，自由、公平、开放的市场环境可以有效降低创业隐性成本，清除体制性障碍，提高创业成功率。

人们正处于新的时代，这个新时代需要创新精神，且更崇尚"平民价值"。

（六）高校鼓励大学生自主创业

近年来，各地高校坚持将大学生就业工作作为首要任务，将有关推动大学生自主创业的多项政策落实，进而构建大学生创业的长效机制，出台多项优惠措施，做好高校毕业生创业教育工作。与此同时，积极引导大学生进行自主创业锻炼，并举办各种大学生科技创新活动，培养大学生的创新精神以及创业能力，帮助大学生完善自身的素质结构，切实提高其创业竞争力。

二、新时代为大学生创业提供的便利与机遇

近年来，由于社会大环境的影响，世界各地的企业和个人都经历了一场严峻的考验，许多行业受到了重创，在这样的背景下，人类的创造力和适应力得到了锻炼。新技术的广泛应用，以及全球范围内的数字化转型，为创业者提供了前所未有的机会。特别是在本地生活服务平台领域，利用新兴科技的潜力无疑为企业家打开了崭新的大门。

数字化和互联网技术的快速发展为本地生活服务平台提供了坚实的基础。得益于大数据、人工智能、物联网等技术的蓬勃发展，企业家可以快速构建服务平台，实现高效的信息传递和资源整合。此外，随着5G网络的普及和迅猛发展，移动互联网将迎来更高的速度和更大的带宽，使得本地生活服务平台的覆盖面更广，服务质量更高。近年来，线上消费的兴起和普及，使得人们在家办公、学习和娱乐的需求急剧增加，这为本地生活服务平台提供了较大的市场需求。通过精准的定位和个性化的推荐，企业家可以迅速捕捉消费者的需求，为他们提供一站式的本地服务，包括但不限于餐饮外卖、

超市购物、生鲜配送、家政服务等。各地政府纷纷出台相关政策，鼓励创新和创业，这为本地生活服务平台的创立和发展创造了有利的外部环境。同时，随着全球经济逐渐复苏，投资者对创业项目的信心也在逐步恢复。优秀的创业项目能够获得充足的资金支持，为本地生活服务平台的发展提供强大的动力。

在具体的商业模式方面，本地生活服务平台可以采用多种方式进行创新和变革。例如，平台可以利用区块链技术，实现安全、透明、可信的交易和数据共享。同时，结合虚拟现实和增强现实技术，为消费者提供更为沉浸式的购物和服务体验。更进一步地，利用人工智能和机器学习技术，精准描绘和应用用户画像，为消费者推送符合其需求和喜好的本地服务。这些技术的结合，无疑将为本地生活服务平台带来更高的客户满意度和更大的商业价值。不仅如此，还可以关注可持续发展，引入绿色环保的理念。例如，鼓励本地农户参与生鲜配送，减少食品运输过程中的碳排放；推动绿色包装和循环经济，减少塑料垃圾的产生；通过合作共享单车和电动汽车等新能源交通工具，降低城市拥堵和尾气排放。这些举措将有助于提升平台的社会责任感和公众形象，吸引更多的用户和合作伙伴。

然而，面对诸多机遇，创业者也要警惕潜在的挑战。如何在竞争激烈的市场中脱颖而出，如何保护用户隐私和数据安全，如何应对法律法规的变化，都是企业家需要认真思考和应对的问题。因此，在充分利用科技优势的同时，创业者还需关注企业管理、团队建设、市场营销等方面，以确保创业平台能够持续稳定地发展。

随着 5G 技术的普及和宽带技术的发展，线上平台将能够为用户提供高速、稳定和高品质的服务。在这个数字化和智能化日益成为主流的时代，线上生活服务平台的多元化渠道已成为用户获取各种服务的重要方式。尤其是"APP+公众号+小程序"三大下单渠道，它们可以让用户在不同场景下便捷地获取服务，大大提高了用户体验和满意度，为平台带来更多的客户和更高的收入。在此背景下，深入剖析这些渠道的特点、优势以及如何进一步发挥潜力，对本地生活服务平台的发展具有重要意义。

APP 作为一种移动客户端软件，其在智能手机和平板电脑等移动设备中具有广泛的应用。APP 的智能化和个性化功能，如定位、推荐、支付等，让用户可以根据自身需求和喜好快速找到合适的服务项目。此外，APP还可以利用人工智能和大数据技术，通过分析用户行为和消费记录，为用户提供更为精准和个性化的推荐服务。因此，APP在本地生活服务平台中具有不可忽视的优势。公众号作为一种社交媒体平台，拥有庞大的用户基础。通过在微信、微博等社交平台上创建公众号，本地生活服务平台可以迅速吸引用户关注、扩大知名度。公众号可以推送各种有价值的信息、优惠活动和服务动态，让用户在与亲朋好友沟通的同时，随时了解本地生活服务的最新动态。此外，公众号还可以与APP、小程序等渠道无缝对接，形成一个互补的服务体系，进一步提升用户体验。小程序作为一种轻量级应用，可以在各种场景下快速启动和运行。用户无须下载和安装，就可以在微信、支付宝等应用内直接使用小程序，享受本地生活服务平台提供的各类服务。这种便捷性使得小程序在市场上备受欢迎。同时，小程序可以与APP、公众号等渠道互补，形成一个完整的服务生态，满足用户在不同场景下的需求。例如，用户在公交车上看到一则本地生活服务平台的广告，只需扫描二维码，即可立即打开小程序进行下单。此外，小程序还可以根据用户的使用场景和需求提供个性化服务，如智能排序、一键支付等，大大提高了用户体验。

为了更好地发挥"APP+公众号+小程序"三大下单渠道的优势，大学生创业平台需要进行以下几方面的努力：完善产品功能，不断优化APP、公众号和小程序的功能设计，提高用户体验。例如，加强用户界面的美观性和易用性、优化搜索和推荐算法、提高信息推送的精准度等；拓展服务种类，根据市场需求和用户喜好，不断丰富本地生活服务平台的服务内容。例如，引入更多本地特色餐饮、文化旅游、健康养生等领域的优质资源，满足用户多样化的需求；加强线上线下融合，利用"APP+公众号+小程序"三大下单渠道，打通线上线下服务，实现用户从线上到线下的无缝衔接。例如，通过线上平台预约服务，线下门店提供实际服务；通过线上支付，线下提供发票等；建立良好的品牌形象，通过优质的服务、有价值的内容以及良好的口碑，树立本地生活服务平台的品牌形象，吸引更多用户关注和使用；强化数据分析能力，充分利用大数据和人工智能技术，深入分析用户行为和消费数据，为用户提供更精准、个性化的推荐服务，从而提高用户黏性和留存率；优化运营策略，针对不同渠道的特点和用户需求，制定合适的运营策略。例如，在公众号上开展互动活动，提高用户参与度；在小程序中设置优惠券和积分功能，增加用户消费动力。

优化的基础设施将为创业者提供更多的资源和机会，借助快跑者自主研发的同城本地生活服务系统，创业者可以更加高效地管理和调度订单。通过调度后台，管理员可以手动或自动分配订单，确保订单能够准确、快速地分发给配送人员。此外，后台系统还可以为配送人员规划最佳配送路线，提高配送效率，降低成本。在这个新时代，创业者需要关注以下几个方面，以充分利用这些资源和机会。

首先，系统集成和自动化程度的提升。同城本地生活服务系统作为一个高度集成的平台，可以帮助创业者在一个统一的界面上管理各种订单和业务流程。这意味着创业者需要关注系统的自动化程度，以实现订单的快速处理和分配。例如，可以引入智能调度算法，自动将订单分配给适合的配送人员，从而大大提高订单处理速度和准确性。

其次，数据分析和优化。现代企业的成功很大程度上取决于对数据的分析和应用能力。同城本地生活服务系统可以收集和分析大量订单和配送数据，为创业者提供有价值的洞察。创业者需要关注这些数据，并根据数据分析结果不断优化业务流程和服务品质。例如，通过对订单数据的分析，可以了解消费者的喜好和需求，以便更好地满足市场需求。

再次，人员培训和管理。虽然同城本地生活服务系统可以提高订单处理和配送的效率，但人力资源依然是企业成功的关键因素。创业者需要重视配送人员的培训和管理，确保他们具备足够的专业技能和服务意识。例如，可以定期组织培训课程，提高配送人员的业务知识和操作技能；同时，通过激励机制和考核制度，激发配送人员的工作积极性和责任心。

此外，客户服务和体验。在同城本地生活服务市场中，客户体验至关重要。借助同城本地生活服务系统，创业者可以更好地了解客户需求，提供个性化服务。例如，可以通过用户画像技术，为客户推荐符合其需求的产品和服务；同时，关注客户反馈，及时解决客户问题，提高客户满意度。

最后，创新和拓展。在这个快速发展的市场中，创新和拓展是创业者保持竞争力的关键。借助同城本地生活服务系统，创业者可以更容易地尝试新的业务模式和市场策略。例如，可以探索与其他行业的合作，将同城本地生活服务与旅游、酒店、零售等领域相结合，提供更丰富的产品和服务。此外，创业者还可以关注新兴技术，如物联网、人工智能、区块链等，将其应用于同城本地生活服务，进一步提高业务效率和客户体验。

在这个充满机遇和挑战的时代，同城生活服务市场将为创业者带来无数可能性。通过充分利用快跑者自主研发的服务系统，创业者可以在这个竞争激烈的市场中找到属于自己的发展道路。关注系统集成和自动化、数据分析和优化、人员培训和管理、客户服务和体验以及创新和拓展等方面，创业者将能够为用户提供高效、便捷、个性化的本地生活服务，从而实现企业的持续发展和成功。

在政府加大财政投入的支持下，市场需求将不断增长，消费者的消费信心得到提振，他们愿意为购买消费品支付更多，从而刺激市场需求。在这个背景下，创业者需要采取一系列措施，以充分利用这一市场机遇，对市场进行精准定位，了解目标客户的需求和喜好。针对不同年龄段、职业和收入水平的用户提供定制化服务，满足各类消费者的需求。同时，通过引入更多优质的商家，提供丰富多样的消费选择，以满足消费者对产品和服务质量的要求。为了在竞争中脱颖而出，创业者需要不断通过技术手段提升服务质量，如实时订单追踪、智能推荐等，以及关注客户反馈，及时解决客户问题，提高用户黏性和留存率。随着市场需求的增长，本地生活服务平台需要采用创新的营销策略，以吸引更多用户。这可以包括运用社交媒体、短视频、直播等营销渠道进行宣传，开展线上线下的互动活动，提高用户参与度和品牌知名度。同时，可以与其他行业的合作伙伴共同开展联合营销活动，共享资源，扩大市场影响力。

第三节　创新的含义、特征与方式

一、创新的含义

创新指的是在现有的思维模式基础上，提出有别于常规或常人思路的见解为导向，利用现有的知识与物质，在特定环境之中，本着理想化需要或者为满足社会的需求，而改进或者创造新的事物、环境、路径等，并且能够获得一定有益效果的行为。

二、创新的特征

创新主要是将新思维、新发明以及新描述为主要特征的一种概念化的过程。创新起源于拉丁语，有三层含义，即更新、创造新的东西、改变。创新是人类特有的实践能力以及认识能力，是人类主观能动性的高级表现，是推动民族进步以及社会发展的不竭动力。一个民族想要走在时代的前列，一刻都不能缺少创新思维，且不能停止各种创新。创新在经济、技术以及社会学等领域的研究中占有举足轻重的地位，从本质上来看，创新是创新思维蓝图的外化、物化。

创新处于相对的状态，创新应充分考虑环境方面的问题，其主要包括微观环境与宏观环境两个方面。创新有小创新与大创新，小到自我超越，大到超越世界。创新并非发明，但发明绝对是创新，因为创新涉及了技术创新、工作创新等，所以创造不过是创新中的一种体现方式。创新是人的本能，每一个人都会创新，但是每一个人的创新能力是不同的，人与人之间的创新能力离不开先天因素与后天因素的影响。因此，个体之间的创新能力有着较大的差异，但是在具备某些环境与物质条件的基础之下，通过学习能够提升创新能力。

创新是人类意识活动之中富有成果性的一种表现形式，同时是人们在进行创造性活动时的内在动力与出发点，更是创造性思维的必要前提与重要基础。

创新主要有目的性、变革性、新颖性、价值性的特征，任何创新活动都有着一定目的，这一特征贯穿于创新过程的始终；创新主要是对已有的事物进行革新，是一种改革与变革；创新是革除过时的内容，明确新的事物；创新主要是以求新为灵魂，具有一定的超前性；创新有着具体、明显的价值，对经济社会有着一定效益。

三、创新的方式

人类历史和科技进步的发展历程表明，创新始终是驱动人类社会发展的核心动力。创新不仅体现在思维方式、方法和工具的变革上，还涉及组织、管理和文化等层面。在当前全球竞争激烈的环境下，创新已经成为企业和国家的立足之本。因此，对创新方法的研究、认识和掌握具有重要意义。创新方法的发展历程反映了人类对创新活动的认识逐渐深入、方法逐步完善的过程。从古至今，人们在面对复杂问题时，不断尝试各种方法来找寻最佳解决方案，这其中包括了对已知知识的重新组合、对现有技术的改进、对传统观念的颠覆等。而在这个过程中，创新方法不仅涉及个体的创造力，还关系到团队、组织乃至国家整体的创新能力。

在创新方法的发展过程中，人们可以发现一些共性和内在特征。首先，创新方法往往强调从多个角度、多个层次对问题进行思考，以便找到问题的最佳解决方案。这需要大学生具备跨学科、跨领域的知识体系和综合分析能力。其次，创新方法通常需要大学生摒弃固有思维模式，敢于尝试新的观念、新的方法。这种思维的转变对打破思维定式、挖掘潜在的创新点至关重要。同时，创新方法也需要大学生具备强烈的好奇心、求知欲和批判性思维，以便在实践中不断检验和修正大学生的认知。最后，创新方法在应用过程中，往往需要大学生善于学习和借鉴他人的经验、知识和技能。这种学习和模仿的过程，有助于大学生更快地积累经验、提高创新效率，从而更好地应对复杂问题和挑战。

（一）头脑风暴法

1. 头脑风暴法的组织

头脑风暴法作为一种创新思维方法，具有多个突出特点。集体智慧：头脑风暴法依赖于团队的力量，通过集思广益、汇聚多样的观点和想法来寻求问题的解决方案。这种集体智慧的运用有助于拓宽视野，避免局限于个体经验和知识范围内的思考。自由创造：头脑风暴法强调自由、创造性的思考与联想，鼓励参与者摒弃既定思维模式，勇于提出不同的观点。这种氛围有助于激发参与者的创造力，发掘潜在的解决方案。无拘无束：在头脑风暴的过程中，参与者不受限于现实条件和传统观念，可以自由地发表自己的想法。这种无拘无束的氛围有助于培养创新思维，提高解决问题的效率。互动交流：头脑风暴法强调参与者之间的互动与交流，通过对不同观点的讨论，激发新的思考和灵感。这种互动交流有助于提高团队凝聚力，培养合作精神。量化评估：头脑风暴法通常会在短时间内产生大量的构想和方案。通过对这些方案进行量化评估，可以更加客观地筛选出最具实用性、可行性的解决方案。实践检验：头脑风暴法产生的构想和方案需要在实践中进行检验和修正，这种实践检验有助于培养参与者的实际操作能力，提高解决问题的实效性。

头脑风暴法的原意是"突发性的精神错乱"，正因为这种无拘无束的状态，使得头脑风暴法成为一种高度创造性的思考方法。可以将头脑风暴法的精髓理解为下面几点：

（1）无视常规：头脑风暴法鼓励参与者摆脱传统思维框架，勇于挑战现有的观念和规则，无视常规的态度有助于激发创造性思维，发掘前所未有的解决方案。

（2）自由表达：在头脑风暴过程中，参与者可以自由表达自己的想法和观点，不受社会规范和道德约束，在自由表达的氛围中有助于张扬个性，培养独立思考能力。

（3）包容多样：头脑风暴法强调对不同观点和想法的包容与尊重，鼓励参与者从多样性的角度出发，寻求问题的解决方案，包容多样的态度有助于培养团队协作精神，提高解决问题的能力。

（4）快速迭代：头脑风暴法强调在短时间内产生大量的构想和方案，通过快速迭代的方式，不断优化和完善这些方案，有助于提高创新的速度和效率。

（5）勇于尝试：头脑风暴法鼓励参与者勇于尝试新的想法和解决方案，即使这些方案可能存在风险和不确定性，勇于尝试的精神有助于培养创新意识，提高解决问题的能力。

（6）反思与调整：头脑风暴法要求参与者在实践中不断反思和调整自己的想法和方案，以更好地适应现实需求，此过程有助于提高创新成果的质量，帮助个人和团队成长。

（7）激发潜能：头脑风暴法激励参与者挖掘自身的创造力和想象力，将藏在心灵深处的灵感转化为具体的想法和解决方案，能提升个人的自我价值，增强团队的凝聚力。

（8）交叉思维：头脑风暴法鼓励参与者运用交叉思维，将不同领域的知识和经验融合，创造出独特的成果。这种交叉思维有助于拓宽视野，增强解决问题的多元化能力。

（9）结果导向：头脑风暴法强调结果导向，鼓励参与者关注创新成果的实际价值和应用前景。结果导向的思维方式有助于确保创新活动始终紧密围绕实际需求展开，提高创新成果的实用性和市场竞争力。

头脑风暴法的精髓在于摆脱世俗和旧观念的束缚，追求无拘无束的创造性思考。作为一种集体创造性地解决问题的方法，头脑风暴法具有强大的潜力和实用价值。

从形式上来看，头脑风暴法是将少数人召集在一起以会议的形式，对某一问题进行自由的思考和联想，同时提出各自的设想。头脑风暴法是一种发挥集体创造精神的有效方法，与会者可以在没有任何约束的情况下发表个人的想法，提出自己的创意。这种方法强调了以下几个方面：

（1）自由表达：在头脑风暴会议中，参与者可以毫无顾虑地表达自己的想法和观点，不受任何限制。

（2）相互启发：在头脑风暴会议中，与会者之间可以相互启发，借鉴他人的想法或者在他人的基础上进行拓展和发展。

（3）多样性：头脑风暴法鼓励参与者从多个角度、多种视角来审视问题，以求找到最佳解决方案。

（4）集体智慧：头脑风暴法强调集体智慧的重要性，鼓励参与者充分发挥集体的力量，共同寻求最佳解决方案。

（5）创新文化：头脑风暴法培养了一种积极的创新文化，鼓励参与者勇于尝试、勇于挑战、勇于创新。

（6）结果评估：在头脑风暴会议结束后，参与者可以对提出的各种设想进行评估和筛选，从而找到最具实际价值和应用潜力的解决方案。

2. 头脑风暴法的基本规则

头脑风暴会议之所以能产生大量新创意，主要原因在于其轻松、融洽的氛围使得每个人都能敞开想象，自由联想，各抒己见。这种环境鼓励与会者表达自己的观点，人们往往能够更快地抛开拘束，展示自己的创造力。头脑风暴法还能达到互相激励、互相启发的效果。每个人的创意都会引起他人的联想，引起连锁反应，形成有利于解决问题的多种创意。在讨论的过程中，与会者之间的互动和交流使得创意得以拓展和深化，从而提高了解决问题的可能性。

在讨论时，头脑风暴法还能激发人的热情，激活思维、开阔思路。与会者在这种环境中不再受限于思维定式和旧观念的束缚，从而更容易产生创新性的想法。此外，头脑风暴法也能激起与会者的竞争意识和争强好胜的天性，人们往往会在这种情况下积极开动脑筋，发表独到见解和新奇观念。

在采用头脑风暴法处理问题时，为了降低团队内部的社交约束，激发创新思维的活力，提升集体的创造性，有必要遵循以下几条基本原则：

（1）暂缓评价。在头脑风暴会议中，为了充分激发与会者的创造力，会议主持人和参与者在讨论过程中不应当场对各种意见和方案的正确性进行评价，更不能提出批评或指责。对现有观点的批判不仅会消耗宝贵的时间和精力，还可能使与会者感到紧张和担忧，让他们在发言时变得越来越谨慎和保守，从而抑制新观点和创意的产生。这是因为在头脑风暴过程中，所有的想法都有可能成为有价值的观点和方法，或者至少能够启发他人产生新的想法。因此，参与者应该集中精力对现有的想法进行丰富和拓展，而不是急于评判。采用这种将评论放在讨论之后的评估阶段进行，以实现延迟评判的策略，有助于为与会者创造积极、宽松的氛围，鼓励他们提出更多的想法。

与会者通过这样的方式可以充分发挥自身的想象力和创造力，更加自由地提出各种设想，而不受束缚。会议主持人的角色在这个过程中也至关重要，需要引导讨论，确保与会者有机会充分发表意见，同时要维持会议的秩序和效率。在头脑风暴会议结束后，可以对会议上提出的想法进行筛选和评价，从中挑选出有潜力和价值的观点，进一步完善和实施。

（2）鼓励提出独特想法。在头脑风暴会议中，与会者在轻松的氛围下交流，自由地表达观点，这有利于避免陷入思维定式、人云亦云和随波逐流的状态。在这样的环境中，与会者更容易提出独特、具有创新性甚至是异想天开的想法。这种开放的氛围有助于挖掘新的思维方式，提供比传统方法更优秀的解决方案。想要产生独特的想法，与会者可以采用不同的方法和技巧。比如，可以尝试反向思考，从问题的相反方向出发，重新审视问题的本质，突破固有的思维模式，发现解决问题的新途径。此外，与会者还可以换个角度看问题，站在不同的立场、背景和角色上进行思考，以获得全新的视角和启示。还可以摒弃已有的假设和前提，从零开始思考问题。这种思考方式有助于排除不必要的限制因素，使与会者能够更加敏锐地发现潜在的机会和可能性。在这个过程中，甚至可以尝试提出一些看似荒谬、不切实际的想法，因为这些想法可能正是激发新思路的催化剂。

（3）追求数量。在头脑风暴会议中，过分追求方案质量可能会导致时间和精力集中在对单个方案的完善和补充上，从而影响其他方案的提出和思路的拓展。这种情况并不利于调动成员的积极性，因为过于关注单个方案的优化可能会使其他成员的观点和建议被忽略。然而，如果头脑风暴会议结束时有大量的方案，那么在这些方案中很有可能会发现一个比较好的解决方案。因此，在头脑风暴过程中，应该更加关注方案质量的提升，以便提高寻找到优秀方案的可能性。

为了避免过分追求方案质量，应该在头脑风暴会议上设定一定的时间。通过限制讨论时间，与会者会被迫快速地提出不同的想法和方案，从而有助于增加方案的数量。此外，时间限制还可以避免与会者陷入对某个方案过度讨论的误区，保证讨论的活力和效率。为了增加方案的数量，可以鼓励与会者积极参与讨论，并提出各种不同的想法。会议主持人应该在会议开始时明确指出，与会者在提出想法时不用担心质量问题，重要的是尽可能多地提出不同的方案。这样可以降低与会者在提出想法时的心理压力，激发他们的创造力。要想提升方案质量，可以在讨论过程中采用有助于激发创意的方法，如头脑风暴工具、分组讨论等，这些方法可以帮助与会者更好地展开讨论，激发他们的想法和创意。

在头脑风暴会议结束后，可以对会议上提出的方案进行筛选和评估，以确定哪些方案具有潜力并值得进一步研究和完善。这个阶段可以邀请与会者对各个方案进行投票，以便找出最具潜力的方案，并将关注点转向方案的质量，对选定的方案进行深入分析和改进。

（4）重视对想法的组合与改进。头脑风暴法一般是指一群人在会议上，开动脑筋，进行自由的、创造性的思考与联想，并各抒己见，在短暂的时间内提出解决问题的大量构想的一种方法。在实践中，头脑风暴法已经成为一种比较有效的集体创造性解决问题的方法。它能够在短时间内调动所有成员的积极性，挖掘出大量创意，同时能够通过对创意的提炼、组合和改进，形成更好、更完整的想法，最终得到高质量的解决方案。与单纯提出新想法相比，头脑风暴法对想法进行组合和改进的优势主要体现在以下几个方面：

①组合和改进能够产生更完整的想法。在头脑风暴会议上，会有很多成员提出各自的想法。这些想法有可能是类似的，也有可能是完全不同的。如果只是单纯地提出想法，那么最终得到的是一堆零散的、不成熟的想法。但是，如果将这些想法进行组合和改进，就有可能形成更完整、更成熟的想法。这些想法虽然由不同的成员提出，但是通过组合和改进，它们能够互相补充、互相促进，形成更好的解决方案。

②组合和改进能够避免重复和冲突。在头脑风暴会议上，有些成员可能会提出类似的想法。如果只是单纯地将这些想法列出来，那么很容易出现重复的情况，浪费宝贵的时间和精力。但是，如果将这些想法进行组合和改进，就可以避免重复，同时能够发现其中的冲突和矛盾，及时进行解决，从而形成更为统一、协调的解决方案。

③组合和改进能够发挥集体智慧的优势。在头脑风暴会议上，每个成员都有自己的思路和见解。有些想法可能比较成熟，有些则可能比较幼稚。但是，通过组合和改进，每个成员都能够为团队贡献自己的智慧和力量，尽可能地阐述自己的想法，以便其他成员能够理解和借鉴。在交流和分享的过程中，成员之间建立了相互信任和尊重的关系，这是团队顺利合作的基础。每个成员都应该积极地倾听其他成员的想法，并且认真考虑如何将这些想法与自己的想法相结合，形成更好的解决方案。在这个过程中，需要做出适当的妥协、决策，但是所有的成员都应该站在整个团队的角度考虑问题。

在组合和改进的过程中，成员需要不断地提出问题和解决方案，将每个想法和其他想法进行比较和分析，以便找到最佳的解决方案。这需要成员具备批判性思维和创造性思维，能够在保证方案质量的同时，不断地寻找新的可能性。在这个过程中，成员应该充分发挥自己的专业知识和技能，同时要尊重其他成员的专业领域和技能。成员之间应该建立良好的沟通和协作机制，确保团队顺利合作。每个成员都应该了解其他成员的工作进度和成果，以便能够在合适的时候进行合作和交流。团队应该制订计划，并通过适当的沟通和反馈机制，不断地改进和调整计划，确保达到最佳效果。

（二）六项思考帽法

1. 六项思考帽法的基本概念

六项思考帽是一种提供平行思维的工具，是"创新思维学之父"爱德华·德·博诺博士开发的一种思维训练模式，被广泛应用于教育、商业和政府等领域，旨在帮助人们提高创新和解决问题的能力。它包括六种不同颜色的"思考帽"，每种帽子代表一种思考角度，可以引导人们从不同的角度去思考和探讨问题，从而找出最佳解决方案。

白色思考帽代表着事实和信息，它着重搜集和整理信息，从客观角度出发去观察问题，以便为后续的决策提供数据支持。通过白色思考帽的运用，人们可以更好地了解事实、掌握信息，避免主观臆断或过于片面的看待问题。

红色思考帽代表着情感和感受，它着重表达个人的情感和直觉，让每个人都有机会表达自己的情感和感受。运用红色思考帽，可以使人们更好地理解和接受他人的情感和感受，从而更好地建立起沟通和信任的基础。

黑色思考帽代表着批判和分析，它着重对事物进行批判性思考，挑战和分析不合理的观点和假设，以便消除可能会引发问题的因素。通过黑色思考帽的运用，人们可以更加客观地评估问题，发现问题所在，并为寻找解决方案提供更加有力的保障。

黄色思考帽代表着创造性和机会，它着重发掘机会，寻找创新的解决方案，引导人们更加积极地思考问题。通过运用黄色思考帽，人们可以更加乐观和开放地看待问题，从而发掘潜在的机会和创新的解决方案。

绿色思考帽代表着创意和想象，它着重发挥人们的想象力和创意，鼓励人们从不同的角度去思考问题，提供新的解决方案。运用绿色思考帽可以使人们更好地创新和发挥想象力，为问题解决提供更多的可能性。

蓝色思考帽代表着"全局观察"，它是六项思考帽中较为关键的一种思考方式。蓝色思考帽的主要作用是帮助人们全面、系统地思考问题，了解问题的历史、现状和未来的发展趋势，以及决策的影响范围和长远后果。蓝色思考帽的本质是让人们明确自己的思考目标，并且把自己的思考放入更大的框架中。

蓝色思考帽的作用不可小觑，在团队中，每个人往往只能看到自己所在的领域和角色，很难全面了解整个团队的情况。而蓝色思考帽则能够帮助团队成员站在更高的角度思考问题，了解整个团队的情况，从而能够更加准确地制定出团队的发展战略和目标。在企业中，蓝色思考帽同样具有重要的作用。在企业的战略制定和决策过程中，蓝色思考帽能够帮助企业领导层更好地把握市场的发展趋势和企业的整体竞争优势，从而做出更加明智和全面的决策。蓝色思考帽还可以帮助个人和组织更好地面对复杂的问题和挑战，面对复杂的问题，往往需要从多个角度进行思考和分析。而蓝色思考帽则可以帮助人们从全局的角度来思考问题，了解问题的本质和影响因素，从而能够更加准确地找出解决问题的方案。由此可以看出，蓝色思考帽是六项思考帽中较为关键的一种思考方式。

2. 六项思考帽法的应用

（1）六项思考帽法的应用说明。六项思考帽理解的误区是只停留在思维分为六个颜色的表面，而真正掌握六项思考帽的应用关键在于采用哪种方式排列帽子，即组织思考的流程。只有正确掌握了组织思考流程的方法，才能更好地应用这个工具。而要掌握这个方法，单靠阅读是难以达到理想效果的。

帽子顺序是六项思考帽应用的核心所在，它可以有效地提高团队的沟通效率和思考质量，同时能够帮助个人提高自己的思考能力。在六项思考帽的应用过程中，帽子顺序的编排是至关重要的，因为它直接影响着思维的流程和结果。

帽子顺序的编排需要考虑不同思维模式的先后顺序。比如，创新思维往往需要先进行蓝色思考，明确目标和方向，然后才能进行绿色思考，提出各种创意。而红色思考则需要在绿色思考之后进行，对各种创意进行评估和筛选，最终确定可行的方案。如果帽子顺序被打乱，会导致思维混乱，最终影响思考结果的质量。考虑思维流程的合理性，比如在思维过程中需要充分考虑各种因素，从不同角度去思考问题，那么就需要在帽子顺序中设置足够的时间和空间，让每个人有充足的时间去思考和表达自己的想法，同时要有足够的时间去听取别人的意见和建议。只有通过合理的思维流程和时间安排,才能确保思维的完整性和准确性。考虑团队中不同成员的思维习惯和思维能力,在实际应用中,可能会遇到某些成员的思维习惯和思维能力与常规的帽子顺序不太一样,这时就需要根据实际情况进行调整。比如,对于某些创意丰富的人来说,可能需要将绿色帽子放在前面,让他们先发挥自己的创造力,而对于某些更注重实用性的人来说,可能需要将红色帽子放在前面,让他们先考虑问题的可行性和实用性。除了以上因素外,帽子顺序的编排还需要考虑思维的复杂度和难易程度。一般来说,思维的复杂度和难易程度是由思维模式和思维任务的不同所决定的。因此,在编排帽子顺序时,需要将复杂度较高的思维模式和任务放在后面,让人们在较低难度的思维任务和模式中逐渐进入思维状态,逐步提升思维水平,从而更好地应对复杂的思维任务。帽子顺序还需要根据具体的思维任务进行灵活调整。对于不同的问题,可能需要采用不同的思维模式和帽子顺序,以达到最佳的思考效果。例如,在解决关于市场推广的问题时,可能需要先使用红色帽子进行情感反应,再使用黑色帽子进行逻辑分析,最后使用黄色帽子进行正面评价和意见汇总。可以看出帽子顺序的编排需要根据具体情况和思维任务进行灵活调整,但同时需要遵循一定的规律和原则,以保证思维流程的连贯性和有效性。

在个人应用方面,帽子顺序的编排也需要考虑自身的思维特点和习惯。例如,对于思维比较单一的人来说,可能需要将绿色帽子放在前面,以便扩展思维视野;而对于思维比较杂乱的人来说,则需要将蓝色帽子放在前面,以便梳理思维结构。

如果一个人需要考虑某一个任务计划,那么有两种状况是其不愿面对的,一个是头脑之中的空白,不知从何开始,另一个是头脑的混乱,过多的想法交织在一起而造成的淤塞。六项思考帽能够帮助人们设计一个思考提纲,是一种思考流程的指导和优化,这个工具能够帮助人们以一定的次序进行思考,有针对性地对不同问题进行思考和讨论,更好地发挥思维的潜力。这也是六项思考帽的重要价值所在。通过对不同思维模式的运用,六项思考帽可以使人们更加理智、冷静地看待事物,去除主观情感的干扰,从而获得更加全面、客观的认知。这样,在团队中进行讨论时,就不会被个人情感左右,能够更好地达成团队共识,推进团队的工作。

在使用六项思考帽的过程中,人们可以根据具体情况自由调整帽子顺序，以更好地适应不同的问题和任务。此外，六顶思考帽的使用也需要结合实际情况，采取不同的思考方式和技巧。比如，在进行创新性的思考时，人们可以更多地运用白色帽子和绿色帽子的思维方式，通过分析问题的各种可能性，寻找新的解决方案。而在进行决策时，则更多地需要运用黑色帽子和红色帽子的思维方式，对方案进行深入分析和评估，以找到合适的方案。

除了以上的应用场景外，六顶思考帽还可以应用于个人的思维提升和优化。在日常生活中，人们面临着各种各样的问题和挑战，需要不断地进行思考和决策。然而，由于个人经验和知识有限，往往容易陷入思维定式，难以找到新的解决方案。这时，采用六顶思考帽的思维方式，可以帮助人们打破思维定式，开拓思路，找到新的思考角度和解决方案。实际应用六顶思考帽的时候可以结合其他思维工具和技巧进行。比如，与头脑风暴相结合，可以帮助团队成员集思广益，激发创新灵感，提高解决问题的能力；与SWOT分析相结合，可以更全面地评估问题和方案的优劣，从而更好地制定战略和决策。

在团队应用的过程中，最大的应用情境是会议，尤其是讨论性的会议，这类会议是真正的思维与观点碰撞、对接的平台，人们在这种会议中难以达成一致，通常是从本质上对他人观点的不认同造成的。在这种情况下，六顶思考帽就成了一种比较有效的沟通框架。与会人员要在蓝色帽子的指引下按照框架体系组织思考与发言，不仅能够有效避免冲突，还能针对某一个话题进行充分、透彻的讨论。因此，在会议中应用六顶思考帽不仅能缩短会议的时间，也能提高会议讨论的深度。

六顶思考帽在书面沟通中也有着广泛的应用，如在电子邮件的撰写、报告书的编写和文件审查等方面，都可以借助六顶思考帽的框架来进行组织和管理。此外，六顶思考帽在家庭生活中也能发挥出意想不到的效果，帮助家庭成员进行有效沟通和解决问题。

在许多团队环境中，团队成员往往被迫遵循团队已有的思维模式，这限制了他们的创造力和合作能力。然而，六顶思考帽法鼓励团队成员摆脱固有的思维定式，扮演不同的角色以寻找解决问题的方案。六顶思考帽作为一种思考工具，提供了一个角色分类系统，而非对成员本人的标签。通过这种方式，团队成员可以更好地专注于思考要求，而不是个人身份。

当团队采用六项思考帽法时，成员可以轻松地在不同角色之间切换，以便更全面地审视问题。这种方法有助于提高团队的沟通效率，减少不必要的争论和冲突，同时提高解决问题的能力。在团队合作中，通过运用六项思考帽，可以增强团队成员间的互动，提高团队的创新力和执行力。

（2）六项思考帽法的应用流程。六项思考帽在会议中的应用步骤如下：

①白色帽子：陈述问题。

②绿色帽子：提出解决问题的方案。

③黄色帽子：评估该方案的优点。

④黑色帽子：列举该方案的缺点。

⑤红色帽子：对该方案进行直觉判断。

⑥蓝色帽子：总结陈述，做出决策。

（3）六项思考帽法的实际应用。绿色帽子与蓝色帽子是背道而驰的，因为绿色思考帽比较自由活跃，并且可以天马行空，蓝色思考帽则旨在控制与指引思考过程的方向。

想象草地、树木，想象生长与丰收，想象发芽与分出枝杈，绿色帽子可以说是比较活跃的帽子。绿色帽子是用来进行创造性思考的，绿色帽子包含了"创造性"一词的含义。

创造性思考意味着产生新的事物或催生新的可能性，它与建设性思考相似，绿色帽子关注的是建议、提议和解决方案。绿色帽子让人们从不同的角度看待问题，尝试提出富有创意的方案，从而拓宽人们的思维范围。

创造性思考意味着新的创意、新的选择、新的解决方案以及新的发明。绿色帽子着重于"新"的概念，使人们跳出传统思维框架，勇于尝试和探索。这种思考方式可以引导人们找到解决问题的有效途径。

通过深入了解绿色思考帽的特点，人们能更好地利用这种思考方式来拓展思维空间，增强解决问题的能力，并在团队合作中为项目带来更丰富的创意。在日常生活中，也可以借助绿色思考帽来激发创造力，提高生活品质和个人成长。

在解决问题和推动创新的过程中，绿色思考帽具有重要的地位。为了更好地运用绿色思考帽，可以结合其他五种思考帽的特点，共同构建一个更全面、高效的思考与决策过程。首先，可以借助白色帽子来收集问题所需的全部信息，确保在分析问题时具备充分的数据基础。其次，可以运用红色帽子，充分表达自己的感受，为创新思考提供更多维度的参考。在这个阶段，绿色帽子可以引导人们积极主动地提出建议和想法，不拘泥于逻辑理由，自由发挥创意。

有了这些创意和建议后，可以利用黑色帽子和黄色帽子对其进行评估。黑色帽子帮助人们从谨慎和批判的角度审视想法，找出其中可能存在的问题和风险；黄色帽子则鼓励人们从积极乐观的视角看待想法，挖掘潜在的优点和价值。通过这两种思考帽的评估，可以筛选出较具潜力的创意和解决方案。蓝色帽子在整个思考与决策过程中发挥着组织和控制的作用，确保人们的思考过程有序进行，避免陷入混乱和低效，并协调各种思考帽的使用顺序和时间，以达到最佳的决策效果。

结合其他五种思考帽的特点，可以搭建一个更全面、高效的思考与决策过程，提升个人和团队在面对问题时的创新力和执行力。通过深入分析绿色思考帽在整个思考过程中的作用，可以更好地理解和运用这一方法，从而在不断挑战和突破自我中实现个人和团队的成长。

白色帽子和绿色帽子在考察问题和情况时有其独特的方法。这两种思考方式相辅相成，为人们提供了一个全面而深入的分析框架。白色帽子注重客观事实和数据，它通过收集、整理和分析可获得的信息，为人们提供了一个清晰、真实的现状。在戴上白色帽子时，需要搜集所有与问题相关的资料，包括数字、报告、研究成果等，以确保人们在分析问题时有充分的事实依据。白色帽子鼓励人们保持客观、理性的思考态度，避免受到主观情感和偏见的影响。绿色帽子则关注创新思维和可能性，它鼓励人们从不同的角度提出概念和建议。在戴上绿色帽子时，要敢于挑战现状，尝试新的方法和策略。绿色帽子让人们敞开思路，勇于探索，从而找到潜在的解决方案和改进方向。与白色帽子不同，绿色帽子并不要求人们为想法提供逻辑证据，而是鼓励发散性思维和创造力的发挥。通过将白色帽子和绿色帽子相结合，可以在分析问题时既关注现实的事实依据，又充分考虑创新的可能性。这样的思考过程有助于人们在面对复杂问题时，做出更加全面、深入的判断，为解决问题提供更多元的视角和方案。在实际工作、学习和生活中，白色帽子与绿色帽子共同发挥作用，让人们的思考更加严谨、高效和富有创意。

绿色帽子的核心作用是鼓励人们积极主动地提出建议和想法，这些建议并不局限于全新的创意，它们可以涵盖各种类型，如行动建议、解决问题的方案以及可能的决策。在戴上绿色帽子时，人们应保持开放的心态，进行积极活跃的思考。当团队或个人面临困境，不知道如何解决问题时，绿色帽子的运用尤为重要。

当人们面临问题时，绿色帽子能够帮助人们扩大思考范围，寻找更多的解释和选择。在已有解决方案或行动计划的基础上，绿色帽子鼓励人们挖掘潜在的可能性，进一步完善和丰富方案。绿色帽子的运用有助于人们在决策前确保已经考虑了各种可能的选择，从而做出更为全面和明智的决策。

在面对复杂问题时，绿色帽子引导人们跳出传统思维框架，敢于尝试全新的创意。当旧方法不再适用或无法解决问题时，真正的创造性思考和水平思考变得尤为重要。绿色帽子在这种情况下扮演着至关重要的角色，鼓励人们勇敢探索新的想法，并为解决问题提供全新的视角和思路。运用绿色帽子能激发人们的创造力与想象力，从而发现潜在的机会和突破点。在此过程中拓展人们的知识边界，提高创新能力和适应性，还可以更好地应对未知领域的挑战。绿色帽子能在潜移默化中使人们意识到，创意的产生并非一蹴而就，而是需要不断尝试和摸索。虽然不能要求每个人都产生具有颠覆性的创意，但可以要求他们勇于尝试，培养出敢于挑战陈规陋习的人。在这个过程中，人们可能会遇到困难和挫折，但正是这些挑战，使人们的思维更加活跃和敏捷。

当人们戴上绿色帽子时，意味着他们将打破思维定式，大胆地提出各种试验性的主意。尽管人们无法预知这些主意是否行之有效，但这种勇于尝试的精神能激发人们的创造力，帮助人们突破常规思维，从全新的角度审视问题。

绿色思考帽象征着行动和活力，其精神在于勇于探索、敢于尝试。就像画家面对空白的画布，他的首要任务便是采取行动，无论是绘制草图还是挥洒颜料。当人们面临空白或陷入循环往复的境地时，绿色思考帽便能激发人们的创新精神，帮助人走出困境。在面临未知或缺乏思路时，绿色思考帽鼓励人们勇敢迈出第一步，积极寻求解决方案，帮助人们摆脱困境，找到问题的解决方法。当人们陷入因循守旧或停滞不前的状态时，绿色思考帽督促人们挑战现状，积极寻求变革，启发人们打破思维桎梏，以新的视角审视问题。绿色思考帽的行动与活力特质使人们能够更好地应对不断变化的环境，提高适应能力和应变能力，有助于人们在面临挑战时保持信心，从容应对各种困难。

想象蓝天，天空高高在上，如果人们飞翔在天空，就可以俯瞰一切事物，戴上蓝色帽子就意味着超越思考的过程，正在俯瞰整体的思考过程，蓝色帽子是对思考的思考。

蓝色帽子代表元认知，即对思考过程的回顾与总结，其控制着思考过程。当人们戴上蓝色帽子时，需要对整个思考过程进行规划、监控、调整和评估。蓝色帽子让人们站在更高的角度审视问题，确保人们的思考过程在正确的轨道上。正如乐队的指挥能够掌控和协调各种乐器的演奏，蓝色帽子同样可以对其他五种思考方式进行有效整合和指导。

戴上蓝色帽子的人能够从思考的过程中退出来，便于对整个思考过程的监督与观察：

①我们现在到了哪里？我们现在进行到了什么地方？问题的焦点是什么？我们还应怎么做？

②下一步是什么？下一步应该怎么做？蓝色思考帽者建议换上另一顶帽子进行思考，或者做出总结、明确思考的焦点。

③除了明确下一步应该做什么之外，蓝色帽子还可以设计整体的思考程序，负责确定整个思考过程的结构，包括议题的讨论顺序、时间分配和目标设定，确保团队或个人在分析问题时能够有条理地进行，从而提高效率。在思考过程中，蓝色帽子可以对其他五顶帽子的使用进行监控，确保各个阶段的思考目标得以实现。同时，蓝色帽子负责根据实际情况对思考程序进行调整，以适应不断变化的环境和需求。蓝色帽子需要在思考过程结束时，对整个过程进行总结和评估，以便了解各个阶段的优点和不足，为下一次的思考提供经验教训。

蓝色帽子旨在正式对待思考，如同电脑程序设计师为电脑设计程序一样，蓝色帽子也为思考过程设立程序。

④在思考过程中，蓝色帽子在进行总结方面具有重要作用。在各个阶段，成员可以戴上蓝色帽子以便在关键时刻梳理已完成的讨论和分析，这一

环节可以帮助团队及时调整思考策略、明确目标,从而提高思考效率和质量。总结可以视为思考过程中的检查点,让参与者了解当前的情况。通过总结,团队可以明确已经取得的成果以及与目标之间的差距,有针对性地调整后续的思考策略。当团队成员共同回顾并总结已完成的工作时,可以增进团队的凝聚力,这种共同总结的过程有助于团队成员更好地理解彼此的观点,为共同目标努力。总结可以帮助团队避免在已经讨论过的议题上浪费时间,提高沟通效率。

⑤蓝色思考帽者超越了思考的过程,并且俯瞰着所发生的一切,所以,蓝色思考帽的功能是使思考者能清楚认识到自己的思考行为是否有效。

⑥在实践活动之中,许多人已经应用了蓝色思考帽,应在应用蓝色思考帽的过程中避免滥用的现象发生。正确使用蓝色帽子对于提高思考和决策效率具有重要意义,为了充分发挥蓝色思考帽的作用,应注意几点:明确表达蓝色帽子的角色。在团队中,应该明确地表达自己正在扮演蓝色帽子的角色,以便其他成员了解当前的讨论和评价是从一个更高层次的观察角度出发的;避免频繁打断。虽然蓝色帽子在思考过程中具有重要作用,但是频繁打断讨论进行蓝色帽子评论可能会影响团队的工作效率,甚至引起其他成员的反感;确保评论具有针对性。蓝色帽子评论应该针对具体问题和关键环节进行,以便在关键时刻为团队提供有价值的反馈;谨慎提出建议。在进行蓝色帽子评论时,应该注意以建设性的方式提出建议。尊重其他成员的观点和努力,以便在调整思考策略时获得团队的支持和配合。

(4)六项思考帽法的应用步骤。运用六项思考帽法来解决工作中存在的问题,可以帮助人们更全面、深入地分析问题,从不同角度进行思考,从而找到有效的解决方案。

白色思考帽起着关键作用,因为它专注于思考和搜集各环节的信息、数据和事实。人们需要通过白色思考帽来搜集和分析各个部门和环节的信息,这包括了解现有的流程、资源分配情况、团队成员的能力和责任等,结合所搜集的信息,人们可以找到问题的根本原因,从而为后续的解决方案提供坚实的基础。

在实际工作中,人们可以从以下几个方面运用白色思考帽来搜集和分析信息:识别问题所在,明确问题的具体表现,了解问题涉及的范围、影响的部门和相关团队,从而为进一步分析和解决问题提供方向;详细了解现有的工作流程和资源分配情况,人们可以发现其中存在的瓶颈和不足。此外,人们还可以评估团队成员的能力和责任,了解他们在工作中所承担的职责和面临的挑战;搜集与问题相关的数据和事实,以便人们更加客观、全面地分析问题。例如,可以收集工作效率、产出质量、客户满意度等指标的数据,这些数据将帮助人们更准确地判断问题的严重性和影响范围;在收集到足够的信息后,可以进行对比分析,找出问题的根本原因。例如,可以将团队的工作流程和其他部门或行业的最佳实践进行对比,从中发现问题所在,为后续的改进提供参考;将所收集的信息进行整理和归纳,梳理出问题的关键点和主要原因,从而更清晰地认识问题,为后续制定解决方案提供有力支撑。

运用绿色思考帽的目标是激发创新和积极的思维方式,让人们从不同角度看待问题,从而找到有效的解决方法。要想充分发挥绿色思考帽的作用,必须营造一个包容和开放的氛围,让各层次管理人员和团队成员能够自由地提出不同的观点和建议,从而使大家充分发挥创造力和想象力,进一步丰富解决问题的方法。除此之外,还可以采取一些实际措施来促进创新思维,如组织头脑风暴会议,让大家集思广益,共同提出解决问题的方案。在这个过程中,要允许甚至鼓励大胆、前所未有的想法出现,以激发团队的创新潜能。同时,要学会倾听和尊重他人的意见,通过有效的沟通和协作,将这些想法融合在一起,形成具有实际可行性的解决方案。

在整个创新思考过程中,人们要时刻保持批判性思维,对提出的想法和建议进行客观、理性的分析,从而确保人们找到的解决办法是真正适用的。同时,要关注实施过程中可能遇到的挑战和风险,以便在实际操作中更好地应对。

在解决工作中的问题时,运用"黄色思考帽"和"黑色思考帽"分别从"光明面"和"良性面"进行分析,能够帮助人们更全面地评估解决方案的优缺点。黄色思考帽强调从积极的角度来看待问题,关注想法的优势和潜在价值,而黑色思考帽则让人们从谨慎的角度出发,仔细分析潜在的危险和隐患。这两种思考方式相互补充,帮助人们全面地评估各种解决方案。

在解决问题和制定决策的过程中,红色思考帽起到了重要的作用,值得对其意义进行申诉探讨,红色思考帽的核心在于关注我们的情感和直觉反应。这是因为情感和直觉在很多情况下，能够为我们提供有关问题和解决方案的宝贵见解。在戴上红色思考帽之前，我们已经用黄色思考帽和黑色思考帽对所有想法进行了充分的分析。我们已经清楚地了解了各种解决方案的优势、劣势以及潜在风险。然而，在决策过程中，单纯依赖理性分析可能仍然不足以做出最佳选择，因为有时候某些方案的优势可能无法用数据和逻辑完全表达。这时，红色思考帽彰显出了其重要性，通过关注我们的情感和直觉反应，我们可以更好地把握那些可能被忽略的、难以量化的因素，比如，企业文化、团队氛围和员工士气等，因为这些因素同样对解决方案的成功与否产生重要影响。

在戴上红色思考帽的阶段，我们可以倾听自己内心的声音，从而发现哪些解决方案与我们的价值观和经验更加契合。有时，这种直觉可能会引导我们选择看似不太理想的方案，但却能带来更好的长期效果。此外，红色思考帽还能帮助我们更加自信地做出决策，因为我们知道这些决策不仅基于理性分析，还符合我们的内在感觉和信念。

在思考的过程中，蓝色思考帽的运用对于确保我们的思考质量和效果至关重要。通过对思考顺序的调整和控制，蓝色思考帽能够让我们在解决问题时保持清晰的头脑，并始终关注问题的核心。这一过程可能需要我们随时"刹车"，以避免因为错误的观点或认知偏差而陷入死胡同。在整个思考过程中，我们应随时调换思考帽，以便从不同角度分析和讨论问题，最终找到最佳的解决方案。当我们面临复杂问题时，很容易被众多信息和观点淹没，导致无法集中精力解决问题。在这种情况下，蓝色思考帽的引导作用尤为重要。它使我们能够明确思考目标、确定思考步骤，并确保我们在思考过程中不会偏离主题。蓝色思考帽能够及时使我们调整思考方向，我们在解决问题的过程中可能会发现原先的思考路径不再有效，或者需要引入新的观点和信息。这时，蓝色思考帽的灵活性就显得尤为重要。通过运用蓝色思考帽，我们可以迅速地调整思考顺序，从而更高效地处理问题。蓝色思考帽还能帮助我们避免陷入思考的死胡同，有时，我们可能会过分专注于某个观点或者想法，从而忽略了其他重要信息。在这种情况下，蓝色思考帽就像一个及时的警钟，提醒我们要保持开放的思维，防止因为错误的观点或认知偏差而陷入僵局。

在实际应用中，我们应根据实际情况灵活运用蓝色思考帽。例如，在一个项目的初期，我们可以运用蓝色思考帽明确项目目标和计划，确保团队成员对项目有清晰的认识。在项目实施过程中，我们可以运用蓝色思考帽对进度进行监控，确保项目按照计划顺利进行。

（三）综摄法

1. 综摄法的基本概念

综摄法是一种创新方法，它通过组合不同性格和专业的人员，深入分析和理解问题，并进行创造性思考，最终获得解决问题的方法。这种方法能够有效地打破固有的思维定式，帮助人们重新理解问题，并从新的角度寻找解决方案。综摄法注重人员的多样性和组合，不同性格和专业的人员具有不同的思考方式和视角，这可以使团队的讨论更加丰富和全面。一般而言，创新小组中应该包括对问题有深入理解的专家、富有想象力的创意者、具有实践经验的实践者等。这种组合可以充分利用每个成员的专业知识和能力，帮助团队更好地理解问题并提出解决方案。综摄法强调深入的分析和理解，在使用这种方法时，团队成员需要投入大量的时间和精力来研究问题，从多个角度进行分析，寻找问题的主要细节和方面。这种深入的分析可以帮助团队更好地理解问题，并从不同的角度寻找解决方案。综摄法采用多种模拟方法来进行创造性思考，模拟是一种重要的思维工具，可以帮助人们理解和解决问题。在综摄法中，团队可以使用自由的亲身模拟、比喻和象征模拟等方法来进行创造性思考，帮助人们从新的角度理解问题，并找到新的解决方案。综摄法的目的是帮助人们重新理解问题，并从新的角度寻找解决方案，帮助人们打破思维定式，并寻找新的思路和方法。通过综摄法，团队可以在一个开放、创新的环境中进行讨论和创造，最终获得解决问题的方法。

综摄法又称为了综合采访法、系统采访法，是一种将表面上看起来不同但实际上有联系的要素综合起来的方法。它是一种集体创造技法，通常由主持人、问题的专家以及各种专业领域的成员共同实施，以解决特定的问题或达成共同的目标。综摄法的核心思想是整合不同的思想和观点，通过集思广益的方法，达成最终的共识和决策。

综摄法的应用领域十分广泛，包括商业、政治、科学研究等领域。比如，一家公司想要开发一种新产品，可以采用综摄法，邀请销售、市场营销、研发、设计等不同领域的专业人员共同参与，通过集思广益的方式，确定最终的产品设计和市场营销策略。在政治领域，政策制定者可以邀请不同政党、专家学者、社会各界代表等多方参与，通过综摄法的方式，制定出最符合各方利益和国家整体发展的政策方案。

综摄法的应用需要有丰富的经验，因此必须对应用综摄法的人员进行培训。在培训过程中，需要教授参与者如何引导讨论、整合意见、协调矛盾等技能。此外，参与者还需要具备开放的心态和批判性思维能力，以便能够在讨论过程中真正地听取不同的意见和看法，并理性地分析和综合各种信息。

尽管综摄法具有很多优点，比如，能够充分利用不同领域的专业知识，提高决策的准确性和可信度等。但是，它也存在一些缺点，比如，综摄法需要大量的时间和人力资源，而且需要严格的组织和管理。此外，在讨论过程中，可能会出现某些成员独占话语权或者占据了过多的讨论时间，从而影响到其他成员的表达和意见。所以在实际应用综摄法时，需要合理地分配时间和资源，并严格遵守讨论规则和流程，以确保讨论的公正性和有效性，并且需要不断完善和优化综摄法的应用流程和方法，以提高其应用效果和效率。

2. 综摄法的基本假定

综摄法主要是建立在了下面几项基本假定之上的：

（1）每一个人都具有潜在的创造能力。

（2）通过特定人的创造现象能够描述出共同的心理过程。

（3）在创造的过程之中，感情的非理性因素比理性因素更加重要。

（4）创造时的心理过程能够通过适当的方式加以训练、控制。

（5）集体创造的而过程可以模拟个人的创造过程。

综摄法主要是采用自由、运用比喻以及模拟的方式进行正式交换意见和创造性思考，从而促使萌发各种设想的一种集体的创造技法。该项技术主要有两个基本原则，一是同质异化原则，也就是对现有的各种发明，积极应用新的知识或者立足于新的角度上加以观察、分析与处理，进而产生新的创造性成果。比如，电子计时笔，电子表主要用于计时，笔用于书写，从表面上来看，这两者之间毫无关联，但是实际上存在着一种潜在的联系。因为在用笔进行书写的时候，通常会想到写了多长时间，写到什么时候为止，或者从什么时候开始写，等等。所以制作者就将两者的长处综合在一起，将电子表装在了笔杆中，电子计时笔由此诞生。二是异质同化原则，在创造发明不熟悉的新东西时，可以借用现有的熟悉知识进行分析研究，不断启发出新的设想。比如，在发明脱粒机之前，谁也没有见过这种机械，是要通过当时既有的知识或者熟悉的事物进行创造。脱粒机的作用是将稻草与稻谷分开，分开的方式有用手分开，用木片将稻谷从稻草上刮下来等。后有人发现了用雨伞尖顶冲撞稻穗能将稻谷从稻禾上分开，根据这一发现制成了这种带尖刺的滚筒状脱粒机。

3. 综摄法的操作步骤

（1）准备阶段。

①确定会议室与会议的时间。

②确定参加人员约10名，参加者可以为不同专业的研究人员，但须是内行。

③指导员应具备使用本方法的一切常识以及细节问题，比如两大思考原则、四种模拟技巧以及实施要点等。

（2）实施阶段。

①主持人向与会者介绍本方式的大意、实施概要以及四种模拟技巧、两大思考方式等。

②主持人先不公开议题，而介绍与研究课题有关的更加广泛的资料，引导与会者进行探讨，启发其灵感。

③当讨论设计解决问题的时候，主持人再明确提出来，并且要求参加者按照两条原则与四种模拟方式积极构思解决问题的方案。

④整理综合各种方案，寻找最佳的方案。

（四）形态分析法

1. 形态分析法的背景起源

20世纪50年代末，出现了一种基于系统式查找可能解决方案的方法，即形态分析法，这种方法的创始人是美国加州理工学院教授兹维基和矿物学家里哥尼。形态分析法是一种全面的系统论思维方法，它的出现为解决许多问题提供了新思路和新方法。形态分析法强调对问题整体的分析，不同于传统的解决问题的方式，它注重对问题的系统化研究，以找出问题的内在联系和规律性。这种方法在各个领域都有应用，如工程设计、科学研究、管理决策等。

形态分析法是一种从系统论的观点看待事物的创新思维方法，它强调问题的系统性和整体性，认为事物之间存在内在联系和相互作用。形态分析法通过将问题拆分成不同的部分，然后将这些部分互相联系，形成整体的图像，以便更好地理解问题的本质。通过分析问题的形态，形态分析法可以更好地发现问题的本质和规律性，找到解决问题的方案。

形态分析法的主要思路是对解决问题的可能前景进行系统的分析，对问题的不同方面进行分析，找到它们之间的联系和规律性以及解决问题的潜在方案。这种方法不仅可以用来解决一些具体的技术问题，也可以用来解决一些复杂的社会问题，例如资源管理、决策制定等问题。

形态分析法对搜索问题的解决方案所设置的限制很有用处，这种方法可以限定搜索空间，以减少解决问题的时间和成本。将问题进行分解，找到各个部分之间的联系以及可以采取的解决方案，帮助人们更好地理解问题的本质，并找到有效的解决方案。

在工程设计领域，形态分析法可以帮助工程师在设计产品时更好地理解产品的功能和形态，以便更好地设计出符合用户需求的产品。在科学研究领域，形态分析法可以帮助科学家更好地理解科学问题的本质和规律性，以便更好地开展科学研究。在管理决策领域，形态分析法可以帮助管理者更好地理解问题的本质和影响因素，以便更好地做出决策。

形态分析法将研究的对象或者问题分成了一些基本的组成部分，并对每一个基本组成部分单独进行处理，分别提出解决实际问题的方案或者方式，再通过不同的组合，进一步形成若干个解决整个问题的总体方案。

因素与形态是在应用形态分析法的时候，要用到的两个比较重要的基本概念。所谓的因素重点是指构成某种事物各种功能的特性因子，所谓的形态重点是指实现事物各种功能的技术手段。

2. 形态分析法的概念与主要特点

形态分析法是技术预测方式之一，系统地探寻生产某种产品的新的技术方案的方式，所谓的形态在技术预测中指的是产品的零部件，主要步骤是：将产品分解成为若干零部件；找出每种零部件的所有可行生产技术；列出所有零部件的所有可行技术的可能组合；对可能组合进行分析、评估，从中找出可行组合。可行组合既是新技术方案出现的机会，也是开发新技术方案的机会。

形态分析法的主要特点是将研究对象或者问题，分为一些基本组成部分，再对某一个基本组成部分单独进行处理，分别提供各种各样的解决问题的方式或者方案，从而形成解决整个问题的总方案。这时，会产生若干个总方案，因为是通过不同组合关系而得到不同的总方案，所以有的总方案中每一个是否具有可行性，必须采用形态学方式进行分析。

3. 形态分析法的步骤

茨维基将形态分析法分成了以下几个步骤：

（1）明确提出问题，并加以解释。

（2）将问题分成若干个基本组成部分，每一个部分都有着明确的定义，并且有着其特征。

（3）建立起一个包含所有基本组成部分的多维矩阵，即形态模型，在这一矩阵中应包含着所有可能的解决方案。

（4）检查这一矩阵中所有的总方案是否具有可行性，并且加以分析、评价。

（5）结合各个可行的总方案进行比较，从中选出一个最佳的总方案。

此法的最大优点是比较适合对一项"未来技术"，即形态模型中的一个总方案，进行可行性分析，不足是当组合个数过多的时候，即总方案的个数过多时，第四步的可行性研究则比较困难，这种方式既可以用来探索新技术，也可以估计出实现新技术的可能性，从而为探索未来描绘出一幅清晰的蓝图。

通常步骤：

（1）明确用此技法所要解决的实际问题，即发明、设计。

(2)将要解决的问题,按照重要功能等基本组成部分,罗列出有关的独立因素。

(3)详细列出各独立因素所包含的要素。

(4)将各要素排列组合成创造性设想。

(五)信息交合法

1. 信息交合法的概念

信息交合法是一种在信息交合中进行创新的思维技巧,其本质是把一个物体或者系统的总体信息分解成若干个要素,然后把这些要素与人类各种实践活动相关的用途进行要素分解。通过将这两种信息要素用坐标法连成信息标 x 轴与 y 轴,两轴垂直相交,构成"信息反应场",每个轴上各点的信息可以依次与另一轴上的信息交合,从而产生新的信息。

信息交合法的核心思想是在信息分解的基础上,通过组合、交叉、变换等方式,创造出新的信息。因此,信息交合法不仅是一种创新思维方法,同时也是一种设计方法,它能够帮助人们更好地理解和利用信息,从而产生更有价值的创新。信息交合法在实践中有广泛的应用,比如,在工业设计中,可以通过将产品的各个要素进行分解,再与用户的使用习惯和需求进行要素分解,通过交叉组合来设计出更加符合用户需求的产品。同样,在科学研究中,信息交合法也可以帮助研究者更好地理解和利用研究对象的各个要素,从而推动研究的深入。信息交合法的具体实现需要具备以下几个基本要素:

(1)对于物体或者系统的总体信息进行分解。这是信息交合法的基础,也是实现信息交合的前提,将一个物体或者系统的总体信息进行分解,深入地理解其内在结构和特点。

(2)对于与人类实践活动相关的用途进行要素分解。这一步是将物体或者系统的总体信息与人类实践活动相关联的关键步骤,将这些信息与人类实践活动的用途进行要素分解,更好地把握信息的实际应用场景。

(3)将这两种信息要素用坐标法连成信息标 x 轴与 y 轴,两轴垂直相交,构成"信息反应场",这一步是将两种信息要素进行组合的关键步骤。将两种信息要素分别映射到信息标 x 轴与 y 轴上,然后通过坐标法将它们进行连接,构成"信息反应场",从而为后续的信息交合提供了条件。

（4）通过交叉组合等方式创造出新的信息。这一步是信息交合法的核心实现步骤，在"信息反应场"进行信息交合时，可以通过交叉组合等方式来创造出新的信息。具体来说，可以选择两个信息要素，在它们对应的坐标点上进行交叉组合，从而产生新的信息，也可以通过选择不同的信息要素组合方式，来创造出不同的信息。在设计产品时，可以通过交叉组合来产生新的设计方案。比如，对于一个椅子的设计，可以将椅子的座位、靠背、扶手等要素与用户的身体尺寸、使用场景、使用目的等要素进行交叉组合，从而设计出更符合用户需求的椅子。在科学研究中，也可以通过交叉组合来产生新的研究思路。比如，对于一个物理实验，可以将实验的不同要素与不同的物理理论进行交叉组合，从而发现新的实验现象或者理论规律。

除了交叉组合之外，信息交合法还可以通过变换、扩展、缩减等方式来创造出新的信息。比如，在设计产品时，可以通过变换产品的形状、颜色、材质等要素，来创造出不同的设计方案。同样，在科学研究中，也可以通过扩展或缩减实验要素、理论模型等方式，来发现新的研究现象或理论规律。

2. 信息交合法的公理与定理

（1）公理。一是不同信息的交合可产生新信息；二是不同联系的交合可产生新联系。

（2）定理。第一个定理是心理世界是指一个人在自己的意识和潜意识中所呈现出来的所有想象、情感、信仰和价值观等，这个世界是由人脑中的信息和联系所组成的构象。根据心理学的研究，人类的大脑是一种高度适应性的器官，能够根据外部环境的变化来调整和改变自身的结构和功能。因此，心理世界中的构象是较为灵活和多样化的，它们可以根据不同的信息和联系组合而成。在这个定理中，首先讲述了不同信息、相同联系所产生的构象。比如，汽车由轮子和喇叭组成，而轮子与喇叭是两个不同的信息，轮子使其可行走，喇叭则发出声音警告。这种组合使得汽车具有了自己的功能和特点。其次，定理强调了相同信息、不同联系所产生的构象。以灯为例，它可以被吊、挂、随身携带，甚至可以做成无影灯，这种灵活性充分说明了人类大脑的适应性和创造性。最后，定理还讨论了不同信息、不同联系所产生的构象。比如，独轮自行车本来与盒、碗、勺没有必然联系，但是杂技演员将它们组合在一起，构成了杂技节目这一物象。这个定理的意义在于，它揭示了人类大脑所具有的极强的信息处理和联系组合能力。人类大脑能够快速地将不同信息进行联想和组合，创造出新的构象和意义。这种能力在日常生活中起着重要的作用，例如在解决问题、创造新产品、设计艺术作品等方面都有着广泛的应用。该定理还暗示了人类大脑所具有的灵活性和多样性，每个人的心理世界都是独一无二的，因为它是由个体的经验、价值观和信仰等构成的。即使是相同的信息和联系，不同的人也可能会产生不同的构象和理解。这也说明了人类大脑的主观性和个体差异。

在实践中，我们可以通过不断学习和探索，提高自己的信息处理和联系组合能力，从而创造出更多更有创意的构象和意义。比如，在创业过程中，可以将不同的行业、技术和需求进行拓展和组合，创造出新的产品或服务，满足市场的需求。在艺术创作中，可以将不同的元素、形式和主题进行组合，创造出独具特色的作品，表达自己的情感和思想。在日常生活中，我们也可以通过尝试新的事物，开阔自己的视野和思维方式，提高自己的信息处理和联系组合能力。

这个定理也提醒我们，人类大脑在信息处理和联系组合的过程中，可能会出现一些错误或偏见。例如，人们可能会将不相关的信息联系在一起，产生误解或误导。因此，在处理信息和组合联系时，需要保持客观、理性和审慎的态度，避免出现不必要的错误和偏见。

第二个定理表明，新信息和新联系是在相互作用中产生的，这里的"相互作用"可以被视为一种条件，即在一定的条件下，不同的信息可以相互作用，并产生新的联系和信息。例如，当手杖与枪这两个不同的信息被置于战争的条件下时，它们可以相互作用，并形成一种新的"手杖式枪支"的信息。这种相互作用可以是物理上的，也可以是概念上的。不论是哪种形式，都需要一定的条件才能产生新的联系和信息。

第三个定理则指出具体的信息和联系均有一定的时空限制性，这意味着，不同的信息和联系只能在一定的时空范围内相互作用。

两个公理中所提到的世界相互联系和信息联系的印记是人们对于人类世界和信息世界的深刻认识。这两个公理指出了世界的本质和信息的作用，对于我们了解世界和认识信息具有重要的意义。公理告诉我们，世界上的所有事物都是相互关联的，它们之间存在着相互作用和相互影响。人类社会中的个人、组织、国家之间都存在着各种联系和相互作用，构成了一个复杂的社会系统。自然界中的各种事物也是相互关联的，它们之间存在着生态关系和物质运动的相互作用。了解事物之间的相互联系，可以帮助我们更好地认识世界，更好地处理复杂的问题。信息是描述事物之间联系的符号、语言和表达方式。信息的产生和传递可以记录事物之间的关系和变化，是人们认识世界和交流思想的重要工具。信息技术的发展和普及，使得信息的获取和传递变得更加便捷和快速，这对于人们的生产、生活、学习和交往都产生了深远的影响。公理还指出，任何事物均有一定的条件限制。这意味着任何事物的存在和发展都受到各种因素的制约和影响，不存在绝对的自由和无限制。信息交合法也是如此，它只是一种较有实用价值的思维技巧，不可能取代所有的人类思维技巧，更不可能取代人类的任何思维活动。信息交合法的使用需要在具体情境和条件下进行，需要结合实际情况和专业知识，不能一刀切地套用。

3. 信息交合法三原则

信息交合法作为一种比较科学实用的思考与发明方式，并不是随心所欲、瞎拼乱凑的，而是需要遵循几条原则：整体分解原则，先将对象及其有关的条件整体进行分解，按序列得出要素；信息交合原则，各轴每一个要素逐一与另一轴的各个标相交合；结晶筛选原则，通过对方案的筛选，找出更好的方案，如果研究的是新产品开发问题，那么在筛选的时候应注意新产品的实用性、经济性以及市场可接受性等等。

4. 信息交合法的优点

信息交合法是一种创造性思维方法，它的独特特点在于能够激发人们的发散性思维，从而拓宽思维的应用范围，同时也有助于人们在创造活动中培养理性的逻辑思维能力，成为一种更为系统、深刻和实用的教学、培养和培训方法。信息交合法能够激发人们的发散性思维，即从一个问题或概念出发，产生更多的相关联想。这种思维方式具有非线性的特点，能够创造性地打破传统思维模式，从而产生出更多新颖的想法和解决方案。与传统思维方法相比，信息交合法更加注重多方面的联想和思考，这种思维方式使得人们在解决问题时更加具有创造性和创新性。与其他思维方法相比，信息交合法不仅可以应用于创意产生、解决问题等方面，还可以应用于多个领域，如市场营销、产品设计、商业策略等。这是因为信息交合法能够在广泛的主题和问题中寻找创造性的解决方案，从而使得这种方法具有广泛的适用性和实用性。信息交合法能够帮助人们在发明创造活动中强化理性的逻辑思维能力，在创造过程中，创意的形成需要一定的逻辑性和连贯性，信息交合法能够帮助人们将各种信息进行整合和分析，形成一种具有逻辑性和合理性的解决方案，这种方法对于创造力的提升和创新能力的增强具有重要的作用。作为教学、培养、培训方法，信息交合法更具有系统性、深刻性和实用性。在教育和培训中，信息交合法能够激发学生的创造性思维和解决问题的能力，培养学生的创新意识和创造能力。同时，这种方法也能够帮助学生在学习过程中更好地理解和掌握知识，提高学习效果和效率。

5.信息交合法的运用

在当今社会，创新已经成为推动社会进步的核心驱动力，人们不断寻求新的思维方式和方法来解决问题。信息交合法是这样一种重要的创新思维技巧，它运用信息概念和灵活的手法，在多渠道、多层次之间进行推测、想象和创新，从而达到创造性发明的目的，就是将某些看起来似乎是孤立的、零散的信息，通过相似、接近、因果等联想手段搭起微妙的桥，使之曲径通幽，将信息交合成一项新概括的结论。

信息交合法在各种领域都有广泛的应用，尤其是在创新思维的培养、申论考试的资料阅读、资料归纳、主题概括阶段等方面表现尤为突出。

在培养创新思维的过程中，信息交合法可以帮助我们突破传统思维的局限，发现看似无关的信息之间的联系，激发创新思维。通过信息交合法的训练，我们可以提高自己的思维敏捷性和创新能力，为未来的职业生涯和社会发展做好准备。

要有效地运用信息交合法，我们需要掌握一定的实践策略。信息交合法的应用离不开丰富的信息资源，我们需要不断地阅读、学习，积累各种领域的知识和信息，为信息交合提供充足的素材。联想能力是信息交合法的核心，要提高联想能力，我们需要多进行思维训练，培养自己在不同情境下发现信息关联的能力。信息交合法的目的是实现创新，在实践过程中，我们需要保持敏锐的创新意识，不断挑战传统思维，寻求新的解决方案和观点。信息交合法的应用需要我们不断总结和反思，通过总结自己的经验，我们可以不断优化信息交合法的实践策略，提高创新效果。

6.信息交合法在申论考试中的运用

（1）整体分解是一种将复杂的资料或信息拆分成各个组成部分的方法，以便进行系统的分析和研究。这种方法通常用于解决复杂的问题或分析复杂的系统，例如经济、政治、社会、技术等领域。整体分解的目的是通过将一个大问题拆解成若干个小问题来更好地理解和解决问题，在整体分解的过程中，我们需要将一个整体分解成多个部分，并在每个部分中深入探究，以便更好地了解它们的本质和相互关系。

整体分解的过程可以分为以下几个步骤。首先，我们需要选择一个主题或问题，然后将其分解成若干个部分。这些部分可以根据其性质、特点、功能、作用等进行分类。接着，我们需要对每个部分进行详细的分析和研究，以便深入了解它们的本质和相互关系。这个过程中可以采用各种研究方法和技术，例如统计分析、实证研究、案例研究、实地调查，等等。最后，我们需要将这些部分的研究结果汇总起来，形成一个整体的理解和认识，以便对主题或问题进行综合评价和解决方案的提出。

整体分解的优点在于它能够帮助我们更好地理解和解决复杂的问题。通过将一个大问题分解成多个小问题，我们可以更加系统地了解每个问题的本质和相互关系。这种方法也可以帮助我们更好地掌握资料和信息的特点和内涵，从而更加科学地进行研究和分析。此外，整体分解能够提高我们的思维能力和分析能力，培养我们的综合思考和判断能力，帮助我们更加有效地解决实际问题。

不同的主题和问题需要不同的分解方法和技术。在整体分解过程中，我们需要注意以下几点：①我们需要选择一个明确的主题或问题，以便更好地进行分解和研究；②我们需要根据主题或问题的特点和要求，选择合适的分解方法和技术；③我们需要注意整体和部分的关系，以便将各个部分的研究结果汇总起来,形成一个整体的理解和认识。

(2)信息交合也叫作信息综合,是一种基于创造性思维活动的信息处理方式,它通过将分解出的信息元素进行推测、对比、想象等本体性的信息交合,从而探求出对所分析的主题项目的解决方法。信息交合不仅仅局限于一个解决方案,而是可以产生多种解决方案,这些解决方案可以作为备用方案,也可以相互补充和完善。

在信息交合的过程中,应先进行整体分解,即将复杂的问题分解成若干个信息元素。信息元素可以是事物的属性、特征、原理等,通过对信息元素的分析和比较,可以获得更深入的理解和认识。在分解出的信息元素之间进行本体性的信息交合,本体性信息交合指的是通过将信息元素进行比较、对比、归纳、推理等操作,从而产生新的信息,进而形成新的知识和解决方案。通过信息交合,可以得到多种解决方案,这些解决方案可以相互补充和完善。此外,在实际的应用中,还可以根据具体情况选择最优解决方案或采用多种解决方案的组合。

(3)筛选结晶。信息交合作为一种创造性思维活动,是在大量信息的基础上,通过各种不同维度的关联、融合、重组,生成新颖而有价值的方法或观点。这个过程是一种集思广益、交叉结合的过程,有时能产生出意想不到的创新成果。然而,由于信息交合产生的新方法不止一种,这就需要对这些结晶进行筛选,以便在各种方案中挑选出最优秀的方法。

筛选信息交合结晶的过程并非简单地选出一个方案,而是要经过一系列细致的分析与对比。这个过程需要紧紧围绕所分析的主题,从多个角度、多个层次进行评估。评估的原则包括可能性、实用性、科学性、创造性等,同时还要考虑主客观条件,以及实施难易程度等因素。

可能性原则强调从实际情况出发,充分考虑方案能否在现实中得到应用。一个理论上很好的方案,若在现实操作中无法实现,那么其价值就会大打折扣。实用性原则关注方案在实际应用中的效果,强调方案能否解决实际问题,以及在解决问题的过程中能否提高效率、节约资源。科学性原则要求方案具有科学依据,符合客观规律,能够经受实践和理论的检验。创造性原则则关注方案的创新程度,强调方案能否为现有问题提供全新的视角和思路。

在筛选过程中,需要综合权衡各种因素,包括时间、成本、人力、技术等资源。这需要通过平衡利弊、周密运筹，对各种方案进行反复思考和严格实施。在这个过程中，实事求是地比较各个方案的优劣，有时需要进行实验验证，有时需要参考他人的经验和观点，最终从中选择出几种最具有实际价值的方法。

（六）奥斯本检核表法

1. 检核表法的概念

检核表法是一种系统化、有条理的思考方法，旨在通过针对特定对象或问题的深入分析，找出解决问题的有效设想。这种方法的关键在于根据研究对象的特点，列出一系列相关问题，形成检核表，然后逐一进行核对和讨论。通过这种方式，人们可以更全面、深入地思考问题，从而提高问题解决的成功率。检核表法可以帮助我们对研究对象进行全面而细致的了解，通过列出与研究对象相关的各种问题，我们可以深入挖掘其内在特点和规律。这样，我们在解决问题时，就能够站在一个更高的起点，更好地利用已有的知识和资源。检核表法能够有效地引导我们进行有针对性的思考，在列出问题的过程中，我们需要对研究对象进行深入剖析，从不同角度提出问题。检核表法还具有很强的灵活性。根据研究对象的不同，我们可以随时调整检核表的内容和结构，使其更加贴合实际情况。

在实际应用中，检核表法可以广泛应用于各个领域，如工程、科学研究、教育、管理等。例如，在工程项目中，我们可以通过列出与项目有关的各种问题，来确保项目的顺利进行和成功完成；在科学研究中，我们可以通过列出研究对象的特点和规律，来提高研究的准确性和有效性；在教育领域，我们可以通过列出学生面临的问题和困难，来制定更加有效的教育方案；在管理领域，我们可以通过列出公司或组织面临的各种挑战，来制定更加合理的发展战略。

然而，检核表法并非万能的。在使用这种方法时，我们需要注意以下几点：要确保检核表的问题具有针对性和实际意义，避免过于抽象或琐碎要注重检核表的完善和更新，随着研究对象的发展和变化，及时调整检核表的内容；要注意发挥团队协作的作用，鼓励多元化的观点和建议，以充分利用检核表法的优势。

为了更好地使用检核表法，我们还可以借鉴其他思考方法和工具。例如，可以结合思维导图法，将检核表中的问题进行可视化呈现，以便更直观地观察问题之间的联系和关系。

2. 奥斯本检核表法的定义

奥斯本检核表法是一种以发明者奥斯本命名的创意生成方法，主要应用于新产品的研制开发。该方法通过引导人们在创造过程中对照9个方面的问题进行深入思考，以启发思路、拓展思维想象的空间、促进新设想和新方案的产生。这9个方面的问题包括：有无其他用途、能否借用、能否改变、能否扩大、能否缩小、能否代用、能否重新调整、能否颠倒、能否组合。

奥斯本检核表法的核心价值在于促进创新思维的培养，人们通过这种方法以跳出传统思维的束缚，从不同角度和层次对问题进行思考，从而激发出大量新的想法和观点。这种对问题的多角度思考有助于发现问题的本质，提高解决问题的能力。

奥斯本检核表法在实际操作中具有很高的灵活性，根据不同的研究对象和创新需求，我们可以针对性地调整检核表的内容和结构，使其更贴合实际情况。这种灵活性使得奥斯本检核表法可以广泛应用于各个领域，如科学研究、产品设计、企业管理等。

奥斯本检核表法还强调团队协作的重要性，在创新过程中，团队成员可以通过相互讨论、碰撞思想，共同完善检核表的内容，发现潜在的问题和机遇。这种团队协作有助于充分激发团队成员的创造力，提高整个团队的创新能力。

在实际应用中，奥斯本检核表法所涉及的9个问题可以帮助我们更好地理解和掌握研究对象的特点和规律。例如，在产品设计中，我们可以通过分析产品的功能、性能、尺寸等方面，找到产品的改进空间；在企业管理中，我们可以通过研究企业的组织结构、业务流程、市场竞争力等方面，提出改革方案。

然而，奥斯本检核表法并非完美无缺，使用该方法时也需要注意一些问题。首先，在列出检核表时，需要保证问题的质量，避免列出过于抽象或无关紧要的问题。同时，应确保问题具有一定的实际意义，以提高解决方案的可行性。其次，在应用奥斯本检核表法时，不可过分依赖该方法，而应结合其他创新方法和实际经验进行综合分析，从而形成更为全面和可靠的解决方案。

奥斯本检核表法在现代创新过程中具有不可忽视的作用，运用这一方法，许多企业和组织成功地开发出了新产品、改进了生产流程、提高了竞争力。在未来的创新实践中，我们有理由相信，奥斯本检核表法将继续为人们的创新事业提供有力支持。

3. 奥斯本检核表法的优势

奥斯本检核表法作为一种富有启发性的创新思维方法，有利于突破人们在提问方面的心理障碍。通过提出新颖的问题，它可以激发创新思维，并且多角度地拓展人们的思考范围和目标。此外，这种方法提供了创新活动的基本思路，有助于创新者快速集中精力并朝着指导性的目标方向进行构思、创造和创新。因此，奥斯本检核表法有助于提高发现创新的成功率，有效地克服了思维惰性这一创新发明的最大敌人。

通过奥斯本检核表法，人们可以产生大量的初步思路和创意，对发散思维具有很大的启发作用。然而，在运用此方法时，需要注意一些问题并与具体的知识经验相结合。奥斯本仅提示了思考的一般角度和思路，而具体思路的发展还依赖于人们的实际思考。在使用该方法时，还需根据需要改进的对象（方案或产品）进行思考，并可以设计大量问题以提高创意质量。

奥斯本检核表法的优势在于使得问题思考角度具体化，但也存在缺陷，即它主要用于改进现有对象，而非原创性创意的产生。然而，在某些情况下，它也能产生原创性创意，如将一个产品原理应用于另一领域。

4. 奥斯本检核表法的实施步骤

（1）根据创新对象明确需要解决的问题。

（2）根据需要解决的问题，参照表中列出的问题，运用丰富的想象力，强制性地逐个核对讨论，写出新设想。

（3）对新设想进行筛选，将最具有价值与创造性的设想筛选出来。

5. 奥斯本检核表法的注意事项

（1）应联系实际一条条进行核检，不应有遗漏。

（2）应多核检几遍，效果则更好，或许能准确选择出所需创新、发明的方面。

（3）在检核每项内容的时候，应尽可能发挥出自己的想象力与联想力，产生更多的创造性设想，进行检索思考的时候，可以将每一大类问题作为一种单独的创新方式运用。

（4）核检方式可以结合实际需要，或 1 人核检，或 3 至 8 人共同核检，集体核检能有效实现相互鼓励，产生头脑风暴，更有希望创新。

6. 奥斯本检核表法存在的问题

奥斯本检核表法属于横向思维，以直观、直接的方式激活思维活动，操作比较便捷，且能取得良好效果。

下述 9 组问题对于任何的领域创造性解决问题都是比较适用的，这些问题并非奥斯本凭空想象的，而是其在研究与总结大量的近现代科学发现、发明、创造事例的基础之上归纳出来的。

（1）现有东西有无其他用途。人们在从事创造活动的时候，往往沿着两条途径进行，一种是当确定某一个目标之后，沿着从目标找到方法的途径，结合目标找到达到目标的方式，另一种则与此相反，先发现一种事实，再想象这一事实能起到怎样的作用，即从方法入手，将思维引向目标。后一种方法是人们比较常用的，并且伴随着科学技术的快速发展，这种方式将会得到越来越广泛的应用。

某个东西，"还能有其他什么用途？""还能用其他什么方法使用它？"这能使得我们的想象变得更加活跃，以丰富的想象力产生出更多的好设想。

（2）能否从别处获得启发。能否借用别处的经验或者发明？外界有无相似的想法，能否借鉴？过去有无类似的东西，有什么东西可供模仿？

科学技术的重大进步不仅表现在了某些科学技术难题的突破方面，也表现在了科学技术成果的推广应用方面。一种新产品、新工艺，必将伴随着其越来越多的新应用而显示其生命力。

（3）现有东西是否可以做出某些改变。改变一下会怎么样？可否改变一下形状、颜色等？是否可以改变一下意义、型号、模具？改变之后的效果又会如何？

比如，有时候改变一下车身的颜色，就能增加汽车的美感，进一步增加销售量。又如，给面包裹上一层芳香的包装，则能提高嗅觉方面的诱惑力。

（4）放大、扩大。现有的东西能否扩大使用的范围？能否增加一些东西？能否添加部件，拉长时间、增加长度、加快转速？

在自我发问的技巧之中，研究"再多些""再少些"这类有关的成分，能为想象提供大量的构思设想，使用加法和乘法，就能使人们扩大探索的领域。

（5）缩小、省略。缩小一些会怎么样？现在东西是否能够缩小体积、减轻重量、压缩或者变薄？能够省略？能否进一步细分？

前面沿着一条"借助于扩大""借助于增加"而通过新设想的渠道，这一条则是沿着"借助于缩小""借助于省略或分解"的途径而寻找新的设想。

（6）能否代用。能否由其他东西代替，由他人代替？用别的材料、零件代替？用别的方法、工艺代替？

比如，气体中用液压传动来代替金属齿轮，又如，用充氩的方式代替电灯泡中的真空，使得钨丝灯泡亮度有所提高。这样一来，通过代替、替换的方式也可以为想象提供广阔的探索领域。

（7）从调换的角度思考问题。能否换一下先后顺序？可否调换元件、部件？能否用其他型号？能否改成另一种安排方式？

重新安排通常能够带来更多的创造性设想，有可能导致更好的结果。

（8）从相反方向思考问题。通过对比也能够成为萌发想象的宝贵源泉，可以启发人的思路，如果反过来会怎样？是否可以将上下转换？左右、前后是否可以对换位置？

这是一种反向思维的方式，在创造活动之中是一种比较常见的、有用的思维方式。

（9）从综合角度分析问题。组合起来会怎么样？能否装配成一个系统？能否将目的进行组合？能否将各种部件进行组合？等等。

应用奥斯本检核表是一种强制性的思考过程，比较有利于突破不愿提问的心理障碍。许多情况下，善于提问本身就是一种创造。

职业生涯规划篇

第三章　大学生职业生涯规划的制定

大学生对职业生涯进行科学规划对其人生发展有着重要影响，且存在着一定的促进意义。科学的职业规划能够为大学生针对当前就业形势进行认真分析，提高其就业能力，形成正确就业观，关注自身终身发展，并且理性规划未来，为更好地实现自身价值以及社会价值等打下基石。与此同时，有助于最大限度降低就业、创业风险，减少就业、创业的成本投入，并且对于大学生高效就业、创业等有着重要指导价值。

第一节　大学生制定职业生涯规划的意义

一、有利于改变大学生职业生涯规划现状

经过对大学生职业生涯规划及就业选择情况的调查数据可见，大学生职业生涯规划分为七种类型。

（一）痛苦挣扎型

有些人愿意花费大量的时间与精力进行信息收集，确认有哪些选择，并向专家进行咨询，反复尽心对比，但是却迟迟未能做出决定。当这种情况出现的时候，即使收集再多的信息进行比较与分析，通常也无济于事，出现痛苦挣扎心理。

（二）冲动型

有的人恰恰与痛苦挣扎型相反，在遇到第一个选择的时候就紧紧抓住不放，不再进一步收集信息或者考虑其他选择。这种冲动的决策方式有着比较

大的风险，当出现更好的选择时容易后悔莫及。

（三）直觉型

有的人以自己的直觉感受为主，并且将其作为决定的基础，通常难以说出理由。直觉在人们无法准确获取环境情况的信息时，就会比较有效，但有时，我们的判断可能因为自身先入为主的偏见产生比较大的误差，所以不能将直觉作为决策的主要依据。

（四）拖延型

拖延型的人通常习惯向后推迟对问题的思考以及行动，拖延型的人心中暗暗抱有一定的希望。但是，问题不会自动解决，有时候甚至会越拖越严重，反而出现适得其反的现象。

（五）宿命型

有的人自身无法承担责任，将自身的命运归咎于外部变化，当一个人将自身主导权力交由外部环境的时候，那么其很容易感觉无力、无助。这样一来，容易出现一味怨天尤人的想象，从而无法想到自身所处的环境主要就是因为个人放弃了主动权而造成的。

（六）顺从型

顺从型的人更加倾向于顺从他人的计划，而不是自己独立做出决定。这种从中的心理虽然能够在追随群体的过程之中获得虚拟的安全感，但是却忽视了自身的独特性，造成其选择在很大程度上并不适合自己，无法获得满足感。

（七）瘫痪型

有的时候，个体虽然能够在理性上接受应当自己做决定的思想，但是却难以开展决策的过程。事实上，他们通常难以真正为决策的后果承担应有责任。

二、个性多样化需要大学生根据实际制定职业生涯规划

（一）独特性

每一位大学生都有着自己独特的个性，这种独特性主要体现在以下几个方面。

1. 职业价值观不同

具有不同价值观的人有着不同的追求，价值观对于一个人职业目标、择业动机等方面起着决定性作用。

2. 职业兴趣不同

大学生职业兴趣是比较多元化的，有的大学生喜欢领导他人，不喜欢被人领导，有的喜欢形象思维的工作，不喜欢逻辑思维的工作等。

3. 性格不同

大学生性格呈现出了不同的特点，有的大学生性格比较外向，有的大学生性格比较内向，还有介于两者之间的性格，不同性格的人有着不同的职业选择。

（二）多样性

职场是多元化的世界，条件各有差异，且要求各有不同，职业选择的多样化主要体现在以下几方面。

1. 职业地域选择的多样化

大学生可以自主选择就业的地域，选择不同的国家或者地区。

2. 单位性质选择的多样化

大学生可以自由选择国有企业就职，也可以选择外商投资企业、私营企业等就业，还可以选择自主创业，成立自己的公司。在不同所有制的单位就业，其自主性有所不同，如果选择自己成立公司，那么自主性相对较大，如果选择国有企业或者外商投资企业，那么各项工作的决定通常不是自己决定，其自主性相对来说比较小。

3. 就业性质选择的多样化

有的行业属于朝阳产业，有的行业属于夕阳产业，其发展的前景有所不同，就业的待遇与机会等方面也会有所不同。一般而言，人们通常会选择发展机遇多、待遇好的行业工作。

4. 职业自由度选择多样化

各种职业的自由度有所不同，有的工作要求必须在规定的时间与地点坚守在岗位上，有的工作则没有固定的工作时间与地点要求。

不同的人可以结合自身的实际情况选择适合自己的工作环境，保持舒适的工作心情，能够大大提高工作的效率。

三、精心制定职业生涯规划有利于促进大学生健康发展

（一）有利于明确人生目标

精心制定职业生涯规划利于大学生能做到"知彼知己"，明确自己人生的奋斗目标。

想要成功设计职业生涯需要了解环境的利弊，所以，职业生涯规划的过程实质上就是一个不断认识自我、认识环境的过程，这一过程比较有利于设计者深入了解自己的优势与劣势，全面、准确了解自身的实力，同时有利于设计者对自身职业领域的现状与发展趋势形成清醒认知。职业生涯规划的目的不仅仅只是为了实现个人的目标，最重要的是能使个人了解自己，并且进一步对内外环境的优势进行详细评估，设计出合理、可行的职业生涯发展规划。

从某种程度上来说职业直接决定了一个人的未来，大学生通过精心规划自身的职业生涯，对于明确自身近期、中期以及长期的奋斗目标有着至关重要的意义。追求目标是获取成功的重要保障，但是相当一部分大学生处于目标的缺失期，不知道应该确定怎样的目标，并且十分苦恼。对大学生的职业生涯规划进行巧妙指导，利于他们扬起理想的风帆，确定自己将来的职业目标以及创业目标等。

（二）有利于实现人生目标

精心对职业生涯进行规划有助于大学生有的放矢地开发职业生涯，尽快达成理想中的人生目标。

科学的、可行的职业生涯规划是成功的前提条件，在职业生涯规划之下开发职业生涯，有着较强的方向性以及较高的有效性，对于职业目标的顺利实现有着比较积极的意义。

（三）有利于强化个人实力

职业生涯规划能够不断挖掘自身的潜能，强化个人实力。

一份行之有效的职业生涯规划能够引导大学生正确认识自我个性特点，帮助其了解自身现有与潜在的资源优势，使其能够重新定位自身的价值，并且持续增值。除此之外，还可以引导大学生对比、分析自身的综合优势与劣势，使其树立明确的职业发展目标以及职业理想。引导大学生科学对个人目标以及现实之间的差距进行评估、研究等，使大学生学会应用合理、有效的方式，采取可行的措施、步骤，增强职业竞争力，实现自身的职业目标与理想。

（四）有利于提高成功机会

职业生涯能够强化发展的目的性、计划性，提高成功机会。

职业生涯的发展应做到有目的性、有计划性，不能盲目开展，许多情况下人们的职业生涯受挫主要原因就是未能提前做好生涯规划，好的计划是成功的开始。

（五）有利于提高应对竞争能力

如今，社会处于变革的时代，激烈的竞争无处不在，职业活动的竞争尤为突出，大学生想要在激烈的职场竞争之中脱颖而出，需要设计好自己的职业生涯规划。不少大学生在毕业之后，到处投简历，或者拿着求职书到处乱跑，而非先做好自己的职业生涯规划。这部分大学生不能对职业生涯规划的意义与重要性形成充分理解与认识，认为找到理想中的工作通常是靠着学识、口才等条件，而职业生涯规划则是纸上谈兵，只会耽误大量的时间。但结合实际情况来看，这是一种错误的思想，先对职业生涯进行规划，结合明确的目标付诸实践，从而能取得更好的效果。

第二节 当代大学生职业生涯规划的目标

一、职业生涯规划目标概述

（一）目标

目标主要是指个人或者组织对于参与的活动过程中期望能够达到的结果，明确的目标能够使个人或者组织明确未来应努力的方向，并根据目标制定针对性的措施，争取达成目标。

明确的目标能够令人清楚应做什么、怎么做，实现目标并非只是受到了任务本身的影响，还在一定程度上受到了目标承诺、目标反馈等多方面的影响。

目标承诺：目标对于个体的吸引力，科学合理的目标有着激励作用。

自我效能感：个体评估自己处理问题的能力，个体对于某一个目标的自我效能感比较强，那么目标承诺则能获得增加。

目标反馈：通过不懈努力，对行为者的目标完成情况进行反馈，包括哪些方面完成情况比较好，哪些方面有待改善等。

目标实现策略：在确定实际目标之后，应确定实现目标时应采用的措施，科学、正确的制定措施可以在潜移默化中取得事半功倍的效果。

（二）职业规划目标

职业规划目标指的是个体渴望获得的，且与职业有关的结果，这是一个有关于个体职业发展的目标，对于个体想要在职业发展中取得怎样的水平密切相关，职业规划目标可以从以下几点出发。

（1）职业规划概念性目标，具体指的是职业规划哲学意义上的目标，与具体的职位、工作等无关，并切实个体兴趣以及生活方式等体现。

（2）职业规划操作性目标，主要是指对概念性目标的具体工作转换，可以将操作性目标看作达成根本概念性目标的媒介。

二、大学生职业生涯规划目标制定的基本原则

（一）定位原则

定位原则主要是指大学生的职业规划目标制定应做到清晰、明确，避免制定的职业生涯规划目标是模棱两可的、模糊的。具体而言，大学生虽然刚刚步入职场，对于各方面信息的掌握相对来说不够全面，但是应对自己的职业发展水平、能力等有明确期望，这一期望能够符合个人实际以及社会环境，不能妄自菲薄。

明确的职业生涯规划目标定位，利于大学生将个人价值最大限度发挥出来，并且能够获得一定的报酬。

（二）定向原则

制定大学生职业生涯规划目标的定向原则，主要是指大学生应形成明确的职业发展方向。

职业具体方向是有效实现职业发展目标的主要渠道，对于大学生而言，在就业与创业之前，应对自己的职业发展方向形成清楚认知，不同大学生自身的条件、爱好、能力等各有不同，所能从事的行业也各有不同，大学生有必要结合自己的实际情况，选择正确的职业发展方向，在确定职业规划目标中明确正确的方向，这也是大学生成才的关键基础。

（三）定心原则

定心原则主要是指稳定心态，大学生制定职业生涯规划目标，应做到定心，不半途而废、不灰心。

实践表明，个体职业生涯发展无法做到一帆风顺，特别是对于刚刚进入职场的大学生来说，他们可能会面临着多种多样的困难。对此，大学生需要对社会环境、行业环境等形成清楚认识，并对制定职业发展目标的可行性、实际条件等进行分析，坚持不懈、勇于克服困难，在职业规划目标正确的情况下，不轻言放弃。

（四）定点原则

定点原则主要是指确定职业发展的地点，职业发展、社会经济环境之间有着十分密切的关联，经济发展程度以及文化发展环境等不同，对于职业发展空间的容纳度也有所不同，所提供的各行业求职机会也有所不同。

对于当代大学生而言，想要进入到职业发展的过程之中，应充分对自己所选择的职业地区、城市发展等前进进行分析。

需要值得注意的是，大学生应以辩证思维慎重选择职业发展的地点，往往经济发达的城市就业创业机会相对更多，但是社会竞争更加激烈，且工作压力相对来说比较大。由此可见，大学生不能片面认为只有经济发达的城市与地区才有职业发展机会。

三、大学生职业生涯规划目标制定要领

（一）发挥自身优势

大学生职业生涯规划目标的制定应遵循"扬长避短"的原则，职业目标的定位能够在最大程度之上发挥出自我能力、性格、条件优势的目标，将自身的缺点与弱点淡化。只有如此，才能够有效增强成功的可能性，并且在求职就业以及创业的过程中更具主动性，在实际工作方面更加"得心应手"。

（二）考虑社会需要

教育事业中，所培养的人才应该是个人自由发展与社会发展需求相结合的人才，大学生的个人价值实现应与社会价值实现相互结合，并融合个人理想与社会需求，这样才能够更好地实现自身良好发展。

大学生无论是步入社会，还是就业、创业，都不是一个人的活动，而是一种社会活动与社会行为，受到了多种社会现实条件的制约与限制。对此，大学生在制定职业生涯规划目标的时候，应充分考虑社会环境因素的影响，职业规划目标与社会发展环境相适应，且有着一定弹性，能结合社会环境变化进行及时调整。这样一来，才能够在满足社会需求的同时，有效实现自身的职业理想。

（三）把握目标重点

制定科学的职业生涯规划目标，大学生应充分认识到自己的人生目标是有限的，最佳的目标是最有可能实现的，并非一定是最有价值的。否则再完美的职业目标，假如没有实现的可能性，那么就只能是空谈。

大学生职业规划目标的制定应体现出重点，集中精力将最有可能实现的目标攻克，且目标不宜过多。过多的目标容易出现杂乱无章的现象，且易消耗大学生的时间与精力。

鉴于此，大学生职业生涯规划目标应把握重点，严格对职业数量的目标进行控制，在一个职业发展阶段，设置重点的目标，在实现目标之后，再统筹规划，并明确新的目标。

四、大学生职业生涯规划目标制定的流程

大学生由于各自的条件有所不同，其所制定的职业生涯目标也各不相同，但是大学生制定职业生涯规划目标的流程基本相同，具体可以分为以下几个方面。

（一）职业发展的环境分析

任何人在制定职业生涯规划目标的时候，都应充分对职业发展的微观环境与宏观环境进行考察，并且全面、深入分析整体的环境，这样才能根据现实环境制定目标。

大学生应针对自我职业发展环境加以分析，并加强对自我与职业环境的认识，利于大学生设计切实可行的适合自身特点与喜好的工作环境的职业规划目标。

从我们国家当前阶段大学生的就业现状来看，一些大学生在求职的过程中屡屡受挫，一直难以找到自己理想中的职业，就业的方向不够明确，且对于行业发展的动态相对来说不熟悉。找工作的时候完全"碰运气"，这种局面难以提高成功率，那么则需要大学生进行自我反思，在求职之前对职业发展环境认真加以分析。

大学生想要全面提高就业与创业的成功率，制定更加科学的职业规划目标，需要对自我职业发展环境形成充分了解。

（二）制定职业生涯规划概念目标

大学生制定职业生涯规划目标，先制定长期的概念目标是比较科学化的，包括了长期的职业规划概念与短期的职业规划概念目标。

首先，大学生应明确自己未来一段时间之内想要从事的工作类型以及活动类型等，并且希望收获哪些回报等等，在职业规划概念目标制定的同时，大学生应充分对自身的职业兴趣、价值观念等进行考虑，职业目标涉及了工作职责、物质环境等内容。

其次，大学生应该依据已经制定好的职业规划长期概念目标，制定短期的概念目标。短期概念目标主要是指实现长期概念目标的必要条件，长期概念目标是短期概念目标实现的结果，只有将一个个的短期概念目标实现，才能快速、高效实现长期概念目标。

需要值得注意的是，大学生职业生涯规划概念目标的制定应将其表现功能体现出来，不能将其作为工作发展阶段的终点。而是应全面考虑短期概念目标是否能够为自身带来有意义的工作内容，能否满足自身某一阶段的职业发展需求以及生活方式等需要。

（三）制定职业生涯规划行动目标

行动目标主要是将概念目标具体化，体现为某一个特定的工作、职位。具体而言，大学生应在确定职业规划概念目标之后，充分考虑哪种具体工作职位能够为自身的职业发展提供机会，或者满足自身的将来的职业发展需求等。

大学生职业规划概念目标转化成为行动目标的过程中，应注意以下几点。

（1）充分对职场环境进行考察。

（2）搜集各种信息资料，并且进行分析与整理，判断可以满足概念目标主要内容的行动目标性质有哪些。

（3）评估行动目标的有关活动与回报，并评价每一个行动目标的适当性。

（4）选定最佳目标，并且列举现实目标需要的条件有哪些，部署行动计划，完成条件任务，推动目标的进一步实现。

（四）制定内、外职业规划目标

制定外职业规划目标主要是指规划职业过程的外在标记，包括了工作的地点、环境、职位等。

制定内职业规划目标主要是指规划职业过程中，知识、能力等方面的积累，以及内心的感受等，想要实现内职业规划目标，大学生应积极做到下面几点。

（1）完善自身观念，使自身能变得更加成熟、稳重。
（2）增强自身心理素质，从而更好地适应工作压力。
（3）提高自身工作能力，适应岗位要求。
（4）在实际工作中做出一定成果。

第三节 大学生职业生涯规划的制定原则

职业生涯规划应做到切实可行，有着一定的可操作性与现实性等，大学生应注重加强对于自我的认知，充分考虑自身条件以及外部环境等约束，适当选择符合自身条件，并且能够实现的职业目标，制定贴合实际情况的职业发展计划。学校可以组织多种多样的活动，对学生进行引导与启发，促使大学生明确目标，引导其为职业生涯做好相应准备。

一、职业关联原则

（一）结合社会需求

职业选择是一项社会性的活动形式，必然容易在一定程度上受到社会制约，任何人进行职业选择的自由都是有着一定条件或者相对的，如果职业选择入社会实际需求相脱节，那么难以被社会所接纳。大学生在进行职业生涯规划的时候，应以社会需求为出发点或者归宿，将社会对于个人的要求作为准绳，有机结合个人愿望与社会需求。不仅要考虑眼前的利益与个人因素，还要考虑长远的发展并服从社会需求。只有将个人志向、国家利益以及社会需求等方面相结合，规划才更加具有现实可行性与可操作性，进而真正实现自己的职业理想。

（二）结合所学专业

大学生都有着自己的所学专业，每一个专业都有着其特定的就业方向与培养目标，这即为大学生职业生涯规划的重要依据。用人单位对于毕业生的要求往往具备某一个专业方面的特长，大学生在进入社会之后所作的贡献，主要是运用所学的专业知识而实现。如果大学生职业生涯规划与所学专业偏离，那么在潜移默化之中增加了许多课外学习的负担，并且学生的个人价值实现也有着较强的难度。对此，大学生不仅需要注重拓宽自身的知识面，还应拓宽专业知识与结束的深度、广度，通晓相关的基础知识，将自己培养成为复合型人才。

（三）结合个人特征

在进行职业规划制定的时候，大学生应充分考虑自己的喜好与兴趣特点，有的大学生兴趣狭窄，未能形成自身的优势，有的大学生兴趣广泛，未能形成自身的特色。这就需要其在职业规划方面客观分析自己的兴趣爱好，并且做出适当调整、培养等，在此基础之上，大学生应充分发挥自身优势，科学制定职业生涯规划。

（四）结合身心健康

在大学生今后的职业生涯中，身心健康有着十分重大的意义，能够帮助大学生在适应职业市场环境的过程中保持良好的身心状态，并且不断开发自身的心理潜能。大学生应实现自身理想的目标，个人的智商、情商等方面都十分重要。其中，智商是未来取得成功的首要条件，情商是取得成功的重要指标。大学生在选择职业的过程之中，应正视生命中存在的挫折与困难，培养并锻炼自身的抗挫能力，提升自己的心理素质，在今后的职业生涯中保持着积极、乐观的心态以及生活态度。此外，良好的身体素质是取得成功的前提，大学生在步入职场之后应注意保持健康的身体状态，适当保持良好的身体锻炼习惯。

大学生除了在职业生涯规划中恪守职业关联原则，还应做到目标管理、自我控制与目标导向原则。

二、可操作性原则

想要使自身的职业生涯规划实现的可能性变大，则需要做到两点，分别为：

（1）符合自身的实际情况。

（2）满足社会需求。

假如没有结合自身的特点进行职业生涯规划的制定，那么将容易使自身陷入痛苦之中，难以发挥自身的潜能。无视社会需求，将容易使自己的职业生涯规划变成空洞的自我设计。

三、时间梯度原则

因为职业生涯的发展呈现出了阶段性的特点，职业生涯规划目标与行动应划分至不同的时间段之内完成。同时，每一个规划目标都应有两个时间坐标，一个是开始的时间，另一个是预期实现的时间，如果没有具体的时间限定，容易导致职业生涯规划陷于空谈。

除了以上原则之外，在进行职业生涯规划制定的时候，大学生还应遵循可调整性、一致性等原则。

每一个人在实现职业生涯目标的时候，其都会经历着不同的发展阶段，且有着不同的职业需求以及人生追求，可以将职业生涯规划按照年龄分为以下阶段。

（一）职业准备阶段

职业准备阶段从14至15岁开始，一直延续到18至22岁，这就是一个人的就业前学习专业知识、职业知识等时期，也是形成良好素质的关键基础时期。

（二）职业选择阶段

职业选择基本上集中在17至30岁，这是一个人走上工作岗位，在职业准备的基础上进行职业选择的时期，也是从潜在劳动者转变成为现实劳动者的重要时期。

（三）职业适应阶段

职业适应阶段主要是指就业后的 1 至 2 年，这一时期能够对一个人进入工作岗位之后的职业能力进行检验。想要完成择业者到职业工作者的转变，需要尽快适应新的角色与环境。

（四）职业稳定阶段

职业稳定阶段是从 20 至 30 岁开始，一直延续到 45 至 50 岁，这一时期是人职业生涯的主体，也是成就事业或者获得社会地位的重要时期。在这一阶段中可能会存在着发展稳定、取得成功或者遭遇发展瓶颈、面临危机等多种情况。

（五）职业衰退阶段

职业衰退阶段主要是从 45 至 50 岁开始，一直延续到 55 至 60 岁，在这一时期，由于生理条件方面的变化，人的能力逐渐减退，心理需求逐渐降低，追求维持现状。

（六）职业结束阶段

职业结束阶段通常是在 60 岁左右，人们在这一时期由于衰老或者身体状况等多种原因，逐渐丧失了职业能力以及职业兴趣，进而结束职业生涯。

第四节 大学生职业生涯规划的设计、实施与修正

一、大学生职业生涯规划的设计

（一）大学生职业生涯规划设计的原则

1. 客观性原则

大学生职业生涯规划设计应符合客观实际需求，包括了符合个人条件情况以及社会职业发展实际情况等，职业规划设计应力求客观，并遵循以下客

观性原则要求。

（1）应综合考虑现实环境与个人条件制约。

（2）客观对自己的智商、情商、个性特点、缺点等进行评价。

（3）客观评估职业环境因素，正视职业现实矛盾与矛盾所蕴含的发展机会。

每一名大学生在进入社会的时候，都想有着一番作为，但是应向客观认清现实、制定目标。

2. 优势性原则

大学生对职业生涯规划进行科学设计，应将自己在职业发展中的优势最大程度上发挥出来，即职业规划设计的优势性原则，这一原则充分体现了职业发展的人尽其才要求，又能体现出大学生对自我负责的精神。

大学生职业规划设计中遵循的优势性原则应满足以下几点。

（1）形成良好职业素养，大学生应注重培养自身的生理素质、心理素质等。

（2）大学生应充分了解特殊岗位对于从业者的特殊素质要求，在择业的过程之中清楚了解自己感兴趣的职业应具备的素质，做好前倾准备，从而抓住机会。

（3）大学生应充分了解自己的优势，这种优势应与实际职业要求做比较，不能自以为是。

3. 持续性原则

我们可以将职业生涯规划看作一个涉及不同时空概念的系统化的工程，大学生从校园走出，需要在社会环境之中连续工作几十年。职业规划应涵盖其一生，并非某一个阶段的安排。

大学生职业生涯规划的跨度关系到了其整个人生的规划，在制定职业生涯规划方面需要考虑到整个职业生涯的发展，应是涵盖一生的长远规划。

大学生职业规划设计方面应遵循持续性原则，并做好以下几方面的准备工作。

（1）掌握职业生涯发展的基本规律与特点。

（2）掌握职业生涯发展阶段理论，各职业发展阶段的规划应与人生的总规划保持一致。

4. 前瞻性原则

大学生设计职业生涯规划，主要是在正式进入岗位前进行的，职业规划设计的内容主要是在具体的职位工作开展之前发生的，职业规划有着一定的前提性，想要实现科学规划未来职业发展，需要有预见性，在职业规划设计中充分体现前瞻性。

大学生职业生涯规划设计方面应遵循前瞻性原则，并明确以下几点。

（1）好的职业生涯规划设计应有长远的眼光，充分考虑到长久时间之内自我职业发展经历。

（2）应透过现象看本质，大学生在职业生涯规划设计中不能仅仅被眼前的现象迷惑，而是应有战略目光。

（3）应充分挖掘自身的潜能，从容应对社会环境变化。

（4）依托现代化的预测工具，对自身以及社会发展趋势科学进行预测，无论是选择哪种职业或者岗位，都应有符合自身发展的充分理由。

5. 实用性原则

大学生职业生涯规划设计的主要目的是为了科学择业、就业、创业，所以，具体的职业规划设计应具备实用指导价值。

大学生职业生涯规划设计方面应遵循实用性原则，并注意以下几方面要求。

（1）职业生涯规划设计应讲究简便易行。

（2）职业生涯规划设计应力求简便、简单，紧紧抓住要点，避免长篇大论。

（3）职业生涯规划设计的目标应具体、明确。

（4）职业生涯规划设计可以量化、评估的指标。

6. 挑战性原则

规划目标或者措施应有着一定的挑战性，具体的原则要求如下。

（1）目标的高低应适当，能够通过努力而实现目标。

（2）将阶段性目标与最终目标融合，善于制定具有挑战性的小目标，通过实现小目标最终达成更高的目标。

7. 发展性原则

大学生职业生涯规划设计应充分考虑自身职业的发展，坚持发展性原则，进一步促进自我人生价值的实现，做到以下几个方面。

（1）职业生涯规划的设计中，应充分考虑择业方向能否有助于推动自我发展。

（2）推测专业发展的前途，职业是否能够满足生存的基本需求，并判断职业是否能够实现个人价值。

（3）排除从众、时尚、利益等多种因素的干扰，积极寻求适合自己的职业发展道路。

8. 独立性原则

大学生的心智发育已经逐渐成熟，他们需要对自己所做的一切决定负责，作为一名成年人，大学生也有着为自己未来发展做出决定的能力。

值得强调的是，大学生择业、就业、创业的过程之中，通常会咨询家人、好友、老师等各类人的意见，这些人所提出的意见有着比较大的参考价值，但是需要大学生自主进行选择，把握自己的命运。毕竟只有自己最了解自己，大学生应在自己的选择与决定负责。

9. 终身学习原则

所谓"活到老，学到老"，在职场中有着许多的知识、技能需要加强学习，大学生在职业规划设计的过程中，不能仅仅满足于一时的成就，而是需要保持不断奋进的心理状态，并形成终身学习的意识。

现代化社会背景下，科技的发展日新月异，并且当前处于学习型的社会，整个行业发展离不开创新，各行各业都对个体提出了诸多的要求。如果大学生职业发展的过程中一直"安于现状"，那么则很快就会在激烈的市场人才竞争中被淘汰。对此，大学生在职业生涯规划方面应加入持续的培训与教育内容，不断提升自我水平。

（二）大学生职业生涯规划设计的方式

1.SWOT 分析方式

SWOT 分析方式即对优势与劣势的分析，并且指出企业发展必须结合自己所处的环境、优劣势制定合适的企业发展战略,这种为企业中长期发展制定战略的方式就是 SWOT 分析方式。应用 SWOT 分析方式设计职业生涯规划,具体可以分为以下几点。

(1)大学生职业优势分析。大学生职业生涯规划设计中,分析自身的优势可从三个方面进行。

①体验与经历:参与或者组织的实践活动、获奖经历等。

②学习的知识:学科专业知识以及其他知识。

③成功点:曾经做过的有成就的事,并分析成功的原因。

(2)大学生职业劣势分析应将重点放在两方面,一方面是分析自身经验或者自身经历中比较欠缺的方面,另一方面是分析自身性格弱点。

(3)大学生职业机会分析。机会是个人的外部因素,立足于大学生职业发展的角度上来说,包括了新职业、新行业竞争对手失误等。大学生应充分分析对自己比较有利的因素有哪些,以及对于自身职业发展的帮助等。

(4)大学生职业威胁分析。大学生职业发展中所面临的外部威胁因素有着许多方面,主要包括了行业政策变化、市场需求降低、用人单位变故等,大学生应针对这些部分的因素做好应对准备,争取顺利就业。

2. 思考圈方式

思考圈方式是一种职业生涯规划过程中比较常用的理论方式,以循环思考表述职业生涯规划,职业生涯发展影响的六要素为:身在何处、何以至此、欲往何方、有何资源、何以前往、可知到达,大学生在职业生涯规划设计的过程中,应时刻注意对职业发展影响六要素进行分析与思考。

身在何处:了解当前的情况、存在的差异。

何以至此:对导致现状的主客观原因加以分析。

欲往何方:找出最优临时决策,思考并明确就业的目标。

有何资源:精心进行搜索与综合选择,整合与职业相一致的有效资源。

何以前往:设计可以达成目标的策略、措施。

可知到达:选择与目标对比分析,找出差距,总结经验,从而为下一循环打好基础。

（三）撰写大学生职业生涯规划书

大学生职业生涯发展规划书是一种书面呈现形式，能够更具针对性地对大学生职业准备进行指导、鞭策。

1. 大学生职业生涯规划书的内容

一份完整的大学生职业生涯规划书应包括下面几方面内容。

（1）封面。大学生职业生涯规划书的封面上应注明名称、日期、姓名，还可以插入图片或者警示格言。

（2）扉页。大学生职业生涯规划书扉页上应写明性别、姓名、年龄、专业、籍贯，等等，可以将自己的照片插入。

（3）目录。目录重点是对大学生职业生涯规划书的主要内容提炼出来，使人一目了然，了解整个规划书的内容，并且便于快速查找有关的内容。

（4）外部环境的分析。大学生职业生涯规划书的撰写应针对外部环境进行分析，并且结合自我职业发展的方向与目标的环境优势、劣势等进行全面总结、分析。

（5）自我分析。大学生职业生涯规划书需要结合自我条件与能力展开全面化分析，其中包括了学校、家庭、兴趣爱好，等等，了解自身在职业发展中的竞争力水平与机会。

（6）职业目标定位。大学生专项职业生涯规划书应有明确的职业目标定位，对其进行详细描述，确立职业发展方向，根据自身情况评估职业发展的机会，做出职业选择与职业决策。

（7）职业发展途径。依据时间段的划分，层层分解职业发展的目标，突出各阶段的特点之处，从而制定针对性措施。

（8）职业生涯评估。大学生职业生涯规划有着一定的预见性与前瞻性，是大学生对于未来职业发展的预测，并非与实际职业生涯发展轨迹相符合。在之后的职业生涯发展过程之中，大学生应及时对职业生涯规划进行评估，分析职业发展实际与职业规划中不符的地方。

总的来说，大学生应对职业生涯规划形成完整的认知，并且对自己的将来充满希望，坚定职业发展自信。

2. 大学生职业生涯规划书完成过程

大学生职业生涯规划书的完成过程如图所示（图3-1）。

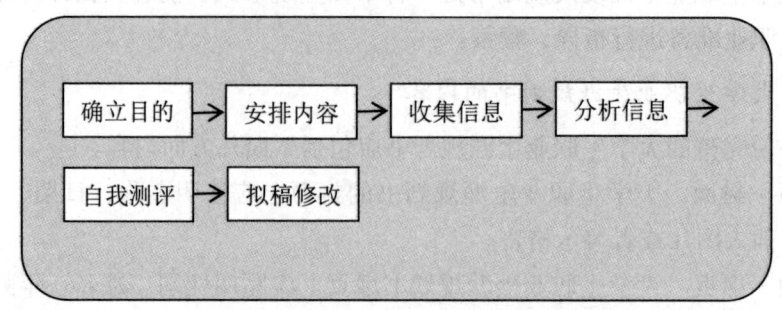

图3-1　大学生职业生涯规划书完成过程图

对大学生职业生涯规划书完成过程的具体分析为：

（1）确立完成的目的。大学生职业生涯规划书的完成并非为了应付老师的作业，而是大学生对于自己人生发展的深入分析与思考，以书面的形式确定职业生涯发展规划，通过对自身条件与社会环境的全面了解，从而明确自身职业发展的具体方向与目标。

大学生撰写职业生涯发展规划书能够为自己将来的职业选择提供充分的参考。

（2）内容结构的安排。大学生职业生涯发展规划书的内容与结构安排中，应为整个职业规划设计目的、个人参考需求等方面提供服务，可繁可简。

一般而言，大学生职业生涯发展规划书可以采用条列式、表格式、论文式等形式，无论采用哪种形式，都应包括与大学生未来职业发展中应解决的问题。

（3）收集并分析信息。科学的职业生涯规划主要是建立于丰富的个人资料以及社会环境资料等基础之上，大学生需要积极对各类事实与数据进行收集、分析，并在此基数之上，分析自身职业发展中的主要环节，制定相应对策。大学生主要可以通过下列渠道获取职业发展有关的资料。

①查阅与职业指导有关的书籍、杂志等。

②借助互联网渠道实时掌握职业发展动态、消息。

③咨询同学、老师、亲朋等。

（4）自我测评。大学生自我认知的客观性与全面性，能够对大学生自我职业发展的条件、技术、能力判断是否标准产生直接影响，这能进一步对大学生职业发展目标确定是否科学、合理产生直接影响。为了使大学生更加客观、全面了解自我，可以运用测验软件进行自我测评。

（5）拟稿修改。

①拟稿。大学生在做好前期充分准备的基础之上，结合自己所确定的思路，草拟职业发展规划书。大学生职业规划书拟稿应尽可能集中时间，争取一次性成型，避免写写停停的现象，以免思路不连贯、条理不清晰等。

②修改。大学生在职业生涯发展规划书完稿之后，可以给身边的人进行查看，注重搜集多方面的建议，进一步完善职业生涯规划书。

3. 大学生职业生涯规划书写作要求

（1）内容真实。大学生职业生涯规划书的写作内容应符合自身的实际情况，对社会环境以及职业发展环境的分析也应做到符合实际，不能过于夸大，更不能虚构或扭曲事实。大学生职业生涯规划直接影响了其未来的发展，需要实事求是、内容真实。

内容不够真实的职业生涯规划书使用价值不高，如果大学生将其作为参考，甚至还可能会对其个人职业生涯发展产生影响。

（2）价值实用。结合有关的调查数据可以看出，许多大学生在毕业之际或者是在就业指导课后被要求转型职业发展规划书，一些大学生对此产生了误解，认为是为了应付老师，殊不知，这是对于自己未来职业发展未能形成足够认识、重视的表现。

大学生职业生涯规划书关系到了其自身将来的全面发展，所以需要突出实用指导价值，以便于其对自身未来职业发展提供高效指导。

（3）结构完善。大学生职业生涯规划书的撰写方面，无论采用何种形式，都不能离开几个要点，即自身分析、环境分析以及职业选择。这几个要点内容的发展能为大学生将来的发展提供一定的参考。

结构的模式性能大大提高职业生涯规划的实效性，大学生依据职业发展规划书的规范模式进行撰写，不仅能够使得自身的写作更加简单便捷，还能够使自己在应用的时候一目了然，自身的行动也能更加直观。

（4）语言平实。大学生在撰写职业生涯规划书的时候，应注意语言表达准确、简洁、朴实，逻辑清晰、开门见山。

4. 大学生职业生涯规划书格式

这里重点对大学生职业生涯规划书的基本格式进行介绍。

（1）条列式职业生涯规划书的特点为：表述简单、无详细资料、内容精炼，但是相对来说缺乏逻辑性。

（2）表格式职业生涯规划书的特点为：一目了然，整体过程较为清晰明了，但是通常情况下是作日常警示用的个人发展计划实施方案表，比较适合分阶段实现的简单的职业生涯规划目标、策略等。

（3）复合式职业生涯规划书的特点为：条列式与表格式的综合，结合这两种格式的优点，使职业生涯规划书更有实用性。但是复合式职业生涯规划书的结构相对来说比较复杂，在设计方面有着较大的难度。如果设计不好，则容易使人感觉十分凌乱。

（4）论文式职业生涯规划书的特点为：规划比较完整、详细、全面，可以说是最能完整分析研究一生的职业生涯发展的可行性分析报告。

二、大学生职业生涯规划的实施

（一）大学生职业生涯规划实施的基本保障

1. 学会自制

对于大学生而言，"今日事今日毕"的意识不可缺少，大学生应有着良好的自律意识与自控能力，否则即使有着完善的职业生涯规划书，不能坚持执行、有效执行，那么则无法取得预期的效果，甚至可能导致大学生丧失就业机会。

2. 调控情绪

情绪是人们对于事物最为直接的一种本能情感反应，主要受到了心理素质方面的影响。个体的情绪对于个人的成功有着比较大的影响，过激或者不良的情绪通常有着不利影响。

大学生想要高效落实职业生涯,,则需要以良好的心态面对职场，在职业发展中遇到问题或者困难的时候，应学会冷静分析，积极面对挫折与困境，自主调节情绪。只有如此，他们才能在遇到困难或者问题的时候冷静进行思考，并做出正确决定、行为。

大学生在职场中如果不能很好地控制自己的情绪，遇到事情就容易情绪激动，那么容易错过诸多的发展机遇。

3. 避免急于求成

现代大学生往往有着满腔抱负，在走出校园之后满怀热情，恨不得在职场中今天努力工作，明天就能取得一定成效，但是从实际情况来看，社会各行各业中取得一定成效都并非一件容易的事，需要长期坚持不懈。大学生应对这一点形成清楚的认识，职业生涯规划的目标并非一朝一夕就能实现的，特别是职业规划目标较高的情况下，需要大学生付出更多的时间精力、耐心都能够，通过自身的坚持不懈才能取得成就，大学生切忌在实施职业规划的过程中急于求成。

4. 坚定信念

大学生制定职业生涯规划应具备充足的自信心，有着坚决执行职业选择方向以及制定的发展措施的信念，不轻言放弃。许多大学生因为在求职过程中缺乏自信、缺少坚持等，措施的良好机会。

5. 高效落实行动

高效落实行动能够确保所制定的职业生涯规划措施与方案能发挥最大意义，有助于不断实现职业发展的具体目标。

大学生想要在激烈、复杂的社会竞争之中保持高效的职业竞争力，应有着有效的实际行动，最大限度将主要脑力、时间、精神等集中于实现职业目标方面。与此同时，在日常的工作与学习活动之中，大学生应尽可能避免无益于目标的活动干扰，专心致志为了实现职业规划目标奋斗。

（二）大学生职业生涯规划评价

评价主要是结合个人价值观、个人知识能力水平而进行评价，大学生职业规划发展自我评价有助于其了解自身的位置，明确未来发展的实际目标，科学制定职业生涯规划目标。

1. 自我评价内容

大学生在实施职业生涯规划的时候，应明确以下几个方面。

（1）是否能充分施展自身才能。

（2）是否满意自己未来职称、职务等变化。

（3）是否满意处理职业生涯发展与他人关系等。

2. 自我评价方式

（1）总结经验方式。总结、分析以往自己的为人处事态度、行为等，并分析自己取得过哪些成功或失败，其中的原因主要是什么，以及除了客观因素之外，自己所存在的优势与不足有哪些。

（2）心理测验方式。结合必要性的心理测验，充分了解、掌握自己各方面的不足或优势，还可以通过评估自身综合特点以及职业选择方面，确定自身最适合的职业目标与职业方向。

（3）他人评价方式。大学生与人的交往过程之中，可以通过家长、老师、同学等对自己的评价与态度全面了解自我，进而形成更加客观、全面的评价。

三、大学生职业生涯规划的修正

（一）大学生职业生涯规划修正的必要性

大学生职业生涯规划是确保其职业生涯有效性的基础保证与有效手段，可以看出，大学生职业生涯规划必须做到科学、合理、正确。

与此同时，大学生应充分认识到，职业生涯规划是大学生对于未来职业发展的设想、预期，有着一定的提前性，并切实对于人的一生职业生涯发展的计划、分析，有着较强的概括性。此外，不能预测到具体的职业按照实际各种问题或事情的产生，加之社会经济环境与就业创业政策的不断变化，导致大学生职业生涯规划与实际职业发展的情况并非完全相符，两者之间有可能出现一定偏差。为了确保大学生职业生涯规划各个阶段的目标能够顺利实现，应不定期地修正、评估职业生涯规划。

结合实践可见，通过修正、评估职业生涯规划，可以发现前一阶段策略方案的实施以目标完成情况，并且决定下一个阶段的目标实施，进一步决定想着最终的目标加快进度。大学生职业生涯规划修正、评估是循环、反复的，直至达成理想中的状态。

大学生职业生涯规划的修正主要建立在了评估的基础之上，结合实际情况不断完善职业规划的实施，以期确保职业规划的持续推进，并且最终能得以实现。

（二）大学生职业生涯规划修正的要点

1. 职业方向调整

个体职业发展容易受到多种因素的影响，主要涉及了外部因素、内部因素、市场因素、经济因素等，各种环境与条件总是处于不断变化的状态，确定了实际目标也应立足实际情况适当进行修正、更新。

对于大学生而言，随着就业环境的变化，不断修正、更新职业生涯规划是必须部分。在职业生涯发展不顺的情况下，大学生应积极进行深入分析，发现错误之后应尽早调整。

大学生重新对职业发展定位，需要深入思考下面几个问题。

（1）自身人生价值有哪些。

（2）最感兴趣的事情有哪些。

（3）自身的技能与条件有哪些。

（4）是否好高骛远。

（5）自身人格特质有哪些。

（6）是否建立了自己的就业信息网络。

2. 计划措施调整

及时对自己的计划与措施进行调整，才能确保目标高效实现。在分析自身实际情况与目标之间的差距之后，大学生应制定一些具体的措施，包括参加专业技能培训、学习进修等。

3. 心态调节

在人的一生之中，会遇到多种多样的挫折与困难，同时也会遇到多种多样的挑战与机遇，在职业生涯发展中也不可能做到一帆风顺。在面对职业生涯发展过程中所出现的各种变故时，大学生应保持良好的心态，积极应对职业生涯发展中的各种问题，并保持自信、积极乐观，这样才能够成就一番事业。

大学生通过修正与评估职业生涯规划，需要达到下面几点目的。

（1）对自己的强项充满自信。

（2）了解自身发展机会。

（3）找出有待改进之处。

（4）制订详细的行动计划。

（5）通过合适的方式答复给予反馈的人，从而表示感谢。

（6）实施行动计划。

大学生职业生涯是一个持续的动态过程，有效的职业规划应不断确认具体方向是否准确、目标是否合理等，职业规划应不断适应社会、职场等环境的改变。

第四章　大学生职业化素质与能力提升

对于用人单位来说，学历只是招聘人才的基础条件，具备良好的职业化素养与职业化能力才是用人单位比较看重的部分，同时也是大学生真正的就业竞争力。

第一节　职业化解读

有能力的人不在少数，但是真正能够取得成功的人却少之又少，主要原因就是其自身塑造职业化有一定欠缺。作为大学生，学习好专业知识，取得良好的学习成绩，仅仅只能说明是一个好学生。从好学生转变成为好员工，再成长为成功的职业人，仍然有着比较长的路要走，即为职业化的过程。立足于职业化的角度上来说，职业化就是为了达成职业具体要求应具备的素质能力。简而言之，职业人应将自身职责内的事情做到位，并且不断追求做得更好。

一、职业化内涵

人们通常容易对职业化产生误解，认为职业化就是穿西装、打领带，或者认为高学历的人不需要进行职业化素质培训等。只有转变对于职业化的误解，才能真正提升人才的职业化素质与能力。

职业化并非深奥费解的理论，真正做到身体力行并非一件容易的事情，职业化的基本内涵包括方方面面，涉及以下内容。

（1）以自己的工作为荣。
（2）有着较强的责任心，能够保守职位机密。

（3）积极主动参与工作。

（4）融入团队之中，与其他工作人员团结互助。

（5）理性思考，真正倾听工作需要。

（6）善于理解、思考，即使领导不在也能很好地完成自己的工作任务。

（7）守信、忠诚。

（8）能提出建设性的工作建议。

以上所说的职业化内涵中尤其应注意两个方面，一方面，是良好的道德品质，这点要求适用于大多数的职业人，职业人应具备职业化精神这一基本的素质要求。在实际工作之中，虽然一些人的能力较强，但是其过于情绪化而影响了工作，或者在出现问题的时候急于推卸责任等，无法达到职业化的要求。另一方面，职业素质要求不是仅仅包括了技能，更需要具备优良的品质，在于其工作态度。职业人的知识与技能可以培养，但是其态度却难以快速培养。

所以，我们可以将职业化的基本内涵理解成为：

（1）职业人在职场中应遵循职业化的基本准则，企业与企业之间、企业与员工之间、员工与员工之间都应遵守道德与行为准则。

（2）想要参与职场竞争，并且成为职场中的成功者，就应坚守这一准则。

（3）职业化是一种潜在的文化氛围，在职场中，职业化是专用的语言与行事规则。

（4）职业化的过程是成为优秀职业人必须经过的重要历程。

二、职业化基本特征

职业化主要是指按照职业的规范化、标准化等要求塑造自我，为了达到职业所要求的基本素质，不断追求成为优秀职业人的历程。职业化有着诸多的外在素质表现，也有着诸多的内在意识要求。

对此，可以将职业化的基本特征分为以下几方面。

（1）职业化是用理性的态度面对工作，即职业态度。

（2）职业化是在细微之处体现专业，即职业技能。

（3）职业化是将高效率与高效益相统一，即职业绩效。

（4）职业化是他人不能轻易代替，即职业品牌。
（5）职业化是约束行为、意识超前等，即职业品质。
（6）职业化是合适的地点与时间，做合适的事。

三、职业化素质能力的内涵

素质可以说是达成高绩效的技巧、知识、特质等组合，关于素质方面的研究比较多，现代人的素质总结为以下几方面。

（1）作为现代人愿意接受新鲜的事物，思想方面比较倾向于革新与变化。现代人的思想与心理方面比较开放，更容易接受新思想，善于进行学习，同时愿意开拓新生活。

（2）乐于发表意见，现代人除了对自己身边发生的事情产生见解与想法，其还比较关心与自己并无直接关系的遥远事务，现代人相对来说更加具有民主的观念。

（3）现代人的时间观念相对来说比较强，讲解做事应准时，精确的时间性是现代工业所带来的"副产品"，并且通常认为守时是一个十分有用的生活、工作习惯。

（4）伴随着科学技术的快速发展，现代人通常认为能够在很大程度之上通过学习知识控制环境，对于人本身的能力充满着信心，而非一直作为环境的奴隶。

（5）现代人相对来说更加注重计划性，过去的人无论是对于个人生活还是公共事业，相对来说都不太讲究计划性，通常凭感觉行事。

（6）现代人对于周围世界以及其他人的信任相对较多，存在着普遍的信任感。

（7）遵循"公平待人"的重要原则，在工作与生产当中，通常以技术的高低为分配原则，令人觉得人的能力是有着客观指标作为衡量的，所以否定了传统的社会分配原则。

（8）对于新式教育比较感兴趣，新式教育能够向人们传授文化知识、科学技术等，因为有这样的教育才能够教会人们在社会中谋生，掌握谋生手段。

科技的发展离不开高素质人才，美国现代化的人才素质观念中，提出了现代化人才应具备三种素质与五种能力。

三种素质包括了基本技能、思维能力以及道德品质。

（1）基本技能：表达能力、阅读能力、倾听能力等。

（2）思维能力：能发现并解决问题、能有新想法、能进行思维分析。

（3）道德品质：有敬业精神，热爱工作，自重、自律等。

五种能力包括了处理人际关系能力、合理利用与支配各种资源的能力、获取并利用信息的能力、综合与分析能力、应用多种技术的能力。

素质主要是由精神素养与行为能力组合而成的，综上所述，配合职业化研究，大学生应树立职业化素质观念。

四、职业化的意义

职业化的过程实际上就是成为优秀职业人士的过程，想要成为职场中的佼佼者，或者成为优秀的职业人士，则需要经历塑造职业化的过程。如果一个人的能力比较强，但是其自觉发挥并不理想，大多数情况下是由于其自身的职业化程度不够。

现在的用人单位在招聘的时候比较重视员工职业化的程度，主要是由于一个人外在所表现出的知识与能力固然十分重要，但是这些基本上都能够进行培养。但是一个人的职业化程度，尤其是比较重要的责任意识与敬业精神等，不容易进行衡量，更难以快速加以培养。

所以，作为未来的求职者，大学生应清楚用人单位的招聘要求，并且在大学时光中做好充分的职业化准备，不夸张地说，这是适应未来求职要求的必然过程。与此同时，大学生也有着比较充足的机会，加强自身敬业精神、责任意识等职业素养的培养。

第二节　大学生职业化素质的提升

一、职业化中的敬业精神

从我国古代开始，敬业精神就已经存在，诸多的思想家十分提倡敬业精神，人们应尊重自己所从事的事业，专心致力于事业，并千方百计做好分内的事情。

（一）敬业精神的内涵

敬业奉献是一项公民的基本道德原则，可以看出，敬业精神是对于公民的重点要求，现代职场更是将求职者是否有着敬业精神作为一项重要的标准。所谓的敬业主要就是用严肃的态度处理、面对工作，兢兢业业、尽职尽责地从事自身工作。真正意义上敬业的人主要是将目标作为导向，创造性地进行工作，并在平凡的岗位之上创造佳绩。

敬业先要爱岗，爱岗与敬业之间有着密切的关联，只有爱岗才能有敬业精神，也只有敬业才能体现爱岗。爱岗是对于人们工作态度的重要要求，职业人应用正确、积极的态度面对自己的职业，努力培养自己胜任工作的能力，提升工作自豪感。

（二）敬业观念的误区

许多人认为自身的敬业程度与工作性质之间有着关联，客观环境不具有敬业的条件，这种认知存在着比较大的误区，应正确面对敬业观念的误区，并处理好几方面的关系。

1. 理想职业与职业理想的关系

职业道德中提倡的职业理想主要是以服务社会为重点，热爱自身的工作，做好本职工作。即便是所从事的工作、职业并非理想中的，也应认真努力做好自己的工作，不能因为从事的不是自己希望的理想职业而产生消极怠慢心理。在现实生活之中，人们能找到自己理想中的职业是少数情况，对于大多数的人而言，应面对现实，从事社会所需要的职业。除此之外，只有做好眼前的工作，那么才有这更多的选择机会。

2. 职业要求与自身条件的关系

在初次选择职业的时候，大学生由于普遍缺乏工作经验与工作技能，所以应结合自身的条件选择职业，即使一时之间难以找到自己理想中的职业，无论在哪种岗位之上，都应恪尽职守，这是职业人最根本的要求。在做好本职工作的基础之上，不能轻易放弃自己的职业理想，而是尽可能为之做好充足的准备与匹配条件，把握住机会。

3. 职业操守与物质利益的关系

职业人基本的道德准则是具备良好的职业操守，应将敬业奉献与物质待遇协调，不能仅仅追求高收入，而出现随意"跳槽"的现象，这能直接对组织的利益造成损害，同时也在无形中损害了自己的职业信誉。在现实生活之中，许多人为了获取暂时的高收入频繁进行流动，有的时候不惜代价"毁约"，偏离了既定的职业目标。这样一来，不仅会损失个人的职业信誉，同时也会导致后来的招聘单位降低对个人的职业忠诚度。除此之外，不连续或者不相关的职业经验，导致人们偏离了职业目标的轨道。

4. 敬业精神与合理流动的关系

用人单位通常愿意录用有着爱岗敬业精神的人，求职的大学生是否有着敬业精神，在当今时代成了用人单位挑选人才的重要标准与依据。因此，如果只结合自己的兴趣，见异思迁，那么不仅自己的聪明才智难以得到充分发挥，甚至会为工作带来比较大的损失。

在多元化的社会环境之中，越累越提倡爱岗敬业。不能片面的、绝对的将爱岗敬业理解为终身只能从事某一个职业，职业人可以通过积极努力从事自身的本职工作。这样一来，才能在一定范围之内实现全面发展，并且不断提高自身的知识与才干。

就目前而言，基于我们国家市场经济条件之下，求职者与用人单位应进行双向选择，其好处是能使人有着更多的从事自身感兴趣的工作机会，用人单位也能够挑选自己所需要的合适人选。这种双向选择的就业方式能够更好地成为发挥人们积极性的条件，使用人单位有自主权，可以择优录用。劳动者也能够结合社会的需求以及自身特长、专业等选择职业，真正意义上做到人尽其才。

（三）塑造敬业精神

1. 培养积极心态

对于敬业者来说，工作即是自己的事业，并非仅仅为了生计，工作是人生中的一种享受，工作是快乐的，持有这种心态参与工作，才会热情投入其中，并积极努力。

以积极的心态支配行为的人，能够用乐观的精神以及积极的思考支配自己的人生。持有积极心态的人往往能够产生乐观、进取的精神动力，敢于主动、勇敢面对问题与困难。持有消极心态的人，往往不敢面对现实生活中的问题与矛盾。

大学生应掌握培养积极心态的方式，并且有意识地将这种心态转化成为无意识的行为习惯，具体有以下几种方式。

（1）言行举止像自己希望成为的人，先从言谈举止效仿，逐渐开始塑造自我。

（2）要心怀必胜、积极的想法。

（3）用美好的感觉、信心对别人造成影响。

（4）令身边的每一个人都感觉自己十分重要。

（5）有着积极心态的人常常怀有感激之心，感谢生活与身边的人。

（6）学会称赞别人。

（7）学会微笑，打开友谊之门，建立良好人际关系。

（8）注意寻找最佳新观念，找寻良好的观念与创新。

（9）培养无私奉献精神。

（10）形成乐观、自信的精神。

（11）不能消极认为许多事情不可能完成。

2. 将"要我做"转变为"我要做"

"要我做"与"我要做"是两种不同的心态，真正意义上敬业的人，能够体现出"我要做"的积极心态。所谓的"我要做"是指工作方面并非领导或者上司的安排，而是在做工作的时候出于内心的热情，并希望能够尽自己最大的可能，努力将工作做到最好，这是职业人比较重要的敬业精神。而"要我做"的心态属于比较消极、被动的，无法焕发激情，并且在日常的工作之中常常出于无精打采的状态。长久下去，消磨了自身的斗志，且导致自身失去竞争优势。

3. 以目标为导向，以绩效而衡量

真正敬业的人并非以工作时间衡量绩效，而是以工作目标为导向，以绩效衡量自身的工作。对此，相较于工作而言，最终要的不仅仅是时间方面，而是实际效率。只有在最短的时间之内完成工作任务，才有着更多的时间朝着更高的目标努力。

在实际工作之中，我们容易被外界的多种因素所干扰，从而对自己的选择与坚持动摇，这时，我们需要培养自制力，优化自己的选择。真正专心达成某一个目标的人，他们不懈努力的主要原因就是将这种状态作为一种乐趣，以阶段性目标激励意志。

二、职业化中的责任意识

责任就是在自身职责范围之内应做的事情，即承担一定的任务，并完成自己的使命。在当前竞争激烈的社会背景之下，责任意识得到了前所未有的重视与关注。

所谓的责任意识就是能清楚明白何为责任，并且能自觉履行社会职责，参加社会活动，将责任转化到实际行动之中。大学生责任意识不仅影响到了其成长，也在无形中影响着国家、社会的发展、进步。但是由于近年来社会的快速转型以及市场经济的飞速发展等影响，一部分大学生过于注重自身权益，其责任感相对来说不强，暴露出了诸多的问题，引起了全社会的关注。不管是否有兴趣，都能积极投入岗位、热爱岗位的人，以及责任意识高于一切的人才能受到用人单位的欢迎。

（一）大学生的责任意识

如今，二十一世纪的人才除了需要掌握知识，还需要形成完善的人格，应具有高度责任感。如果说对自己负责的人比较健全，那么能够对他人负责的人就是高尚的。

1. 对自己负责

大学是大学生步入社会、进入工作之前的过渡期，更是一个起跑线，在这里，大学生有着大把自由支配的时光，并且有着许多学习、思考的机会。如果这一美好的青春时光被漫无目标的庸碌所消磨，那么将来步入社会后的竞争力就会大大增加。

负责是做人的必要条件，责任意识是一种良好的品德要素，对于任何人而言都是十分重要的，对于大学生来说更加可贵。所以，作为当代大学生，应学会如何做人，这不仅仅是包括某一个方面，而是包括了人际交往能力、团队合作精神，等等。

2. 对他人负责

这里所说的"他人"内涵比较丰富，包括了老师、同学、家人，也囊括了未来能够为大学生提供工作机会的单位、企业，以及同事、客户、上司，等等。

事实上，不仅是我们需要对他人负责，他人也在对我们负责，即"我为人人，人人为我"的道理。对于大学生来说，对他人负责应做到几点，具体如下。

（1）对自己与他人的生命怀有敬畏之心，假如对于自己的生命没有敬畏，随意舍弃自己生命，这种做法是对于家人的不负责任。同样，漠视他人生命也是没有敬畏之心的表现，且是对他人的不负责任。

（2）在与他人进行交往的过程之中应信守承诺，慎重对自己能力进行考虑之后许下承诺，以结果为导向落实行为，直到达成所承诺的事项。对于忽视承诺的人来说，是难以得到他人信任的。

（3）在求职的过程之中践行诚信，大学生诚信不过关作为一项重要的原因，导致其就业比较困难的问题出现。大学生诚信就业工程已经在国内许多城市启动，假简历、假学历生存的空间将逐渐缩小，且违约、毁约的成本也将逐渐增高。

3. 对社会负责

如今，我们置身于一个大变革时代，这更加需要我们勇于承担责任，对社会、对国家尽责，并对自己负责。

对国家尽责主要是志存高远，坚定自己的信念，将个人理想与国家前途命运相结合，将个人追求与民众需要相结合，与国家、民族共同发展。对社会尽责主要是厚德载物，甘于做出奉献，用自己的实际行动构建我为人人、人人为我的社会风气。对自己负责主要是立言立行，严格把握人生的方向，不虚度光阴。

对社会负责并非一句空话，也并不是意味着个人的付出，近年来，在国家就业政策的引领之下，一部分大学生放弃了大城市优越的生活条件，在条件艰苦的地方踏实苦干，这种奉献、付出的精神十分珍贵，他们在实践中锻炼自我。

4. 对工作负责

对工作负责即对自己负责，是对于自己未来的发展负责，同时也是对组织负责以及对社会负责。

工作是一种责任，对于工作负责就是对自己的负责。一个人的工作态度能折射出其人生态度，人的工作就是自身生命的投影。

一个人对工作负责应有责任心，责任心是社会个体从责任赋予者接受责任之后，在本人内心世界内化的心理状态，这种心理状态是个体履行责任行为的精神内驱动力。责任心实际上就是一种进取心，有一定的责任心，才能够在工作中做到尽职尽责，尽力改变不合理的地方，使其变得更加完善，从而达到良好的工作效果。

当一名员工在工作的过程中丧失了责任心，那么就容易持有应付的态度面对工作，不会主动承担工作任务，也不会积极对工作的方式与思路进行改进，自然不会提出合理建议，无法开拓新的工作局面。加入一个人缺乏责任心，即使其有着较强的能力，也难以做出优异成绩。

承担责任则需要承担起相应的压力，并学会将压力转化成为动力，充分发挥自身潜能，勇于克服履行责任过程中遇到的种种困难，从而完成自己的责任与义务。只有勇于承担责任，才能赢得他人的信任，得到他人的支持。同时，也能获取一定的自信与自尊，增长经验。由此可见，大学生勇于承担责任，才能进一步建立良好的人际关系，促进自身进步。

一个成功的人对自己充满了责任感，在承担责任的同时履行承诺，并创造价值、提升能力。或许在短期之内，不容易看出实际效果，但是能够为大学生今后取得成功铺平道路，但是假以时日，这些承担的责任最终的付出，能够为我们带来一定回报。

(二) 职业人的责任意识

职业人的责任意识不仅仅是要对自己负责，更应对自己的职业、工作负责。无论是对于个人还是对于组织负责的态度，都将会对自身职业生涯起到良好的积极促进作用，但是不负责任的态度，不仅会对个人发展产生影响，甚至会对组织事业发展造成损害。

　　从工作的意义上来看，责、权、利相互统一是至关重要的，但是责任是首要的，如果没有责任，那么权、利无从谈起。所以，过于注重个人利益，不仅会伤害到自身的责任担当，更不利于摆正心态，甚至难以取得较大的成功。

　　没有利益无法推动自身生活质量的提高，员工在从事某项工作的时候，关注自己的利于无可厚非，但对于职业人而言，责任是重中之重，责任高于权利与利益。如果过于看重自身的权与利，而不能做到尽职尽责，那么难以真正成为一个职业人。

　　作为组织所承担的不仅是个人的利益，还涉及了社会责任以及经营风险。因此，组织不可能不顾未来持续发展，员工作为职业人，应尽自己最大的可能，提高自身素质，为组织创造更大的财富，从而获得自身的成长与回报，实现肩负组织责任。

　　立足于法律的角度上来看，任何一个自然人都可以放弃权利，但是必须履行责任与义务，职业人更应如此。每一位职业人都承担着自己的责任，且是一个独立的责任人。在实际工作之中，应明确自身的岗位职责，以及自己与上级、下级、同级的划分。承担自己分内的责任，不能使自己的责任成为他人的负担，对整个团队的工作效率造成影响。此外，不能推卸责任，更不能对责任交叉毫不关心。

　　责任感比较差的典型行为有几方面表现，具体如下。

（1）认为自己已经做得差不多了。

（2）虽然明白有着许多尚未完善的地方，留给下一环节的人处理。

（3）清楚明白这样会产生不良后果，但存在侥幸心理。

（4）已经在工作时间之内很努力了。

（5）自己与他人的结果可能差不多。

（6）勉强过得去即可。

（7）未能对责任的界定形成严格标准，不必自讨苦吃。

（8）放大他人的缺点，忽视自己的缺点。

　　事实上，如果想要在工作方面享有更多的自主与自由，应先做一个尽职尽责的员工，如果想要获得他人的信任，则先做一个值得信任的人。

假如每一个职业人都能摒弃借口，学会换位思考，勇于承担责任，而不是互相推诿，尽自己最大的努力完成工作任务，真正实现自己的岗位职责，同时发扬主动承担压力与挑战的精神，那么整个工作组织的效率就能够大大提高。

每一个工作岗位都有着特定的职责，但是由于一些突发事件的存在，无法明确划分至具体部门或者具体职业人，且这些事情通常是比较重要、紧急的。一个负责的职业应立足于维护组织利益的角度上，积极处理这些事情。除此之外，承担突发任务或者艰巨任务是难得的锻炼机会，长期下去，职业人的能力与经验能得到迅速提高，这也是责任感较强的人能够快速得到发展的主要原因之一。

有责任心的职业人，主要将"做对事"为目标，而非以"多做事"为目标，对工作的结果负责。职业人应勇于承担自己的责任，不断进行创新与开拓，总结教训经验，这样才能取得良好进步。

任何一个职业都承担着相应的责任，且自己的责任心主要就体现于日常工作的点点滴滴中，责任心不同，工作的效果也就有着比较大的差异。有责任心的人对于工作的态度通常是积极、负责的，并且能结合目标与结果进行系统化分析、考虑，能主动为了达成实际工作目标不断付出努力。缺乏责任心的人对工作的态度通常是比较消极、被动的，只会机械化地服从命令，不对结果负责人。

强烈的事业心需要以强烈的责任感为支撑，大学生在进入工作岗位之前，应重点培养自己勇于承担责任的意识，为自己的决策与行为负责。同时，在进入工作岗位之后，大学生也应清楚，岗位职业是对职业人最基本的要求，如果想要脱颖而出，获得更好的发展，则不能仅仅局限在做职责范围之内的事情，而是应想方设法提高自身的才干与知识，努力为组织做出更大的贡献。只有肩负起更大的责任，才能拥有者更多的迎接新挑战的机会，进而获得持续发展。

（三）提升责任意识的方式

1. 习惯养成，承担责任

大学生不断强化责任行动，使承担责任能够变成一种良好的习惯，在未来能够收获成功的命运。

将责任养成一种良好的习惯，需要从身边的小事做起，在面对具体的任务或者工作时，需要从以下几方面出发。

（1）明确认知责任，勇敢承担责任。

（2）为承担责任找到出路与方式，而非找借口。

（3）积极采取措施与行动，关注每一个细节部分。

（4）在交付结果之前，不留下任何遗憾。

2.在履行责任中强化责任能力

（1）学会对自己负责。根据自我责任的认知，积极自主检测对自己不负责任的行为，从而为自己制订改进行动计划。一份行动计划的主要要素应包括时间、目标、衡量标准、执行方案、修正措施等。

①时间：任何一份计划都应有着时间界定，如果没有时间界定，那么计划就是一纸空文。

②目标：应明确达成计划的最终目标，并精确至目标可允许的范围之内。

③衡量标准：一份计划应细化成为若干个细节部分，从而逐步实现，将每一个细节的时间与分解目标明确规定，并且在分解目标综合之后，必然能实现总目标。

④执行方案：这是一个可操作的实用性方式，对执行方案应严格审查，从而确保其可行性。

⑤修正措施：在执行计划的过程中难免会遇到与计划时期不同的条件，提前制定修正措施，能确保方案有效执行。

⑥危机处理措施：在计划实施的过程中，所面临的环境与因素与预期有所不同，所以在计划之初，应对可能发生的意外进行分析，并思考如何处理意外。

（2）学会对集体负责。人本身就有着较强的社会性，当大学生步入职场之后，大多数的情况下，其工作状态都是团队形式。在这种情况下，不愿意合作，无法对别人进行帮助，或者对团队造成负面影响的人容易被孤立。这种现象即对集体不负责，一旦发生不利的事情，那么这些人将会最先被团队抛弃。

（3）学会对社会负责。大学生通过社会实践的方式履行责任主要有调查研究、志愿者服务以及参加公益活动几种方式，大学生应走出校园，通过参加各种各样的社会性活动，更好地接触社会，培养自身的社会责任意识。与此同时，社会实践又能培养大学生分析问题、解决问题的能力，帮助大学生获得更多的"学以致用"机会。

三、职业化中的协作意识

在初入职场的时候，先进入大小不一的团队之中。每一个职业人都应追求个人价值的最大化体现，想要取得成功离不开团队的协作，并且个人的价值实现不可损害他人利益或者团队利益。

（一）协作是职业化的核心

大学生的学习任务是个体化的，但是进入到职场之中，职业人的工作通常以团队协作的形式运作，所以，协作精神是职业化的核心素养。

当代社会专业分工的情况之下，协作是比较重要的时代主题，如果每一个人都仅仅是对自己所从事的工作部分负责，难以确保工作产品是一个完整的整体。所以，对于有着共同目标的团队而言，协作是最为基本的要求，从而完成共同的任务。伴随着如今社会分工越来越精细化，知识型的员工逐渐增多，工作内容方面智力占比不断增加，越来越多的工作不仅是依靠个人体力就能完成的，而是需要团队合作形式而实现，协作逐渐成为现代化组织发展的根本条件。

协作是一种提高效率以及生存发展的有效方式，团队协作已经逐渐成为了现代社会中比较常用的工作形式，每一个人都处在了各种各样的团队之中。社会组织发展要求协同效应而促进生产率提高，组织管理者比较重要的就是能够建立并维护良好团队协作环境，促进团队成员积极、主动努力完成工作。

核心竞争力的形成离不开团队中个体的创新能力，但是组织、团队的优势主要源自于集体协作。

（二）团队协作不力的原因

如果团队成员缺少协作精神，容易导致内部分裂、互相推诿等现象出现。总而来说，导致团队协作失败的原因众多，有的是团队完成了工作任务，但是组织却未能给予其肯定、认可，或者无法有效利用其成果，有的是缺乏管理支持导致团队协作不力。还有一些其他的因素存在，都会导致团队协作走向失败。

掌握、了解限制团队成员协作的主要原因，对于职场新人能够迅速融入团队，并且顺利与同时进行协作有着重要的借鉴意义。从心理学研究结果可以看出，主要有以下几点原因阻碍了团队成员人际关系的吸引力。

（1）只关注自我，以自我为中心，不考虑他人的处境与利益。
（2）缺乏对集体工作的责任感，或者完全置身于集体之外。
（3）虚伪、固执。
（4）未能给予他人尊重，操纵欲与支配欲比较强。
（5）孤僻、冷漠、不合群。
（6）存在敌对、报复等性格。
（7）行为古怪、喜怒无常。
（8）狂妄自大，且嫉妒心较强。
（9）不乐于帮助他人，甚至小视他人。
（10）自我期望值过高，气量狭小。
（11）不听取他人意见。
（12）工作、学习不努力，不求上进。

（三）团队精神与能力的培养

团队精神需要职业人应具备善于与人沟通的能力，沟通、协调是职业人最为根本、重要的一项协作能力。将沟通工作做好，往往能起到事半功倍的效果，如果做不好，则可能会事倍功半。

职业人应掌握沟通中存在的种种障碍，并分析其中原因，结合实际情况加以改善，真诚吸取团队成员的建议、意见。无论是采用何种方式征求意见，都能收获不同的回应，应谨慎对收到的反馈信息进行评估，再制定对应的措施。团队中每一位成员都有着自己的特长，职业人应尽量学习他人特长，但不能随意介入他人的工作。

大学生在校园中的集体活动机会比较多，积极参与有关活动比较有助于团队精神与协作能力的养成,包括以下几方面。

1. 小组学习

在上课时,经常会有小组讨论的环节,课下也经常会有一些则需要自由结组而完成的作业任务。前者类似于"无领导小组讨论"的面试方式,都是抛出问题,由小组成员自由进行分析,在规定的时间之内得出结论。后者类似于具体工作中项目组的模式,我们在面临这种集体活动的时候,应积极参与,这些活动对于提升大学生的知识应用能力、问题分析能力、沟通协调能力等有着良好的推动作用,并且能在潜移默化中强化积极工作的态度以及团队协作精神。

2. 班级活动

在班集体活动中,合作是不可避免的,集体的荣誉关乎每一个人,每一个人的贡献合力,是集体的成绩。

3. 社团活动

许多的社团活动已经突破了班级、专业的界限,使大学生能有着更多的与他人打交道的机会,从而组成形形色色的临时集体,有助于形成凝聚力、向心力,共同在社团内形成团结友爱、互帮互助的关系,在潜移默化中增强大学生集体观念、协作意识等。社团的荣辱与每一位成员息息相关,每一位成员都关心社团中的各项事物,能逐步培育其责任意识。除此之外,丰富的社团活动也能强化大学生社会适应能力,使其学会人际交往。

四、职业化中的诚信观念

(一)诚信是职业人立身之本

所谓"言而无信,行之不远",诚信是职业人的垫脚石,形成良好的个人信誉是构建成功的天梯,当前社会有着完善的法制与信用体制,任何一点劣迹都无法在市场中存活。职业人自身的信用也直接体现出了组织的信用,如果组织的信用因为个人的信用受到损失,那么将会产生诸多不良后果,难以由个人力量挽回。

诚信是一种比较高尚的思想价值观念，是个人行为的准则，有着怎样的价值观念就会做出怎样的行为，行为不够诚实，则无法获得他人的信任。优秀的职业人能做到言行一致，人们之所以能对其产生信任，主要是由于其所做的与所信奉的价值观念相符合。

目前，有关的政府与机构等方面充分认识到了失信行为对于经济的破坏作用，并且已经开始采取措施加强社会信用体制的建设与保障，一些行业逐渐开始自发建设诚信保障制度。

虽然，我们国家当前的信用体制发展相对来说不够完善，但是社会已经开始认识到了在市场运作中，诚信有着至关重要的作用。现代社会的发展离不开市场经济，市场经济是契约经济，更是信用经济，信任是人际交往的基础与前提。

（二）诚信的基本要求

现代社会已经进入了法制时代，法律是社会中最为规范、基本的保障，法律代表了大多数民众的利益，同时也是每一位公民应遵守的社会规范，法律能够赋予、保证公民的权利，也要求每一位公民应履行个人的义务与责任。职业人应做一名守法的公民，更要认真学习法律，在法律允许的范围之内行使自身权利，承担有关社会义务。

道德是人类社会赖以生存的精神支柱，人类进取向上的动力源泉是对于美好道德准则的追求。道德的力量是十分巨大的，在千百年以来指引着人类社会朝着美好未来发展，道德原则适用于家庭、个人或者组织，作为职业人，应将道德作为行为准则。

职业人的诚信规范不仅是行为层面上的，更重要的是依靠职业人的个人道德修养遵守。

（三）恪守职业道德

职业道德主要是指人们在从事工作、履行职业的过程之中，应遵守一定的行为准则，职业道德是伴随着职业分工的发展衍生的，一般在职业与工作中能得以体现。

职业人的价值主要取决于职业道德水平的高低，如果缺乏职业道德，那么就不能成为成功的职业人。良好的职业声誉是职业人的核心竞争力，同时也是一种十分宝贵的资产，职业声誉的高低主要取决于职业道德，而非专业能力方面的影响。职业人最主要的职业道德品质涉及了正直、忠诚、公正等，这些高尚的道德价值取向与行为准则是其职业生涯中的"通行证"。所以，应自觉遵守道德规范，将诚信作为职业中的基本原则，坚持共赢、发展的原则。

（四）大学生职业化之诚信就业

诚信是职业化的基础，每一个人必然会走向社会，诚信更是社会化的基本要求。每一个人在进入社会之后，都需要与人打交道，成为社会中的一部分，社会化的重要要求就是诚信。同样，诚信是一个人品行的核心部分，人类竞争力的核心就是诚信。

大学生职业化的第一步就是诚信就业，在每年毕业之际，一些大学生为了能够在激烈的竞争之中脱颖而出，通过伪造简历内容提升简历的受关注度，常见的有伪造学历与学位证书、共享学生会主席头衔等行为。由此我们可以看出，一些大学生在激烈的竞争之中放弃诚信的主要原因是：就业压力之下，用人单位过于关注学历。

但是，现在许多用人单位越来越重视人才的诚信，一旦发现求职者有着诚信方面的问题，先考虑的就是不予录用。

如今，伴随着社会诚信制度的完善，讲诚信者的利益能够受到更大的保障，但是不够诚信的人，往往难以找到一份工作。由此可见，讲诚信是社会发展的必然需求，同时也是社会不断进步的重要体现，讲诚信的人不会吃亏。

俗话说："人无信而不立"，诚信是立身之本，诚信没有速成之法，需要逐步建立，从日常中的点点滴滴之处体现的。讲诚信的大学生能找到理想中的工作，并且能取得一定成就。

第三节 大学生职业化能力的提升

学历不等于能力,在工作岗位之中最重要的并非学历证书,而是个人能力表现。无论哪种类型的工作,员工都应承担本岗位的工作职责,用人单位的招聘条件中,除了学习以及专业要求,更加重视知识、能力以及经验方面的要求。

大学生在校期间,如果专注于学习专业知识以及获取学历证书方面是远远不够的。结合现实情况来看,专业、学习要求仅仅是用人单位选人条件中的一部分,对有关工作具有一定的了解,并且具备相关的技能才是用人单位比较看重的部分。

大学生通常由于不具备用人单位的职业能力要求,且缺少有关的实践工作经验,从而缺乏足够的竞争力。在面对用人单位注重求职者实践技能以及工作经验的现实条件时,大学生应积极借助在校学习期间,参与有关的社会实践活动,充分利用课余时间做一些于未来行业相关的工作,不断强化自身工作技能,积累大量的实践工作经验。与此同时,大学生可以通过各种各样的实践机会进一步加深对于社会的认知,提升自身社会责任感与社会适应能力。如此一来,大学生才能在求职的时候有着更强的竞争力,得到用人单位的认可。

一、高效执行能力

高效执行能力是职场中至关重要的素养,如果仅仅是有着一定的计划、愿望,但是未能付诸实际行动,那么也无济于事。再高明的决策未能得到执行,那么也只能成为空谈。对于职场新人来说,做好自己的本职工作,提升执行能力,是胜任该职位的基础。

(一)以服从为前提

如今,我们处在知识经济时代,虽然知识型员工崇尚自由创新的意识在不断增强,但是作为组织中的一员,应将服从作为第一要素。

服从不仅是为了保持良好的工作秩序，更是将团队的效率作为目标。缺乏服从意识的团队难以协调步伐，各自为政，且意见容易出现分歧，边磨合边前进的团队必然效率难以提高。

服从是适应团队工作的重要环节，在团队中，每一位职业人都应从思想意识层面上出发，形成有服从的觉悟，将服从团队的规则作为准则，进而发挥自身的创造性。

服从是一种承诺，在完成工作任务的过程之中，应形成"令必行、言必果"的良好工作习惯，这一点对于有效提升执行能力比较重要。

服从存在于每一个层面上，更是社会生活中以及工作之中十分有必要的一环，每一个人都有着服从的时候。如果在将来的工作之中，总是以"受制于人"的心态服从，那么就等同于自己选择了受制于人。我们应以积极的心态看待任务，并主动采取行动。

服从并非唯唯诺诺，单纯听从他人的命令，当上级领导由于对情况了解不全面而出现指挥失误的时候，如果一味不负责任的盲目跟从，那么会使得团队陷入失误的境地。在这种情况下，应与上级领导进行适当沟通，从而高效完成工作。

（二）思路决定出路

想要是自己能够成为具有高效执行能力的人，应敢于迎接各种挑战，接受大多数人认为的"不可能"完成的任务。同时，应具备充分发挥主观能动性的意识，尽自己的责任想尽办法完成任务。有着高效执行能力的人，通常能探索方式，而不是找借口。

（三）细节决定成败

计划的成败不仅取决于设计，更重要的是执行环节。如果不能高效执行，那么即使再好的设计也无济于事。同样，我们需要做一个有着高效执行能力的人，在完成工作的时候不能仅仅满足于"差不多"，而是争取做到最好，细节决定了成败。

不注重细节的人，通常对工作的态度是敷衍了解，缺乏认真的态度。这种人难以将工作作为一种乐趣完成，而是作为一种"苦役"，所以在参与工作的过程中比较缺乏热情,执行能力与工作效果可想而知。但是能充分考虑到细节的人,不仅在工作方面能认真对待,且能进小事做细、做精,善于寻找机会,从而走向成功。

(四)高效工作的守则

(1)工作应自己主动创造,并非等待他人差遣。

(2)工作应主动自发抢先手,不能使人一步步推着走。

(3)在立志做大事的基础上,应先将小事做好。

(4)敢于挑战、接受难度比较大的工作,为了达成目标而不懈努力,从而获取比较大的进步。

(5)在开始工作之后,应做到不轻言放弃,务必达成预期的目标。

(6)要制订工作计划,并且为了计划而坚持、创造。

(7)应有自信,自信是成功的基础。

(8)不畏惧失败,善于总结教训与经验,继续前进,则能离成功更进一步。

(五)新入职场员工强化执行能力的策略

1. 熟悉情况,融入团队

作为一名新入职的员工,应积极参加新入职培训,了解所在单位的发展历程、主要产品以及组织机构等,尤其是应熟悉组织内部人员情况以及岗位工作职责、工作流程等,在与人交往的过程中持有积极、阳光的心态,并以务实的态度参与工作。

2. 积极学习,强化能力

新入职的员工应积极参与学习,主要包括了两个方面,一方面,是静态学习,掌握与本部门、本岗位有关的工作管理制度文件,还应积极查阅学习相关专业理论与政策法律知识。另一方面,是动态学习,按照本岗位的工作标准与工作流程,尝试着实践操作,完成有关的工作内容,边学边做,争取早日独立工作。

3. 虚心请教，大胆工作

对于工作方面有不清楚、不明白的地方，应积极请教上级领导或者周边同事，在进行工作的时候应做到心细、胆大，并且应注意在交付工作结果之前，最好先请上级领导核查。

4. 熟能生巧，敢于创新

应在本岗位工作上多练多干，尽快入门之后提高工作效率。与此同时，应在熟悉工作之后，运用所学的专业知识，提出合理化、科学化的创新工作建议。

二、沟通协调能力

自踏上求职的征途开始，也就注定了我们步入了一个合作共赢的时代。一个优秀的职业人除了需要具备较强的专业技术知识与技能，还需要具备充足的沟通协调能力。良好的沟通协调能力是用人单位选择人才的重要指标。因为每一个人在工作中都需要与他人打交道，并且这些人的地位、身份等各有不同，是否能与他们做到友好相处、协调一致，直接对个人的工作与事业成败造成了影响。

（一）沟通协调的基本内涵

沟通如同影子一般陪伴在我们的左右，无时无刻不发挥着重要的作用，特别是在求职的过程中，面试是一种比较直接的沟通方式。事实上，沟通即将事实、意见等传递给他人，无论是陈述事实，还是表述意见，都是向对方传递信息，并且使对方能够理解这种信息，进而影响对方的思考。由此可见，沟通的要点就是思考的互动，也是意见的交流，是一种人与人之间的信息传递、交流。

沟通的过程除了进行信息交流之外，还包括了思想、情感等交流，沟通更加强调交互性与双向性。如果所沟通的想法与信息未能有效传递给接受者，那么则是无效沟通，如果只是实现了信息传递，但是接受者未能形成深刻理解或者理解有误，那么则说明沟通并不成功。对此，想要有效进行沟通，不仅需要将想要表达的信息传递出去，还需要被对方接受、理解，完美的沟通应是经过传递之后，被接受者感知到的信息与发送者发出的信息是完全一致的。

（二）沟通协调的主要作用

1. 沟通协调是合作的基础

每一个人的立场与观点难免有着无法共通之处，如果不能实现弥合，那么合作将会成为天方夜谭。沟通协调的主要意义在于促进两方通达，实现目标的一致性，这是合作的基础。人们如果只是被动完成合作任务，那么这样的合作难以令人满意。

2. 沟通协调是"黏合剂"

沟通在我们的日常生活中无处不在，并且是构建和谐人际关系、实现工作与生活目标的重要工具。从一定意义上来说，沟通不仅是工作中的一项技能，更是一种生存的方式。

通过沟通协调能够使我们的专业能力被充分了解，并使人看见我们的工作绩效，这就是沟通协调在现代职场中存在的关键作用。沟通协调能够作为一种"黏合剂"，将我们与领导、同事、客户等黏合在一起，在和谐的工作环境中取得良好业绩。

3. 沟通协调引领成功

在工作组织之中，如果不能与同时进行良好沟通，那么容易引起不必要的误会，甚至可能导致领导怀疑我们的工作能力。如果与客户的沟通协调不足，那么可能会影响业务，甚至会失去客户等，沟通协调能力是职业人取得成功至关重要的技能。

（三）沟通协调高手的练就

沟通不是一种知识，更不是一门学问，而是一种良好的习惯，如果没有勤学苦练就难以成为沟通高手。

1. 谈话讲究技巧

语言是沟通的桥梁，语言表达的准确性与逻辑性能够在比较大的程度之上影响沟通效果。所以，应有意无意间锻炼谈话技巧，在长时间的锻炼下提高沟通能力。

（1）在谈话的时候看着对方，特别是在想令对方了解自己的谈话内容时，应看着对方的眼睛，使对方能够感受到你的自信心与魅力，同时也能增强说服力。

（2）学会使用敬语，人际关系之中，敬语能够表现人的心理语言，是心灵交流的润滑剂。

（3）说话时掌握节奏，语速是语气的重要特征之一，如果谈话的气氛比较紧张，过快的语速容易使得气氛更加紧张，如果语速过慢则显得不够自信、犹豫。

（4）语调应低稳，切忌在与他人进行交谈的过程中操之过急，为了阐述自己的意见打断对方的讲话，或者基于表达自己的想法而提高语调等，效果只能适得其反。

（5）避免使用质问语气，因为质问的语气容易导致双方之间产生不快，不仅难以达到预期的沟通效果，反而会在较大程度上影响到友好人际关系的建立。

（6）委婉表达观点，如果与对方的意见相左，最好避免直接攻击对方的错误，而是应机智、委婉表达自己的观点。

2. 沟通讲究方式

在沟通的过程中想要使他人认可、理解、接受自己，以及自己想要认识、理解、接受他人，则需要讲究沟通的方式。

（1）着手于共同点。在与对方沟通之前，先了解其脾性、爱好，在沟通的过程中随时观察其反应，抓住双方的共同点，逐步展开沟通。如此，及时提出了双方相反的观点，也能容易被对方接受。

（2）善于倾听。每一个人都喜欢在表达的过程中被对方认真倾听，所以应在沟通的过程中使对方畅所欲言，并适时做出回应，从而表示自己的重视，从而赢得对方的好感。

（3）附和他人的话题。在沟通的过程中，听者可以时不时附和他人的话题，对其所说的观点表示赞同，这既是附和语。附和语主要分成了两种：重述对方所言；为所言帮腔，并夹杂着赞同的意思。

（4）多加赞美。在沟通的过程中，应学会善于采用真诚、适度的赞美语言，进而增强沟通的效果。

3. 有效沟通行为法则

想要在沟通的链条上将信息毫无障碍地传递给对方，需要注意下面几点行为法则。

（1）态度自信通常而言，能够取得成功的人往往有着自己独特的想法与作风，他们十分清楚自身的条件与情况，并且比较肯定自我，有着一个共同点——自信。充满着自信心的人通常比较善于沟通，也能将自己想要表达的信息清楚传递给接收方。

（2）谅解他人行为主要包含了谅解对方以及表达自我两个方面，设身处地为他人着想，并且感受对方的需求。由于我们能基于对方尊重，对方也能站在我们的立场上，感受我们的想法，做出适当的回应。

（3）有效地直接告知对方的沟通方式应注意几点，分别是：时间不恰当不谈、气氛不恰当不谈、对象不恰当不谈。

（4）善于询问及倾听。询问、倾听能够控制自己的情绪，特别是在对方沉默、退缩的时候，应通过询问方式将其真实的想法引出。同时，需要善于倾听对方的想法，进而实现有效沟通。

4. 沟通的禁忌

一些语言表达的方式、态度以及习惯等都会影响到沟通的效果，主要禁忌涉及了下列几点。

（1）不良口头禅。

（2）采用过多的专业术语或者夹杂英文。

（3）只注重表达自己的想法，不考虑对方感受。

（4）采用威胁语句。

（5）忽略自己不够了解的信息。

（6）被他人第一印象、身份等左右。

（7）过于以自我为中心。

（8）打断他人的讲话。

（9）不良的肢体语言。

总而言之，对于大学生而言，应多积极、主动参与学校、社团等组织的社会实践活动，在集体性的活动之中掌握沟通技巧，强化自身的沟通协调能力。

三、再学习能力

目前，我们正处于知识经济时代，知识不断更新迭代，科学技术日新月异，我们应紧紧跟随时代的步伐，不断进行学习、再学习。当然，如果一个人只是能学习到大量的理论知识，却无法将知识应用到实践活动之中，那么这些知识的价值无法得到体现，并且伴随着时间的流逝，这些知识如同一潭死水，将会失去生机。如果大学生认为自己在校园中的积累比较多，在步入社会、走向岗位上之后仍一味吃老本，则容易不久就被超越，甚至逐渐被社会所淘汰。

在当前时代，学习的重要性不言而喻，我们需要具备再学习能力。再学习能力主要是指一个能够将知识应用到实践之中，并不断在工作之中进行自主学习的能力。

（一）不能过于高估学历作用

文凭最多能反映出个人的文化水平，在步入职场之后，文凭就已经成了过去时，并不能证明现在的实力与能力。真正做好自己的工作，需要依靠在实际工作中积累经验，并提高再学习能力。

学历同样如此，学历与学力之间并非相等的关系，在今后的社会发展中，学历与高学历将会更加普及，学习不等同于能力，高学历也不等同于高素质。高素质的人是能将学历转化成为能力，无论从事何种职业，都能够创造性的进行工作。

（二）再学习能力是职场中的"通行证"

用人单位在招聘的过程中，看中的是好学、上进、勇于求知，且有着自学主动性与不断发展自身潜能的应聘者。

由于大学生相对来说比较缺乏工作经验，所以用人单位在招聘的过程中需要找到善于学习、乐于学习的大学生求职者，这种人才能够在短时间之内迅速适应工作，并且在实际工作中愿意主动学习、积累，在后续的工作中不断提高效益。

在大学生进入职场之后，他们未来职业生涯中的学习能力高低直接能取代文凭与学历的作用，结合有关的调查可见，大学生在校期间所学习到的知识有少部分是将来必需的，而大多数的知识均是在之后的工作与学习中获得的。

可以说，大学生告别校园，走进职场之中，实际上就是进入了"社会大学"，必须坚持不懈地学习，以终身学习为自己人生中的主要指导思想之一。

如今，知识日新月异，强化以能力为中心的学习大大优于以知识为中心的学习，主要有两方面的原因。首先，获取知识依靠能力，知识的更新比较快，大学生在毕业不久，其学习的知识已经过时大半，具备获取知识的能力，那么自身所掌握的知识才能够跟上时代的发展步伐。其次，应用知识依靠能力，只有学会合理应用知识，才能使知识"活"起来，借助所学知识解决具体问题，再学习能力的提升主要有以下几方面。

1. 明确学习目标

从个体的角度上来说，并不是所有的知识都是值得学习的，且并非所有的知识都是有用的，学习的目的主要是为了"学以致用"，不是单纯为了学习本身。

对此，应在开始学习之前明确具体目标，这一目标应与自身职业生涯规划的目标相一致。职业目标在一定程度上决定了学习的范畴、领域等，而学习生涯也能够在一定程度之上决定职业生涯发展。没有学习目标是比较盲目的，并且难以真正将自身学习的兴趣与动力激发，更无法持久坚持。兴趣是个体参与活动的内在动力，同时也是能力与专业形成的条件，兴趣能将学习变成愉悦的经历。

2. 创造性地学习

学习能力主要可以分成维持性与创造性两种类型，维持性地学习即通常所说的继承性学习，简单继承过去已有的知识。创造性地学习主要是面向未来世界的走向，伴随着时代发展的潮流，不仅能够根据我们的创造需要主动学习，还能对知识进行重组与创造。

传统的学习基本上都是继承性地学习，重视学习理论知识以及前人的经验。显而易见，这种学习方式对于保持人类知识积累与延续方面起到了重要作用，但是也存在着内容单调、效率较低等问题，职业人应更多地进行创造性学习。

创造性学习应先有着明确的目标，且更加强调学习的实用性，不能轻易相信理论，应善于进行积极思考，在面对任何问题的时候都应有自己的见解，自觉结合实践工作，加深对于知识的应用、研究，并将所学知识为自己所用，实现创新使用。

3. 拓宽学习途径，优化学习方式

通过阅读进行学习是一种比较常见的方式，书籍是知识的重要载体，阅读真正的好书，是有效提升学习效率的关键途径。透过书籍表面文字，发展其中所蕴含的思想，是选择书籍的重要依据、标准。快速阅读能提高学习的效率，快速阅读通过眼睛与大脑两个功能处理信息，通过严谨快速浏览、检索信息，迅速发展其中关键的信息，再经过大脑进行处理、分析，从而掌握其中比较重要的信息内容。快速阅读需要有意识的刻苦训练逐渐形成，并且在阅读中结合浏览、跳读、略读等方式，尽可能减少一些无用信息的干扰，提高学习质量。

在实践中学习是一种至关重要的学习途径，在实际工作之中常常会遇到难以化解的问题，在解决问题的过程中加以学习，能够通过思考、观察形成完整的概念，并且进行整理、归纳，再进行验证，从而取得实践经验，实现化解问题与实践学习的循环过程。与此同时，在不断对问题加以分析，并化解问题的过程中，不仅能够掌握、了解诸多实用的知识，还能进一步强化解决问题的能力。

除此之外，搜集、整理信息也是一种比较有效的学习途径，虽然信息不等同于知识，信息包含了知识，但是其中也有着许多无用的信息内容，所以需要进一步对信息进行分析、归纳与整理，从而将其变成知识。面对浩如烟海的信息，需要进行重重把关，为自己确定几个信息源，适当舍弃与目标关系不大的信息源。

在职场社交中进行学习同样也是一种不可忽视的途径，在人才济济的职场中，职业人的上级领导、同事等都有可能成为自身学习的对象。所以，应学会取长补短，积极吸取他人经验，不断强化自身的才干，这是十分有效的学习方式。

如今，求职竞争浪潮日益激烈，身为求职道路上的一员，应清楚地认识到再学习能力的重要性，并将其作为"秘密武器"，只有具备这种能力才能推动就业竞争力的提高，同时，才能强化职业发展。当今世界的学习不再仅仅是被动狭隘的短期功利行为，而是能够贯穿于生命中的主动、自觉的意识与需要。

四、创新能力

创新主要就是不单满足于人类已有的知识经验，深入探索客观世界中未被发掘、认识到事物规律，从而不断拓展新的领域，打开新局面。如果人类缺乏创新意识与创新能力，并且没有勇于进行探索与创新的精神，那么人类实践活动则停滞不前，人类社会无法在创新中发展与前进，人们所成就的事业容易出现停滞，甚至倒退状态。

创新能力主要是指能够产生新的方式、提出新的观点等，从而巧妙处理多面临的问题的一种能力。创新并非发明家、科学家的专利，而是体现在了普通人的生活与工作之中，任何人都可以进行创新，并在生活与工作等各方面迸发出创新、创造的火花。日常工作之中同样需要创造性思考与创新的能力，一个人能否取得成功，在较大程度之上取决于其是否能够找到有效的处事方式。用人单位在招聘人才的时候，创新能力也是重点考察的关键能力之一。

培养创新能力需要在面对现实问题的时候，不能添加太多的条条框框，并且应避免"自我设限"，如果"不可能"已经成了一个人的口头禅，那么在生活或者工作中，其就常常在有意无意间对自己说："这不可能，那也不可能"。这样一来，这种人就会将焦点放在找借口上，而不是积极找寻方法，就无法进行创新，与成功背道而驰。鉴于此，想要培养创新能力，需要坚信成功一定有方式，应充满自信。

创新能力发展的最大"敌人"就是墨守成规，有关的心理学研究表示，一个人创新能力在成长中容易逐渐被抑制。

五、大学生自我职业化

许多用人单位在招聘的时候都提出了与岗位相关的能力要求，与专业或者学历相比较，用人单位尤为看重职业技能以及相关能力。用人单位无论是在招聘基础岗位，还是在招聘高级职位的时候，对于学历、专业方面的要求是必要条件，对于能力方面的要求则是充分条件。如果求职者仅仅具备必要条件，但是充分条件不够，那么用人单位则必弃之；如果求职者仅仅具备充分条件，但是必要条件不够，那么充分条件越是突出，必要条件的弹性则越大。

高等教育并非完全等同于职业培训，而是更加注重理论知识的传授，缺乏直接的能力培养，尤其是部分高校在一些职业所需要的技能培养方面尚未达到用人单位的实际要求。对此，为了缩短大学生到职业人转变过程中的差距，使其在毕业之后能够顺利、成功就业，大学生有必要在学校期间完成部分职业化。

第五章 大学生职业生涯规划管理的对策

通过学习本章，能帮助大学生根据自身的具体情况学会妥善做好时间管理规划，学会恰当的表达与情绪管理，同时提高大学生的抗压能力。

在大学阶段的成长中，大学生应适当掌握职业生涯自我管理能力，学会学习、生活，并且能够灵活面对种种挫折与困难。职业生涯自我管理能力比较强的人并不一定能够成为职业成功人士，但是一个职业成功人士一定是职业生涯自我管理能力比较强的人。有着良好的职业生涯自我管理能力是当代大学生适应社会发展的必然条件，职业生涯自我管理比较有助于推动大学生综合发展，锻炼当代大学生自主控制能力，为其赢得未来发展打下良好的基础。

第一节 妥善做好时间管理的规划

时间管理是人类在日常事务中所执行的一种有目标的、可靠的技巧，旨在帮助人们更合理地安排和利用时间，从而实现自我管理和个人生活的平衡。通过科学利用可支配的时间并制定合适的规划，人们可以更有效地完成任务，提高工作效率，降低压力，以及实现个人和职业目标。时间管理对于提高个人效率和实现目标具有重要意义，通过合理地规划和分配时间，人们可以确保在有限的时间内完成更多的工作，避免拖延和紧急任务带来的压力。此外，时间管理有助于提高人们的决策能力和自律性，从而使他们更容易实现个人和职业目标。时间管理有助于提高生活质量和工作满意度，当人们学会如何有效地管理时间，他们将更有时间投入自己喜欢的活动和家庭生活中，从而提高生活满足感和幸福感。同时，时间管理可以帮助人们在工作中找到平衡，减少加班和工作压力，从而提高职业生涯的满意度。

一、时间管理概述

在大学生的日常中,时间管理是他们不可回避的问题,无法灵活把握时间是大多数学生的共同体验。在学校期间,大学生形成良好的时间管理习惯,不仅能够使其学业有所长进,同时也能使得大学生未来的职业发展领先他人一步。对于大学生而言,时间管理具有举足轻重的地位。在大学阶段,学生需要处理各种课程、实践活动、社交活动和兼职工作,这使得时间成为一种宝贵的资源。通过合理地安排和利用时间,大学生可以在学业上取得更好的成绩,为自己的未来职业生涯积累宝贵的经验。此外,良好的时间管理习惯可以帮助大学生提高自律性和自主学习能力,这对于未来的工作和生活具有重要意义。时间管理对于提高大学生的生活质量和心理健康具有积极作用,当学生学会如何有效地管理时间,他们将能够在繁忙的学习生活中找到平衡,避免因拖延、焦虑和压力而影响身心健康。同时,合理的时间管理可以让大学生有更多的时间投入兴趣爱好、社交活动和家庭生活中,从而提高幸福感和满足感。

(一)时间管理的含义

美国时间管理学者杰克·弗纳提出的时间定义为:有效地应用时间资源,以便于有效达成个人重要目标。值得注意的是,时间管理本身永远不应成为一个目标,只是一个短期内使用的工具,一旦形成良好的时间习惯,那么将会对人生有所帮助。如果想要取得成功,就应将时间管理方面的工作做好。

也有人认为时间管理主要是为了减少时间方面的浪费,从而有效完成既定目标。由于时间有着独特性,所以时间管理的对象并非"时间",而是面对时间而进行的"自我时间的管理者"。

还有人认为时间管理是在日常事务中有目标性的应用可靠的工作技巧,并合理安排个人生活,有效利用可以支配的时间。

从减少时间浪费的角度来看,时间管理确实对于提高个人效率和实现目标具有重要意义。人们的时间是有限的,而时间的流逝是不可逆的,因此,合理地利用时间对于每个人来说都是至关重要的。通过有效地管理时间,人们可以确保在有限的时间内完成更多的工作，提高生活和工作效率，从而实现个人和职业目标。

从自我管理者的角度来看，时间管理是一种自我调整和自我优化的过程。面对时间的挑战，人们需要学会如何在有限的时间内做出合理的决策，制订有效的计划，以便实现个人和职业发展。这意味着时间管理不仅是关于如何利用时间，更是关于如何培养良好的自律性、决策能力和自我调整能力。通过自我管理和自我调整，人们可以更好地应对时间的挑战，实现个人和职业生涯的平衡。

总的来说，时间管理主要是为了增强时间利用的效果，进而合理把控时间，并进行时间计划、安排的管理过程。时间管理能够使工作更加条理化、系统化，同时推助工作成果的提高。大学生的时间管理行为是一个有想法、有行动的整合过程，包括了时间管理意识以及时间管理规划、时间管理行为控制等。

立足于大学生的角度上来说，时间管理主要就是学会在面对时间的流逝时进行自我管理，其态度是将过去作为现在改善的一种参考，将未来作为现在努力的方向，进而很好地把握现在，通过正确的方式做出正确的事情。对事件的控制即大学生进行时间管理的关键所在，控制好每一件事情。大学生时间管理的主要目的是为了提高工作与学习效率，抓紧时间合理进行利用，在单位时间内取得最大成效。

（二）大学生时间管理的特点

1. 增加闲暇时间总量

据有关调查结果显示，当代大学生平均每天的闲暇时间相较于过去有了明显的增加，大学生闲暇时间充足主要是在上课时间减少以及生活必需时间压缩为基础实现的，因为时间的总量不变。

上课时间的减少是由于教育改革和教学方式的变化，现代教育越来越重视培养学生的自主学习能力和创新精神，许多高校开始调整课程设置，减少传统的课堂授课时间。一方面，这种变化鼓励学生自主安排学习进度，培养自主学习能力；另一方面，这为学生提供了更多时间参与课外活动、跨学科探究和实践经历，有利于个人综合素质的提升。

生活必需时间的压缩主要得益于现代科技的发展，智能手机、网络服务和各种便捷设备的普及，使得大学生在日常生活中能够更加高效地处理琐事。例如，通过网上购物和外卖服务，学生们能够节省时间，使得大学生有更多的时间用于学习、兴趣爱好和社交活动。

大学生闲暇时间的增加对他们的生活和发展产生了积极影响。更多的闲暇时间使得学生有更多机会发掘自己的潜能、培养兴趣爱好和提升个人技能。此外，闲暇时间的增加还有助于学生扩大人际交往，建立更广泛的社交网络，为未来的职业生涯和人生发展奠定基础。同时，闲暇时间的增加也给大学生带来了一定的挑战，如何合理利用闲暇时间，避免沉迷于网络、游戏等消极活动，成为学生们需要关注的问题。因此，学会合理安排和有效利用闲暇时间对于大学生的成长至关重要。

2. 明显的制度特点

大学生的日常生活制度性比较强，其中包括学制安排、学习内容选定等，大学生长期生活在这种环境之下，很难不受到制度的影响。与之相适应，大学生时间安排、运用等方面也呈现出了比较明显的制度性特点，最为明显的就是固定的作息时间。

3. 明显的个体差异

有关于大学生课余时间管理现状的调查充分表明了，在时间管理方面，由于年级的不同而存在着明显差异。

其中，性别因素差异不够明显，男生与女生的时间管理差距通常比较小，但是女生相对来说比男生具有更好的时间管理自信以及时间管理行为能力的估计。有关的研究还充分表明了，成绩相对优异的学生，在自我效能方面明显高于其他的学生，虽然大学生普遍认为时间管理至关重要，但是成绩优秀的学生相对更加善于管理时间，且更加善于抓住、应用时间。与此同时，时间价值观念相对来说比较强的人，有着更强的统筹时间能力，并且能快速完成任务。

二、大学生时间管理的方式

（一）时间管理应制定合理目标

大学生在对时间进行管理的时候，可以将一段时间之内的几个目标写出来，结合主次关系以及对于自己影响的大小，以此排列顺序，结合自己的目标制订详细计划，严格按照计划执行。

在明确总体的目标之后，大学生应结合自己的实际情况、实施能力等，将计划分成小块。写出自己想要做的每一件小事，列成总清单的形式，这样才能使自身明确具体的任务，在列好清单之后，再将目标分化，从而确保顺利执行目标。

（二）时间管理应设定详细计划

许多情况下，在实施计划的时候遇到问题主要都是因为未经过认真考虑而做出行动所引起，在制订计划的时候多花些心思与时间，那么在实施计划的时候就能节省更多的精力与时间，同时还能取得更好的效果。如果未能做好充分的计划，那么无法合理分配时间，之后找到浪费时间的根源，才能进一步做出改变。

（三）时间管理应分清轻重缓急

分清轻重缓急，设定优先顺序是时间管理的精髓，成功的人士都是通过分清主次的方式统筹时间，将时间放在比较有价值的地方。面对大小、繁杂的事情，如何分清主次，将时间用在最有价值的地方，主要可以依据三个判断标准。

1. 必须做的事情

必须做的事情分成了两个层面的意识，一是是否必须做，二是是否必须由我做。非做不可，但是并不一定需要亲自做的事情，可以委托他人去帮助做。

2. 高回报的事情

应该将大量的时间放在能带来高回报的事情上，用少量的时间做其他事情。

3. 最大的满足感

最高回报的事情并不是都能为自己带来较大的满足感，实现均衡才有着和谐满足。所以，无论处于怎样的地位，都需要在令人满足或者快乐的事情方面分配一定时间。只有这样，工作才能变得有趣，并且能够在工作的过程中保持热情。

综上所述，事情的轻重缓急能够分得更加清楚，再结合重要性进行优先排序，并坚持以该原则为主。

（四）时间管理应明确价值观

根据研究可见，在我们的实际生活之中，每隔几分钟就会被外界因素打搅一次，应规划自己的时间，并且为自己打造不易被打搅的环境。当然，如果价值观不够明确，则满意明确对于自己最重要的事情是什么，最不重要的事情是什么等，同时无法做到合理分配有效的时间。时间管理的重点并非在于管理时间，而是在于对时间的分配，所以，价值观十分重要，应在生活中逐渐养成。

（五）时间管理应克服时间拖延

时间管理方面比较大的挑战就是无限拖延时间，拖延是一种心理学现象，主要是指在某项活动的过程中有目的地推迟。拖延能够导致目标任务在最后的期限之内难以完成，或者是目标任务在快到最后期限的时候才刚刚启动。拖延不仅无法按时完成预期的工作计划，拖拉懒散的习惯养成，还容易使人产生无用感、挫折感都能够。在时间管理方面，克服时间拖延可以从几方面出发。

1. 用"想做"代替"必须做"

"我必须去做某件事"的想法是造成拖延的主要原因，当对自己说必须做某一件事的时候，则是在无形中暗示着自己是被迫做的。在这种情况之下，心理自然就会产生极不情愿或者愤恨的感觉，从而将拖延作为远离这种痛苦的防卫工具。如果拖延的工作有时间期限，当期限逼近的时候，工作尚未开始，那么所造成的痛苦更大。

有效的解决方式是，正确认识到自己不用做任何不想做的事情，没有人强迫自己用目前的方式进行工作，可以大胆做出不同的决定，迎接新的结果。由此可见，选择"想做"的事情，那么能够大大降低拖延的可能性，且能提高实效性。

2. 用"人无完人"代替"完美主义"

一次性将工作做到完美的想法在一定程度上能阻碍这项工作的开展，总是想将某件事情做到最好，最终导致压力较大，进而将压力与任务相联系，自然而然就会出现条件反射地逃避任务，通常情况下以拖延工作到最后一分钟告终。

解决"完美主义"的有效方式就是，允许自己做个正常人，知道工作完成不够完美远远比无限期拖延完美的工作要强。想要高效完成任务，则需要勇敢走出不完美的第一步。

第二节　恰当的表达与情绪管理

情绪是客观事物与人之间相互作用产生的一种整合性的心理过程，情绪主要渗透在了人们的所有活动之中，直接影响了人们的活动效能。处于大学阶段的学生，个体心理尚未发育成熟，对于周边环境自我以及他人的认知态度存在着比较明显的不确定性，他们的情绪有时候会出现复杂多变的情况，常常莫名感到烦恼。情绪能直接对大学生的学习、生活以及健康等方面造成影响，引导学生正确表达、管理情绪能够帮助其更好地、更愉悦地参与工作与学习活动。

一、情绪管理概述

（一）情绪的基本含义

在我们的日常生活之中，情绪一词经常被使用，人们在使用这个词的时候并未感到困难，在认知与理解方面也未产生太大的误解。但是想要对情绪做出明确的定义并非易事。由于情绪本身有着一定的复杂性与多样性，导致了人们在对其的定义方面众说纷纭，出现了诸多的争议。

我国的一些心理学教科书通常将情绪定义成为人们对于客观事物与对象的态度体验，为了便于人们理解，将情绪定义成了人们对于外界刺激所引起的生理、心理变化的主观体验。情绪主要是由刺激、认知、体验等多方面组成的反应过程，其中的关系为：

刺激情境→对情境的认知与评价→产生主观情绪体验→表现出不同的情绪反应。

一般而言，人们的情绪有着愉快、不愉快的区分，愉快的情绪主要是喜乐，不愉快的情绪主要是悲愁。

（二）情绪管理的基本含义

情绪管理主要是善于掌握自我，善于自主进行情绪调节，并且对于生活中的矛盾与事件引起的反应能够适可而止的排解，用积极乐观的态度缓解紧张的心理状态。情绪管理并非消除情绪或者压抑情绪，而是在觉察到情绪之后，及时对情绪的表达方式进行调整。一些心理学家提出，情绪调节是个体管理以及改变自己或者他人情绪的过程，在此过程之中，融合一定的策略与机制，能够使情绪发生一定变化。

（三）情绪管理的主要功能

1. 激发心理活动及行为

每一个人都有着自己的情绪表现，情绪能通过动机的形式引导并激发人们的实际行为。如果未能及时疏导消极的情绪，轻则会破坏情致，重则容易令人崩溃，如果自卑或者恐惧能大大降低活动积极性，那么积极的情绪则能在潜移默化中激发人们的潜力与热情。

2. 调节身心健康

我国传统医学认为，心理方面出现问题，比如过度焦虑、情绪不安等多种问题，容易导致生理方面的疾病。除此之外，情绪与心血管、呼吸等方面有着密切的关联，有关的研究表明一个人如果经常有着负面、消极的情绪，那么人体内分泌将会受到一定程度上的影响，甚至会导致内分泌的失常，从而形成生理疾病。由此我们可以看出，时常保持良好的心态与心情，以乐观态度面对人生，有助于调节身心健康。

3. 影响人际关系

人际关系主要取决于个人情绪的表达是否得体、恰当，假如一个人经常在他人面前泛滥负面情绪，不能控制自身的情绪，久而久之，容易导致人际交往方面的问题出现，被人认为是难以相处的人。反之，一个人能在与他人交往的过程中持有亲切态度，做到与人和谐共处，那么自然而然能够改善人际关系。

（四）大学生的情绪特点

1. 丰富性与复杂性

结合人的生理发展阶段而言，大学生正处于青春期的中后阶段，在这一时期，大学生面临着诸多的人生选择，并且在这一阶段完成较多的人生大事。大学生是一个特殊的群体，他们的生理基本上成熟，但是心理发育尚未完全成熟，容易受到外界多种因素的干扰。大学时期也有着较强的竞争与压力，多种问题都能导致学生产生消极情绪，可以说，大学生的情绪比较丰富且复杂。

2. 激情性与冲动性

由于处在大学时期的学生自身知识水平以及认知能力有所提高，他们对于自己的情绪有着一定的控制能力，但是大学生群体的兴趣相对来说比较广泛，对于外界的事物比较敏感，同时有着年轻气盛以及从众心理，所以，在许多的情况之下，大学生的情绪极易被激发，并且带有比较强的激情性与冲动性。如果这种激发是比较消极的、反面的，将不利于大学生将来的综合发展。

3. 被动性与两极性

大学生的情绪容易被社会、家庭、学校以及生活经历等影响，如今社会正在面临新旧交替转型，大学生在面对复杂的社会现象时，容易感受到迷茫或者困惑，其价值的判断、前途的选择，以及心理方面都有着许多矛盾，使得大学生的情绪摇摆不定，时而激动、热情，时而消沉、悲观，体现出了比较大的波动性。这种情绪的极端形式实际上就是情绪的两极性，容易由一个极端跳至另一个极端。

4. 外显性与内隐性

通常情况下,大学生的许多情绪都是一眼就能看出来的,但是在大学生的成长过程之中,面临交友、学习等具体问题的时候,切入体肤的影响一般深藏不露,有着比较大的内隐性。在一些场合与特定的问题上,有些大学生常常隐藏、抑制自己的真实情感,有时候还会表现出含蓄、内隐的特点,不似少儿时期的直露、坦率。

5. 独立性与依赖性并存

伴随着大学生自我意识的增强,他们的成人感能获得迅速增强,并且已经获得了一种独立于父母的自主感,其自信心与自尊心能得到大幅度提高。因此,大学生有着比较强烈的独立意识,渴望获得独立生活,并且希望社会能承认、相信其独立生活的能力。与此同时,由于受到了认识习惯以及社会经验等方面的局限,还无法完全依靠自己的能力处理种种复杂的问题,对于学校以及家庭等方面有着明显的情绪依赖性。这种依赖性与独立性并存的特点,能使得大学生产生比较强烈的情绪冲突。

6. 理想与现实冲突所引起的情绪矛盾

大学生身心发展逐渐成熟,他们的想象力比较丰富,且精力充沛、朝气蓬勃,他们的生活视野在不断拓展,可以说,青春期是人生最为富有理想的重要阶段。作为青年群体中有知识水平较高的大学生,他们的创造力更加强烈,且想象力更加丰富。独特的校园生活以及严格的学业训练等影响下,使得大学生自我意识相对来说比较强,尤其是当理想在现实中受挫的时候,许多大学生表现出了强烈的情绪冲突。

二、大学生常见的不良情绪

(一)抑郁情绪

抑郁主要是一种长时间处于低落、消沉的情绪体验,通常与苦闷、不满等多种不良情绪交织在一起,是人们最为常见的情绪障碍之一。抑郁的主要症状是自我批评、无望感以及难以专心、全面看待问题的消极感,大学生出现抑郁现象比较常见,通常是因为受到了诸多不顺心的负面生活事件影响抑郁比较容易引起在与他人交往的时候出现退缩，或者引起其他行为方面的变化，无法振作起来参与活动，严重的抑郁情绪对大学生的正常工作以及学习等产生着明显影响。

通常来说，抑郁情绪大多发生在性格比较内向、孤僻、敏感多疑的大学生身上，或者人际关系处理不当、不喜欢所学专业的大学生也比较容易产生抑郁情绪。

（二）焦虑情绪

当人们在现实生活中遇到一些可怕的，或者可能造成危险的、需要付出代价的事物将要到来，但是又感觉找不到有效的预防、解决措施时，所以会产生紧张的情绪，表现出忧虑、担心以及恐慌，这是大学生会体会到的比较令人烦恼的情绪之一。焦虑的生理反应主要是肌肉紧张、心跳加速、头昏眼花等，在日常生活中比较常见。

当人们对于一些情况掌握不够明确，或者感觉到没有把握、无能为力的时候，从而产生担心、紧张的情绪就是焦虑。在大学生中，焦虑通常表现为闷闷不乐、性情大变等，主要产生原因包括了担心考试、学习、就业、适应、学习等。

（三）自卑情绪

自卑通常带有自我否定倾向，这种情绪体验主要是对自我不够满意，总是觉得自己不如他人。这种情绪主要表现是对于自己的能力或者品质评价比较低，过度怀疑自我，担心失去他人尊重的心理状态。一般来说，轻微的自卑大多与一些失败经历或者具体挫折经历等密切相关，通过及时加以调整，能够克服这种情绪。

过度的自卑可能与屡遭失败有着一定的关系，并且会自我泛化，也就是将具体的失败体验无根据地泛化至所有的事情上，进一步导致长时间的消沉不振。

大学生自卑主要表现在了害怕、遇事退缩、封闭自我等，也有的学生是通过其他方式表现出来，比如不承认自己的不足之处，并且竭力掩饰，以使他人难以察觉到自己的自卑，为此常常夸张自己的行为。此外，有时候还表现出了比较强的虚荣心，对于自己的不足或者他人的评价十分敏感，皆是为了掩饰内心的自卑。

（四）自负情绪

自负与自卑是恰恰相反的情绪体验，这是一种过度的自我接受与自我评估，一般表现在了自以为是、轻视他人、过度防卫。当一个人只能看到自身的优点，不能正视自身缺点的时候，往往就会产生强烈的自负情绪。这种人通常在取得一点小成绩的时候就认为自己十分了不起，完全归功于自己的主观努力，在失败的时候完全归咎于客观条件不符，过分以自我为中心，大学生的自负情绪比较常见。比如，爱挑他人的毛病，难以肯定性的评价他人，对于他人的成绩或者言行不屑一顾等。产生自负情绪往往关系到了自我认知以及对他人的评价，或者是因为自我评价过高，对于他人的评价过低而导致了这种情绪的产生。无论是哪种原因，自负情绪都会在无形中助长自私心理的出现，容易对人际交往产生破坏。

（五）愤怒情绪

愤怒主要是当客观事物与人的主观意愿相悖的情况下，所产生的强烈的情绪反应，引发愤怒的事件类别主要因人而异，主要与个人的经历、信念以及生活规则等方面有着一定的关联。对于大学生来说，偶尔产生愤怒的情绪是比较正常的，偶尔有愤怒的情绪是比较正常的，但是如果频繁发怒可能会产生诸多不利。发怒对于一个人的身心健康有着一定的伤害，并且会导致人的心智水平降低。

（六）冷漠情绪

冷漠主要是一种情绪反应强度不足的体验，通常表现为对于人或事漠不关心的消极状态，大学生有着冷漠情绪，其行为上通常表现为对生活缺乏热情与兴趣，对学习漠然置之，学习时无精打采，并且对于周围的同学或者集体生活等漠不关心，麻木不仁。大学期间的生活本应是多姿多彩的，这时期也是极富朝气与热情的，但是一些大学生表现出了对于人或者事都漠不关心的情绪。从表面上来看，冷漠的人似乎对于什么都没有充足的兴趣，总是对于周围的人或者事无动于衷，但实际上，他们的内心存在着较大的压抑感，且充满着痛苦。

有的心理学家认为，冷漠是个体对于挫折情境的一种自我逃避式减缩性心理反应，能够导致当事人萎靡不振、自我封闭的问题出现，并且对其身心健康造成了严重影响。

（七）恐惧情绪

恐惧是人们有着强迫性质的，不能以人自身意志以及愿望为转移的情绪体验，一些人能意识到这种恐惧是完全没有必要的，甚至能够自主意识到这并非正常的表现，但是却无法控制自己内心的想法，及时尽了最大的努力，依然无法彻底摆脱这种情绪，从而时常感觉到不安与痛苦。

大学生群体中常见的恐惧情绪主要是"社交恐惧"，也就是大学生在与人进行交往的过程中，害怕见生人，尤其是在人比较多的场合下，容易产生紧张、焦虑、语无伦次或者手足无措等情绪反应，从而出现令人比较尴尬的场面。

（八）嫉妒情绪

嫉妒主要是指他人在某些方面能够胜过自己，从而引起不快甚至痛苦的情绪体验。主要的特征是将别人的优势作为对自己的威胁，从而出现心理不平衡的现象，甚至产生恐惧和愤怒。

三、大学生情绪管理的措施

（一）合理情绪疗法

合理情绪疗法也称"认知疗法"，想要改善人们的不良情绪或者行为，则需要劝导干预非理性观念的存在及发生，而代之以理性的观念。等到劝导干预取得了一定效果，人们就会产生积极的情绪或者行为，减弱、消除心里的困扰。

大学生在应用合理情绪疗法的时候，应注重把握几点。首先，应认识到不良的情绪并非源自于外界，而主要是由于自身的非理性信念造成的。其次，情绪困扰难以得到缓解主要是由于自己仍然保持过去的非理性信念。最后，只有将自己的非理性信念转变，才能够消除情绪困扰。

（二）适度宣泄法

如果不及时宣泄、释放不良情绪，那么就会一直郁结在心里，最终导致情感的崩溃。情绪宣泄主要分为了躯体与心理两方面，躯体宣泄主要包括体育运动、文艺活动等，心理宣泄主要包括了向可以依赖的人倾诉苦闷、与朋友分享等，有意识地长期压抑不仅会导致人的生理功能出现紊乱，同时也比较容易引起障碍性的情绪泛化。所以，为了我们的身心健康，应及时将不良的情绪宣泄，释放愉悦的情绪。

（三）自我暗示法

自我暗示法主要是应用内部语言或者书面语言，通过隐晦的方式自主调整情绪的方式，自我暗示能对人产生比较大的影响，影响了人的认识与判断。自我暗示包括了积极与消极两个方面，积极能够使人变得更加自信乐观，消极则能够使人消沉悲观。所以，大学生应学会应用积极的暗示消除不良自我意象，尤其是对于有着自卑情绪的大学生而言，可以时常进行自我暗示，在心中默念"我能行""我一定能成功"等，这样对于其消除胆怯心理有着积极作用。

（四）转移注意力

转移重点是指主观意识上有意识地将注意力从不良、消极情绪状态下转移至其他事物上的一种调节心理的方式，当出现不良情绪的时候，可以采用转移注意力的方式寻求新的刺激，消除不良情绪。

（五）放松训练法

放松训练主要是指使有机体能够从紧张的状态下放松、松弛下来的练习过程，放松主要包括了两个方面的意思，一方面是肌肉松弛，另一方面是消除紧张。放松训练最为直接的目的就是使得肌肉放松，最终的目的是使得整体的机体活动水平有所降低，从而达到心理上的松弛，使得机体保持内环境的平衡与稳定。深呼吸、肌肉放松训练等是常用的放松训练方式，放松训练能够有效帮助人们缓解、消除各种不良的身心反应，包括恐惧、焦虑或者失眠等。

(六) 音乐调节法

音乐调节法在国外已经被应用于外科手术治疗,以及抑郁症、精神病、焦虑症等病症方面,大学生可以结合自身的情绪状况,适当选择合适的音乐调节自己的情绪。

第三节 提高大学生抗压能力

当代大学生在生活中有许多重大的事件或者决定都需要自己面对,想要正确面对这些事件所造成的压力,对于大学生来说也是一种挑战。如果缺乏一定的认知或者面对压力的能力,不仅会对大学生的心理健康造成影响,同时也会导致他们出现身体上的不良反应。有着过大的压力容易导致血压增高、肠胃失调等生理变化,并且各类癌症或者情绪抑郁等现象都与压力有着比较大的关联。对此,正确面对压力或者挫折至关重要,只有如此,才能轻松学习、快乐生活。

一、压力概述

在当今社会中,压力可谓是无处不在,但是假如没有压力,那么我们也将会失去前进的动力。在面对这些压力的时候,有的人选择积极面对,勇于承担起责任,有的人选择了逃避,一味逃避导致了压力的进一步增加。既然无法改变压力的客观存在,就应改变面对压力的态度,正视压力,将压力转化成为动力。只有坦然面对困难,努力解决困难,才是真正意义上的消除压力。

(一) 压力的含义

压力通常是指人们社会适应的过程之中,能够对各种刺激做出一定的生理与行为反应,是一种比较紧张的心理感受。

压力的含义具体至少包括了三方面,一是指那些令人精神紧张的事件或者环境刺激,二是指一种身心反应,三是指一个过程。

（二）压力产生的原因

压力产生的原因是复杂多样的，通常可以将有着威胁性或者伤害性的，并且会因此而带来压力感受的事件或者环境称为压力源。生活中的压力源主要在于人们自身，也可能存在于环境之中，但是人类最主要的压力源是人，造成压力的来源就是人际关系，通常为以下几种类型的压力源。

1. 躯体性压力源

躯体性压力源主要是指通过对于人的躯体直接发生刺激作用，从而导致的身心紧张状态的刺激物，包括了物理的、生物的刺激物。比如，过高或者过低的温度、变质食物等，这类刺激是引起生理压力以及生理反应的根本原因。

2. 心理性压力源

心理性压力源主要指来自人们头脑中的紧张性信息，包括了心理冲突、不切实际的期望、有关于工作的压力等。心理性压力源与其他类型压力源有着明显的不同之处，其直接来自人们的头脑之中，充分反映了心理方面的困扰。生活中压力事件随处可见，但是不同人的内心对于压力有着不同的认知。

3. 社会性压力源

社会性压力源主要是指致使个人生活方式发生一定变化，并且要求人们对于其做出适当的调整或者适应情境。社会性压力源涉及了个人生活中的变化，同时也包括了社会生活中的重要事件，个人生活的改变通常能够为人带来一定压力。

4. 文化性压力源

文化性压力源最为常见的是文化性迁移，也就是从一种文化背景进入另一种文化背景之中，使人能够处于新的环境之中，并且适应不同的生活方式以及风俗习惯等，进而产生压力。如果不做出改变，适应新的变化，那么会出现不良的心理反应。

（三）正确理解压力

1. 压力对身心的积极作用

通常来说，适度的压力比较有助于身心健康发展，能够使人的生活变得更加有压力，更加愿意主动追求，从而使人生变得更加有意义，这类压力被称为"良性压力"。事实上，如果一个人的生活完全没有压力是不真实的，正是因为生活中有着方方面面的压力，所以不断推动我们走向了人生的新高度。

有关的心理学研究表明了，早年的心理压力是有效促进人体成长以及发展的首要条件，经受过生活压力的青少年在将来的工作与生活之中才更加容易适应环境，并且更容易取得成功。相反，假如早年生活条件优越，没有经受过压力与挫折，则如同温室中的花朵一般，经不起生活的风吹雨打。对大学生来说，适度的压力是一种能维持正常身心功能的活动，能大大激发他们的主动性与积极性，培养其良好精神品质。

2. 压力对身心的消极影响

通常情况下，造成心理压力的原因大多是消极的事件，比如大学生未能完成学习任务或者必须面对冲突等。如果对大学生的这些压力未能给予及时干预或者处理，那么则容易对大学生的健康发展产生一系列消极影响，甚至容易成为大学生身心健康的"杀手"。过度的压力或者长时间无法缓解、释放压力，则容易产生诸多不良后果。不仅容易对大学生的日常生活、学习等方面产生影响，使其心态变得更加恶劣，同时还会导致其处于慢性的心理应激状态。长期下去，容易引发一系列的身心症状，伴有焦虑、抑郁、回避等心理症状。

一些灾难、战争等破坏性的压力容易导致人出现创伤后压力失调，或者创伤后应激障碍的问题，强大自然灾害的心理反应比创伤后压力失调更加严重，比较容易产生灾难症候群。

二、大学生常见的压力来源

在整个大学生涯的不同阶段，压力始终是存在的，在刚步入大学阶段，大学生主要面临着应适应新环境、新生活的压力，他们处在新环境的时候通常会无所适从,如果他们无法把握自身的压力,那么就比较容易丧失人生的方向。

(一)大学环境的挑战

1.适应压力

这种情况主要出现在大一新生时期,有的大学生因为远离了家庭、亲人,所以表现出了不同程度上的思念家人、怀念家乡等情绪。在刚刚融入新的环境之中,大学生与同学、朋友之间的关系并未发展建立起来,所以在不同程度之上体验到了孤独感。

与此同时,在进入大学校园之间,大多数的学生都对大学生活充满着幻想、希望,但是当真正走进大学生活之后却发现与自己的想象有着比较大的差距,所以会感觉到失望。在进入大学之后,许多大学生发现身边优秀的人比较多,于是就开始自我怀疑,从而产生失落感。

如果大学生的这些不适应未能得到及时调整与改善,那么就容易产生自卑、焦虑、抑郁等心理问题,有的学生甚至因为长期难以适应大学生活而导致退学。

2.学习压力

在学习方面,大学生也容易出现不适的情况,主要表现在了大学生对于学习方式、学习习惯等方面深感不适应。大学生活中的主旋律就是学习,并且大学期间许多活动都主要是围绕着学习开展的,但是因为多种原因的存在,大多数的学生感受到了学习方面的负担与压力。大学时期学生学习的专业性相对来说比较强,他们学习的主要目标不再仅仅是单纯学习知识、储存知识,而是不断通过知识学习强化自身的能力与综合素养,重视加强知识的应用,在实践中检验真理,增强对于未知领域的创新、探索。但是诸多有关的资料证明了,传统的死记硬背知识的学习方式,是造成学习压力的主要因素,进一步影响了心理健康。可见,在大学期间,大学生面临的重大挑战是学会学习。

3.人际交往压力

结合实际情况来看,大学生人际交往压力主要源自于处理与老师或者同学的关系方面，一些学生在人际交往的过程中缺乏正确的自我认知，以自己为主，对他人不予以理解、尊重等，事事处处都希望能够满足自己的期望，不能充分考虑他人感受；一些学生在人际交往的过程中谨小慎微，生怕与同学之间出现矛盾、分歧等，所以一再忍让他人，并且在与人发生不愉快的时候，通常会出现束手无策的情况；还有一些学生有着比较强的自我封闭心理，畏惧与他人进行交往。

尤其是当今时代背景之下，伴随着互联网的快速发展，大学生人际交往呈现出了新的趋势，一些大学生沉浸在了网络交往中，通过虚拟世界发展人际关系。但是这种交往活动通常导致他们无法融入现实生活之中，甚至过于沉溺于虚拟世界，对学习与生活造成了严重影响。

结合大学生身心发展的特征而言，他们正处于青春期，内心情感世界比较丰富，有着强烈的与人交往心理。但是因为以上种种原因的存在，使得大学生这一需求难以得到满足。

4.经济压力

如今，伴随着社会的发展，当代大学生经济困难的情况日益突出，虽然有关部门以及学校都在不同程度上加强了对于贫困学生的资助力度，但是仍然未能完全解决困难学生的具体问题。一些学生为了解决生活、学习费用，他们通常勤工俭学、节衣缩食，面临着经济与学业两方面的压力，心理负担比较重。

5.就业压力

近些年来，大学生毕业人数处于急剧上升的状态，整个社会用工需求大大不足，导致了大学生就业形势日益严峻，就业市场竞争更加激烈，大学生找工作面临着较大的困难，这为大学生带来了较大的心理压力与精神压力。

（二）内在自我的冲突

事物变化发展主要是内因与外因相互作用的结果，外因通过内因起到了一定作用。外部世界即"外因"，真正的原因即"内因"，从本质上来看，压力主要来自人们的观念与想法，内因主要有以下几方面。

1. 期望大于现实

大学生往往充满着激情，处在这一阶段的大学生大多产生了更多的期望与现实之间的冲突。未来有着诸多的不确定因素，正是由于这种因素使得大学生对于未来抱有许多美好设想。但是，大学生不得不面对现实生活中所存在的诸多因素，比如成绩普通、求职无门等，大学生在期望与现实夹缝中生存，承受了很大的心理压力。

2. 完美主义人格的约束

优秀的学生都存在着一定的完美主义个性特征，通常来讲，完美主义者比一般人更加负责、认真。但是一些完美主义者所追求的标准比较高，不仅仅表现在了对于自己过高的期望方面，同时也表现在了对于他人以及环境过分苛求方面，习惯站在完美的角度上衡量自我或者周围环境等。然而，这个世界并非完美的，所以他们常常会因无法接受不完美而陷入痛苦与失望中。与此同时，一味追求完美的人过于关注消极面，害怕失败，且比较在意他人的评价。

3. 盲目比较的思维模式

盲目的比较导致人们远离了自己内心的需求，且使人产生盲目自信的心理，认为自己是最强的。同时，盲目比较也容易导致人们出现自卑心理，认为别人处处都比自己强，甚至一度怀疑自我。

4. 动机冲突

动机是有效激发并维持个体参与活动，并且导致该活动朝着某一个目标发展的动力、倾向。如果只有一个动机，人们通常就能直接展开行动。但是如果既有想要好好进行学习的动机，又有着想要好好玩的热情，自己又无法将两者相互整合，那么动机之间则容易出现冲突，基于这种背景之下产生了无形的压力，使人感受到了不适。

三、大学生压力管理的方式

压力可谓是无处不在，正确对待压力刻不容缓，大学生在成长的道路上难免会遇到挫折与困难，以正确的态度面对挫折，并且通过恰当的方式排解压力，是大学生成长发展过程中必不可少的条件。近些年来，人们的就业形势十分严峻，社会竞争已经渗透到了高校之中，各种压力接踵而至，如果大学生无法及时排解这些压力，那么很容易导致心理问题的出现，所以应尽可能避免使"压力"的种子长成悲剧的恶果。

压力在我们的日常生活、工作以及学习中处处可见，无法逃避，关键在于面对压力的态度与方式。为了能够更好地适应大学乃至今后的学习、工作、生活等，大学生十分有必要掌握压力管理的方式，从而提高自身的压力适应能力。

压力适应主要是指个体在压力反应之后能够迅速恢复至正常的身心特征，或者在面对持续压力的时候，其反应不处于极端状态，能保持身心健康的能力。

压力管理主要是指对可预见的压力源进行必要性的干预，维护身心健康，增强处理问题的效率，确保生活与学习目标能够顺利实现的管理活动，大学生可以从以下几方面管理压力。

（一）建立自己的社会支持系统

在一个人独自面对压力时，自身应激反应的消极作用相对来说比较大，想要不被压力压倒，应建立自己的社会支持系统，其中包括了朋友、亲人、同学等。社会支持系统能够在个人需要的时候带来情感安慰以及行动建议，帮助个人更好地渡过难关。强大的社会支持能够使人不再感受到孤立无援，能够增强个人的勇气与信心，使人勇于面对挑战，灵活化解问题，所以大学生应在这方面多做努力。

（二）觉知与调增自身生理状态

生理状态是压力最为直接的一个指标，想要对压力进行有效管理，应先具备压力意识，能觉察压力的信号。人在应激状态之下，本能就是驱动机体防御机制，这是一种自发的意识与行为。有效进行压力管理，需要人们积极建立起一个对付压力，特别是一些慢性压力的预警机制。所以，需要做到以下两方面。

第一，有意识地觉知自身情绪状态，包括焦虑、紧张等，当处于应激状态的时候，自身的生理与情绪上会产生哪些不适反应，将自己的这些压力反应记录下来，并锁定这些反应指标，以后再发生不适反应的时候，应对自己发出警告。压力预警如同雷达一样，能令人保持必要的警惕。

第二，学会对自己的不良生理指标进行控制，当自身的压力直觉性有所提高时，还需要提高生理指标控制力，包括血压、呼吸等。

（三）减轻与消除自身心理负担

应激虽然是一种本能反应，但是也足以促使人们身心疲惫，所以我们应该消除由压力造成的紧张与焦虑，否则持续性的压力累积效应，容易对心理造成影响，消除心理负担的方式有以下几方面。

1. 理性辨析与积极归因

写出自己所面临的核心问题，围绕核心问题逐步思考产生这个问题的原因，这个问题是不是一种威胁，以及这个问题应怎样解决等。如此，反复、逐层进行深入的自我辨析，找到问题症结的关键所在，从而能够有效缓解焦虑。

2. 学会经常放松训练

放松训练主要是结合一定的练习程序进行学习，有意识地调节与控制自身的身心活动，从而达到降低机体唤醒水平，调整因为紧张而紊乱的身心功能，使机体内环境保持平衡与稳定。

（四）掌握知识减压方式

（1）直接面对问题，不回避、不压抑，理性选择解决问题的方式。同时，解决问题的方式应符合现实，出发点主要是对问题进行真实性评估，而非自我欺骗、自暴自弃。

（2）应学会抑制、认识毁灭性的、危害性的负面情绪，也就是应学会情绪管理，学会控制自己一些具有危害性的行为，确保自身不受伤害，加强自身情绪与行为的管理。

（3）当产生压力的时候，应及时走出去，活动自己的身体，放松身体与神经。体育活动是一种行之有效的减压方式，能够迅速改变人体某些生理系统，使人充满着生命的活力，有效减轻人们的心理负荷。坚持进行体育锻炼还能培养自身的毅力，而毅力是人们面对压力与挫折最为有效的武器之一。

（4）从事艺术类活动，通过听音乐、看电影等方式，使自我能够感受到"美"。此外，在欣赏与感受"美"的过程之中，实现身心的放松，找寻对于生活的希望。

（5）短暂的离开为自身造成压力的环境，放下烦恼与不愉快，将自己交给大自然，放松身心。

（6）当由于压力较大而不知措施的时候，可以看一些人物传记，找寻力量，毫无疑问，杰出的人物都经历了挫折与压力，他们的经验能不断激励人们。

（7）如果上述方式都无法缓解压力，则可以寻找心理老师或者心理咨询人员，在专业人士的引导下帮助自身排除压力，从而走出困境。

第六章 新时代大学生创新思维的培养

第一节 培养创新意识促进人才素质结构的变化

创新意识是决定国家、民族创新能力的最直接的精神力量,同时也是国家、民族解决自身发展问题、生存问题的客观标志,有着关键的意义与作用。创新意识能促成社会中各种因素的变化,全面推动社会的进步与发展,进一步解放人们的思想,比较有利于人们形成良好的开拓意识以及领先意识等,培养人们先进的观念,能够在无形中促进人才素质结构的变化,提高人的本质力量。如今,高速发展的社会中离不开充满生机与活力以及有着开拓与创新精神的人,在客观角度上引导人们不断朝着这一目标强化自身素质,促使人们自身本质力量在更高的层面上得到确证。除此之外,创新意识能够有效激发人们的主体性、能动性以及创造性等得到进一步发挥,使人们自身的内涵得到极大扩展。

一、创新意识的内涵

创新意识主要是指人们结合社会以及个体的生活需求,出现创造新事物的观念与动机,并且在创造性的活动之中充分表现出的意象、愿望等。创新意识是人类意识活动之中比较积极的、富有成果性的表现形式,是人们在进行创造活动时的出发点与内在动力,同时也是创造性思维以及创造力的基本前提。

创新意识涉及了创造动机、创造兴趣、创造情感、创造意志,创造动机主要是创造活动的基本动力因素,能够在无形之中促进人们发动并维持创造性的活动；创造兴趣可以有效促进创造活动的成功，同时也是促进人们对新事物进行积极探索的心理倾向；创造情感是引起、推进、完成创造的心理因素，只有在具备正确的创造情感的基础之上，才能够成功创造；创造意志主要是在创造活动之中克服种种困难，冲破对心理造成阻碍的多重因素，创造意志有着目的性、自制性。创新意识通常表现在了活跃的思想，并且富有创造性与批判性等。

二、创新意识的主要特征

（一）新颖性

创新意识或是为了满足时代发展的需求，或是以新的方式满足原来社会的需求，创新意识也被称为"求新意识"。

（二）社会历史性

创新意识主要是将物质生活、精神生活水平的提高为出发点，这种需要在较大程度之上受到了社会历史条件的制约与影响，在阶级社会之中，创新意识受到了阶级性以及道德观念的影响制约。人们的创新意识能够有效激起创作活动并产生创造效果，应不断为人类的进步以及社会的发展服务，创新意识需要考虑社会效果。

（三）个体差异

社会地位、文化素质、兴趣爱好等方面直接影响到了人们的创新意识，这些因素对创新意识的产生起到了至关重要的影响。

三、创新意识的类型

（一）综合创新意识

综合主要是指联合研究对象的各方面、各部分以及各因素进行充分考虑，从整体的角度上把握事物本质规律。综合并非将对象各个构成要素简单相加，而是按照其内在的联系，合理将其组合起来，从而使综合之后的整体作用能够导致创造性的新发现。综合创新主要是结合综合法则的创新功能，不断寻求新的创造。

通常来说，综合创新有着两个途径，即非切割式综合与切割式综合。切割主要是指人们为了达成某一个意图，将一个事物切开、分割。非切割式综合就是直接将两种或者两种以上的事物保持各自完整的综合创新模式；切割式综合就是截取两种或者两种以上事物的某些要素，再将其有机组合成为新事物的综合创新模式。

（二）逆向创新意识

逆向创新主要是指应用逆向推理，转变通常思考问题的思路，并对事物构成要素的相反方面进行分析，立足于另一个角度上探寻新途径的逆向创新方式。逆向创新也被称为了"反向探求"，逆向创新应将思维定式约束克服，并且对所熟悉的事物持有陌生态度，采用新的观点与角度看待事物，逆向创新主要有以下几种途径。

（1）功能性逆向思维，也就是人们能够在实践活动之中，能够颠倒解决某类问题时的各种功能关系，可能会取得意料之外的成效，解决常规方式无法解决的问题。

（2）结构性的逆向创新，打破传统的结构设计，从而研究出新结构的产品。

（3）因果关系之间的逆向创新，在自然界中，许多自然现象之间都是相互联系的，在某一个自然过程之中，一种自然现象可以是另一种自然现象的原因，但是在另一种自然过程之中，这种因果关系可能会出现颠倒。

（三）还原创新意识

还原法就是归回根本与起点的方式，简而言之，就是暂时将所研究的问题放下，回到推动人们进行创新的基本出发点上，还原换元是还原创造的基本模式，还原换元是通过置换或者代替有关技术元素进行创造。

（四）分离创新意识

分离创新意识主要是指将创造对象分解成为多个要素，结合其中关键的要素设计创新。分离创新的基本途径一般分为两个方面，一是结构分离，即将原有产品结构分解，并且寻找创新的一种模式，二是市场细分，即按照消费者的实际需求以及动机等多元性、差异性，将整体市场划分成为若干个子市场，也就是将消费者分成若干类似的消费群。

（五）价值优化创新意识

设计创造出有着比较高价值的产品，使人们所追求的重点目标，价值优化或者提高价值的关键指导思想，也是创新活动中应重点遵循的理念。明显可见，产品的价值与其产生的功能成正比，而与其成本成反比，产品设计创新中优化的方式有以下几方面。

（1）确保产品功能不变，通过降低成本的方式，从而达到提高价值的最终目的。

（2）在不断提高成本的基础之上，强化产品功能质量，以期实现价值的全面提高。

（3）虽然成本有一定的增加，但是可以使功能以及价值得到大幅度的提高。

（4）虽然功能有所降低，但是成本却能大幅度得到下降，使价值提高。

（5）不但增加功能，同时也使得成本有所下降，并大幅度提高价值。

第二节　训练创新思维提升思维品质

如今，我们处于创新型社会背景下，需要大量的创新型人才，创新型人才继续进行创新思维的训练。创新力的核心是创新思维能力，是我们所理解的事物复杂性，并且在解决问题过程中应打破陈旧的规则、方式等束缚，从而寻求提高解决问题能力的途径，其产生主要是人脑的作用结果。创新思维是将多种思维方式结合进行综合运用，创新思维训练的方式如下。

一、发散思维的训练

发散思维又被称为了放射思维、辐射思维、求异思维等，主要是指在大脑思维的过程中所呈现出的一种扩散状态的思维模式，其特点是在考虑有关问题的时候有着开阔的思维，向四面八方扩展，是一种从多方位、多角度、多层次等进行联想,并以求创造性地解决实际问题的思考方式。许多心理学家认为,发散思维是创造性思维最为关键的特点,同时也是测定创造力的重要标志。

发散思维的训练可以举一反三、触类旁通,提出诸多新型的观念,以新的方案解决问题,产生超常的构象。从一个问题的角度上出发,打破固有的模式,充分发挥自身的想象能力,通过不同的方式、途径,站在新的角度上进行探索,重组有关的信息,产生更多的设想与答案,从而使问题有圆满的解决的思维方式。或者将某一个问题作为中心,向不同的角度以及不同的方向扩散,进而寻求多个答案。

二、逆向思维的训练

(一)逆向思维训练

从正面探索解决问题的方式,这是人们比较常规化的正向思维方式。如果能够从问题的反面进行思考,找寻解决问题的方式与途径,则为"逆向思维",也被叫作是反向思维。在实际的学习、工作以及生活之中,我们经常会遇到各种各样的难以从正面解决的问题,从而陷入思维的陷阱之中。如果能够转变思维的角度,从"反其道而行之"的视角出发,将事物颠倒进行思考,从反面找出其中的原因。比如,人们说话时声音的高低能够引起金属片产生相应的震动,反之,金属片的震动也能够引起声音高低的变化。爱迪生在进行电话的改进中,发明制造了世界上第一台留声机,进行思想思维的方式如下:

(1)针对事物依存的条件进行逆向思考。
(2)针对事物发展的过程进行思考想思考。
(3)针对事物的位置进行逆向思考。
(4)针对事物的结果进行逆向思考。

(二)横向思维训练

横向思维也被称为"侧向思维",旨在朝着思考的事物与问题侧面伸展思维触角,从而获得新的思维成果。这种思维如同河流一般,在遇到宽广处的时候，就会比较自然地蔓延开来，但是深度往往不够。横向思维就是绕个弯，甚至是逆向而行，有效解决棘手的难题，促进横向思维的方式具体为以下几方面。

（1）对问题本身形成多种选择的方案。

（2）打破定势，提出诸多富有挑战性的假设。

（3）在脑海中冒出新主意的时候，不应着急判断是非。

（4）反向思考，用与已经建立的模式完全相反的方式思维，从而产生新的思想。

（5）以开放的态度面对他人的建议，形成交叉刺激。

（6）扩大接触面，寻求随机信息的刺激，从而获得比较有利的启发与联想等。

（三）换位思维训练

人们经常在思考问题、处理问题的时候，受到所在地为、所持立场等方面的影响，难以相处有效解决问题的方式。但是如果能够将立场转变，转换地位就有可能会产生新的思路，相处比较有效的解决方式。换位思维主要是指"设身处地"思考有关问题，一些问题与矛盾，只要当事人能够站在对方的角度上，设身处地进行思考，就能巧妙化解问题。这种换位思考的方式在当今时代已经被广泛使用，有利于开阔思路，发现原本未能体悟到的，且认识不清、理解不适的事物，进而产生新的思维成果。

进行换位思考时，首先，需要做到设身处地，立足于他人的角度上，特别是其所存在的利益关系的"敌对方"角度上看待、思考事物，站在对立面分析、研究有效解决问题的方式。其次，就是应学会"换位""再换位"，需要进行重复、多次的逆向换位思考。

（四）求同思维训练

"求同"主要是指在两个以上的事物中，不断探索、寻找其共同之处，结合这种思维方式，有助于人们在不同的事物之间找到结合点，促使新结合的事物能够产生性质、形态以及功能等方面的变化，从而获得创新的效益。求同思维在创新思维活动之中所体现出来的作用不可低估，能够使人们研制出诸多工作中、生活中带来方便的用品。

(五) 求异思维训练

求异思维主要是指在相同或者相似的两个以上的事物中找寻不同之处的思维活动,是一种极富创见性的变异思维,能够提示客观事物的本质特性与内在联系,创造出新颖、超常的思维成果。求异思维的核心就是进行创造性思维,有着不依常规、寻求变异的特点。

求异思维的训练可以从多个角度,通过想象、联想甚至幻想对问题进行思考,探求解决问题的多种可能性。只有敢于求异,善于求异,才能擦出想象的火花,并埋下创造力的种子。

(六) 头脑风暴法思维训练

头脑风暴法是一种有效激发记忆智慧,进而产生、提出创新设想的思维方式,当一群人围绕着特定的兴趣领域产生新观点的时候,这种情境就是头脑风暴。头脑风暴的主要特点就是能够令参与者敞开思想,促使各种设想能够在相互的碰撞之中,激起大脑思维活跃的创造性风暴。可以将其分成直接头脑风暴与质疑头脑风暴法,前者是在专家决策群体决策的基础之上尽可能激发创造性,产生尽可能多的设想的方式;后者主要是对前者所提出的设想或者方案逐一进行质疑,从而发现其中比较现实可行的方式。

头脑风暴法力图通过讨论程序以及规则,保证创造性讨论的实效性,组织头脑风暴法的关键在于下面几个环节。

(1) 确定议题,在参与讨论之前明确一个具体的目标,从而使参与者能够明确通过此次会议需要解决哪些问题。通常来说,具体的议题能够使参与者较快产生设想。

(2) 会前准备,主要是为了确保头脑风暴会议的效率更加高效,在会前做好充足的准备工作。

(3) 确定人选,一般来说,在开展头脑风暴之前,先明确具体的人选,与会者人数不能太少,也不能过多。人数太少不利于进行信息交流,无法激发思维,人数过多不容易全面掌握,并且容易导致每一个人发言的机会与时间相对减少,从而影响整个会场的氛围。

（4）明确分工，要有一名主持人以及几名记录人员，主持人主要是在开展头脑风暴会议的时候，重申谈论的议题以及纪律，在会议进行的过程之中启发引导，并且活跃会议氛围，掌握会议的整体进度。记录员应将与会者提出的设想进行编号，并简要记录，最好写在比较醒目的地方。

（5）规定纪律，结合头脑风暴法的基本原则，规定几条有关的纪律，要求与会者应积极遵守。比如，要求与会者应在整体过程中积极投入，不消极旁观，不私下讨论，避免影响他人进行思考，发言的内容应紧扣议题等等。

（6）掌握时间，主要是由主持人掌握会议的时间。

同时，实施头脑风暴法的过程中还应注意下面几点。

（1）自由畅谈，与会者不能受到条条框框的限制，应放松自身的思想，尽可能地标新立异，做到与众不同，提出独创性的想法。

（2）延迟评判，坚持当场不对任何设想做出评判的基本原则，而是应延迟至会议结束之后进行，主要是为了防治当场进行评判可能会对与会者的积极思维造成一定约束。

（3）禁止批评，禁止批评是头脑风暴法应用的过程中应重点遵循的一个原则，批评容易对创造性思维产生抑制效果，从而导致现场氛围被破坏，影响自由畅想。

第三节 新时代大学生创意方式的形成

创意主要起源于人类的技能、才华以及创造力，来源于社会且又指导着社会的进步与发展，人类是创意、创新的产物。可以说，人类是在创意、创新中所诞生的，也应在创意以及创新中不断获得发展。

一、创意的含义

创意是对创造意识或者创新意识的简称，主要是指对于现实存在的事物的理解，以及认知所衍生出的一种新的抽象思维与行为潜能。我们可以将创意看作一种通过创新思维意识，进一步挖掘与激活资源组合方式，从而提升资源价值的方式。

创意主要是经过了思考而产生的，思考的主要依据有两个方面的资料，一是一般性资料，即创作人员必备的知识与智慧，二是特殊性资料，即创作人员对于对象的了解程度。通常情况之下，当创意者将一般性的资料与特殊性的资料相结合，并进行系统化分析、研究的时候，就能够进一步产生创意，结合多种元素使生活品质上升一个台阶。

二、创意的形成

（一）个体创意与群体创意

1. 联想类比创意法

是根据事物之间有着接近、相似的特点，从而进行由此及彼、由近及远的一种创意方式，主要是通过对两种以上的事物之间所存在的关联性、可比性，不断扩展人体大脑中固有的思维，从而使其由旧见新，由已知推未知，获得更多的设想、预见预计推测。

联想类比创意法有着一定的启迪性、支配性等，通常可以将联想类比法的创意分成下面几种类型。

（1）因果联想，主要是从已经掌握的知识信息与思维对象之间的因果关系中获得启迪的创意方式。

（2）相似联想，主要是对所观察到的事物与思维对象之间进行比较，结合两个或者两个以上的研究对象以及设想之间的相似性创造新事物的创意法。事物之间是存在着一定的关联的，可能是时间、空间方面的关联，也可能是属性方面的关联。借助相似的联想，首先应在脑海中储存大量事物的"相似块"，在相似的事物之间不断进行启发、借鉴。由于相似关系能够将两个表面上差距较大的事物相联系，所以相似联想易于产生创新性的设想。

（3）推理联想，指的是结合两者之间所存在的逻辑关系，推导出新创造性构想的创意。

（4）对比联想，指的是从事物的性质或者特点相反面展开联想，从而获取新的创意。

2. 移植参合创意法

移植参合创意法也就是"移植法",主要是指将某一个领域中的技术、方式、构思等移植到另一个领域而形成新创意的方式,是一种行之有效的创造技法。移植参合法的本质就是科技领域,甚至是整个人类思维领域中的一种嫁接现象。生物领域中的嫁接或者杂交可以产生新的物种,科技领域的移植以及嫁接则能够产生新的科技成果,移植法通常可以分成以下几种类型。

(1)原理性移植,主要是指将科学原理或者技术原理移植到某一个新领域中的方式。

(2)功能性移植,主要是指将某一种技术所具备的独特技术功能,通过某种形式移植到另一个领域。

(3)方法性移植,主要是指将某一个领域中的技术方式有意识地移植到另一个领域而形成创造的方法。

(4)结构性移植,主要是指将某一个领域中的独特结构移植到另一领域,从而形成具有新结构的事物。

3. 模仿创意法

模仿创意法旨在对已知事物的模拟、仿制构造已知事物的方式,模仿创造是人类创造性思维的一种关键模式,当人们欲求构建未知事物的构造、原理或者功能难以找到切入点时,可以通过对已知的类似事物进行模仿获取答案。人类的创造发明基本都是从模仿开始的,在模仿的基础之上进入独创。因此,从某种意义上来看,模仿创造法相较于类比创造法更加深入,且更具可行性,模仿创意法可以分成仿生创意法与仿形创意法。

(1)仿生创意法指的是被模仿的已知事物是我们所熟知的某种生物,从而进行模仿创意的方法。其应用比较广泛,有着许多人造物都是仿生创意的结果。

(2)仿形创意法指的是仅仅模仿已知事物的形状,从而进行模仿创意的方式。

4. 组合创意法

组合创意法主要是将所积累的多种信息有效整合,从而产生新的创意。

5. 逆向创意法

逆向创意法主要是指在按照常规的思维解决问题，但是未能见到成效的时候，则可以通过逆向思维获得意想不到的效果的创意方式。逆向创意法实际上是一种沿用传统思路的相反方向进行探索与思考的创意方式，采用逆向思维创意方式往往能够获得比较新奇的创意思路。

6. 智力激励法

智力激励法又被称为"头脑风暴法"，是指一组人员以召开特殊专题会议的形式，与会成员之间针对某一个特定的问题，相互交流、相互启迪、相互修正、集思广益，从而产生大量新设想的一种集体性发散技法。这种创意技法在世界上最早付诸实践，经过各国创造学研究者的发展与实践，至今形成了一个创意技法群。

（二）产生创意的基本规律与工作原则

创意不仅是依靠创意者一时产生的"灵感"，而是一种可以组织，并且需要组织的系统性的工作。所以，掌握创意产生的基本规律，并遵循一定的工作原则是产生创意的基本前提。

1. 基本规律

创意活动是比较复杂、高级的，对思维活动展开研究的内在规律，是有组织性的创意的要求，根据需要创意行业管理系统的特定要求，应注意以下几个方面。

（1）择优律，通过择优选取的方式实现创意意图规律。

（2）相似律，研究并运用客观事物中所存在的大量相似现象，从而实现创意意图的规律。

（3）综合律，重新组合管理系统的一些要素、方式等，从而实现创意的规律。

（4）应对律，按照事物之间所存在的对立性、对称性进行构思，从而实现创意意图的规律。

2. 工作原则

在对创意思维规律有一定掌握的基础之上，有组织的创意，并且应结合创意的实际需求，限定定位规范，遵循下面几条工作的原则。

（1）博采众长原则，所谓"能者为师"，用虚心学习态度，吸取中外成功创意的经验与教训，集众人之长，补己之短。

（2）集思广益原则，在有了比较好的创意之后，也应广泛收集意见，才能及时、有效地完善创意，并付诸实践。

（3）重点明确原则，将力量集中，因地制宜地解决创意中所遇到的主要矛盾，这样才能取得事半功倍的效果。

（4）风险控制原则，大胆创意，慎重实施，在产生每一个创意之后，都应进行反复的风险论证，不断加以修正，将实施的风险控制在可以控制的范围之内。

第七章　大学生创新创业教育概况

大学生创新创业可以尽可能向自己职业理想以及人生梦想靠拢，大学生创业是大学生发现市场需求、寻找市场机会，并通过投资经营企业，从而满足市场需求的活动。可以说，创业的本质是一种生活方式，大学生通过创业能够寻找机会、创造价值。现代社会需要不断创新，创新是推动时代发展的关键，大学生创新创业能够有效缓解其就业压力。对此，国家对大学生创新创业给予了高度关注、大力支持，大学生也有着比较强烈的创新创业意愿，这能实现人才发展与社会发展相契合。

第一节　当代大学生创业意向与实际需求

一、当代大学生创业意向

创业意向是个体计划建立一个新的企业，并且有意识地打算在某一时间付诸实践行动的信念。

（一）当代大学生的创业动机

大学生产生创业意向的主要基础就是创业动机，我们可以将创业动机看作创业意向的诱导。结合有关的调查可见，大学生创业动机主要包括了解决就业、随大流、实现自我价值以及希望能有较高的经济收入几方面。其中，大学生选择创业的主要动机就是实现自我价值，这也充分表明了大多数的学生都有着正确的创业观念以及社会价值观念。

（二）当代大学生创业意向的影响因素

大学生创业意向受到了多方面因素的影响，是一个比较复杂的多种因素的整体结果，影响因素主要包括了外界因素、自我条件因素、学科专业因素以及行业发展因素等。有关的研究表明了，在其他条件与环境相当的情况之下，人文社科类与理工类高校大学生创业意向程度有所不同的主要原因是其主流学科特征的不同，以及其造成影响大学生创业意向的因素有所不同而形成的。

二、当代大学生创业需求

大学生创业需要一定的基础条件，应在各方面条件成熟之后进行，同时也需要具有良好的外环境与内环境，需要"天时、地利、人和"。从宏观的角度上来说，大学生创业需要以良好的政策环境、社会环境为基础，也就是大学生创业应有政策需求、社会环境需求以及市场需求。从微观的角度上来说，大学生创业需要有好的团队、充足的资金以及场所等，也就是大学生创业有团队建设需求、资金需求以及场地需求。

与外部宏观环境以及条件相比较而言，大学生创业的个人条件更加具有可操作性。

（一）团队建设需求

当代社会背景下，个人的竞争力相对来说十分有限，团队竞争更加具备优势。大学生在创业的过程之中，不仅需要自身具备较强的创业能力，还离不开一个优秀的创业团队。由此可见，创建一个优秀的团队尤为重要。

立足于可操作性的角度上来说，创业并非只靠一个人就能够取得成功，一个人的企业是不存在的，企业各项业务与活动的开展、组织等，都是需要有人负责，创业需要一个团体共同实现的。所以，在创业之前，应先组建一个好的创业团队，从而确保创业活动的顺利实施。

1. 团队成员应有共同目标

目标是团队共同发展的基本前提，任何一个团队建立都是在某种特定的目标之上的，共同的奋斗目标是凝聚团队力量的关键因素。团队成员有着共同的目标才能通过相互协作，不断激发创业的积极性与热情，增强团队的向心力、凝聚力。创业是一件比较难的事情，特别是在创业初期阶段，经常会遇到多种多样的问题，甚至有可能在较长的一段时间之内劳而无获，主要依靠团队坚定的目标与信念支撑。创业者应拧成一股绳，团队成员之间相互配合，互相支持，共同攻克难关，如此一来，创业才能取得成功。

2. 团队人员的组合结构应合理

从人力资源管理的角度而言，保持创业团队稳定的关键是建立优势互补的创业团队。创业需要面临的事物比较多，所以，创业团队应合理建立人员结构，应有组织协调人员、技术人员等，任何一个重要的岗位上都不能缺人。从管理的层面上来看，创业团队之中应有领导者，更应有组织者、生产者等，在一个团队中，不同的人员扮演着不同的角色，各方面应互补、协作，才能使企业迅速成长、发展，并能走得更加长远。所以，在创业团队的时候，不仅需要充分考虑相互之间存在的关系，还应考虑团队成员之间在能力、技术等方面的互补性。除此之外，也必须充分认识到任何一个团队在一开始就能具备全部企业需要的综合型人才也并非无法实现的，可以随着创业的进行，不断吸纳新的合作者加入创业团队之中，并对团队建构不断完善。

3. 创业团队成员之间应团结一致

一个优秀的创业团队内部成员之间应是彼此信任的，并且能够做到同甘共苦。首先，团队成员之间应相互信任，在创业过程之中，创业者应竭力维护这种互相信任。其次，团队成员之间应共同承担责任，团队成员对于创业团队的信任感主要是建立在了有共同团队目标的基础之上。

（二）办公场地需求

任何创业都应有固定的经常场所或者办公场地，选择经营场所或者办公场地是大学生创业者需要做的前期准备工作之一，创业选址应结合具体的创业项目性质不同进行合理选择。

1. 生产型企业选址

首先，生产型企业主要将商品作为主要盈利物，为了实现产品的变现，应选择交通比较便利的地方，以便于企业所生产的产品能够对外运出。

其次，生产场地应具备良好的用于生产的物质基础设施条件，并具备良好的生产用电、用水条件，以免对生产造成不必要的影响。

再次，生产所采用的原料基地以及劳动力资源等都应尽量向企业靠近。

最后，根据政策条件，充分考虑企业用地的优惠地点选择。

2. 商业型企业选址

商业企业的生存与发展追求规模效应，需要在客流量大的商圈选址，并且有着一定的辐射范围。

一般而言，初创企业规模较小，缺乏店铺租赁资金，所以初创企业可以根据实际情况，选择多种方式，抢占商业圈一角，在站稳脚跟之后，再逐渐扩大场地。

3. 服务型企业选址

服务型企业包括了诸多类型，各类型经营的特点有所不同，选址需求也有所不同。无论是哪种类型的服务型企业，都根据服务对象选址，充分考虑服务对象的便利性。

创业者尤其是应注意，选址对于初创企业扩大经营十分有利，但是一个企业真正的竞争力仍需要放在经营管理方式方面。否则，即使选址再好，经营管理不够科学，那么也只能导致创业的失败。

（三）创业资金需求

毋庸置疑，创业需要大量的资金，大学生创业应有前期的资本投入，才能有之后的产出以及收益。大学生创业资金的筹集可以通过下面几个渠道实现。

1. 家人朋友的资助

通常来说，大学生创业的时候资金来源最先考虑向家人或者朋友筹集，但是一般情况下，家人与朋友的资金能力是十分有限的，明显可见，向家人朋友筹集的创业项目比较适合启动资金规模比较小的创业项目。

2. 合伙入股

当前，许多创业者普遍乐于接受的资金筹集形式是合伙入股，合资创业还能够将创业团队的建设问题解决。合伙创业具体指的是几个人组成创业的团队，共同出资展开创业活动，合伙入股创业的方式不仅能够通过多种渠道筹集资金，还能够充分发挥出团队的优势作用。

尤其应注意的是，合作人入股创业的时候，应提前商议并明确投入与收益的比例，避免日后不必要的经济纠纷。

3. 银行贷款

我们国家大力支持、鼓励大学生创业，在为大学生提供贷款方面，银行有着许多优惠。当前，商业抵押贷款与担保贷款是比较适合大学生创业的银行贷款形式，前者是借款人将所拥有的财产作为抵押，获得银行贷款的担保，后者是借款方向银行提供符合法定条件的第三方保证作为还款保证，这两种贷款形式各有特色。

（1）商业抵押贷款。借款人可以在抵押期间继续使用作为抵押的财产，当借款人到期不能及时还款的时候，银行将会依法折价、拍卖、变卖抵押物，并用所得钱款优先偿还债务的融资行为。

（2）担保贷款。借款方无法履约还款的时候，银行有权利按照约定要求保证人履行清偿贷款连带责任的借款方式。

4. 风险投资

相较于上述几种创业资金筹措的方式，风险投资是一种高回报、高风险的投资方式，风险投资家以参股的形式进入创业企业。这种投资主要是通过大学生创业者售卖创意或者技术换取投资的形式，能够迅速将创业资金筹集到位，但是也存在着一些大学生急于获得创业启动资金而贱卖创意或者技术的情况，大学生需要综合进行考虑，权衡利弊之后，慎重做出选择、决定。

（四）企业登记注册

在创业的过程之中，场地、团队以及资金等方面都准备完善之后，就需要真正付诸行动实践创办企业。大学生创办企业应合法，依据法定程序到有关的部门进行登记注册，才能对外正式运营。

大学生创业的过程中登记与注册企业，应重点做好下面几项工作。

1. 确定企业的名称

企业名称也就是企业经营所使用的独特称号，是企业比较具有法律主体资格的必要条件，同时也是企业与其他企业区别的重要标志。一个好的企业名称对于打造品牌以及商业推广等方面能起到意想不到的效果，大学生创业的时候应慎重考虑企业的名称。

在我们国家，企业名称主要由四部分组成，依次是：行政区号、字号、行业或经营特点、组织形式。在确定企业名称的时候，应明确下面几点。

（1）除了国务院决定设立的企业之外，企业的名称不能冠以"国际""国家"等有关的字样。

（2）企业应结合其经营的范围，依照国民经济行业分类在企业名称中标明所属企业，从而反映其经营特点。

（3）企业名称中的组织形式包括了有限公司或者股份有限公司，而个人独资企业或者合伙企业不能申请为有限公司或者股份有限公司，非公司制的企业可以申请使用店、部、厂等作为企业名称的组织形式。

（4）一个企业能使用的名称只能有一个，且必须使用独立企业名称，名称中不能包含另一个企业名称。

（5）企业名称中不能含有法律或者行政法规所禁止的内容。

（6）企业名称应注意用字符合国家有关的规定。

（7）企业名称中不能含有损害国家利益或者社会公共利益等内容。

2. 企业名称预先核准

创业者应结合有关的规定提交一系列的材料，向工商部门申请企业名称核准，工商部门将会在受理企业提交的全部企业名称预先核准申请材料之日起，对所申请的核准企业名称进行核准或者驳回决定。

预先核准企业名称保留期为6个月，企业一般有正当理由在这段时间之内完成设立登记的，保留期届满前，可以申请延长保留期，延长保留期不能超过6个月的时间。

3. 确定法人与法人代表

法人指的是具有民事权利能力与民事行为能力，依法独立享有一定的民事权利与承担民事义务的组织，法人具备下面几个条件。

（1）依法成立。

（2）有必要的财产或者经费。

（3）有自己的名称、组织与场所等。

（4）能够承担民事责任。

法定代表人主要是指依照法律或者法人组织章程规定，代表法人行使职权的负责人，法定代表人的权利主要由法人赋予。

4. 登记企业法人住所与经营场所

企业法人住所主要是指企业法人主要办事机构的所在地，如果没有固定的住所，那么就有可能无法找到企业的地址，企业也就难以承担经济责任以及法律责任。经营场所指的是企业法人主要业务活动或者经营活动的处所，经营场所是企业生产、经营的基本条件，厂房以及店堂的大小是确定企业经营规模的主要依据之一。

等级企业法人住所与经营场所所需要的材料主要是企业法人住所与经营场所的产权证明、房屋租赁协议等等。

5. 登记注册的资本

注册的资本是投资人永久性对企业的投资，也是经过国家确认的公司独立财产的货币形态，包括了流动资金与固定资产等，也被称为法定资本。

注册资本与注册资金容易被混淆，两者是两个完全不同的概念与事物，注册资金指的是国家授予企业法人经营管理的财产或企业法人自有财产数额。而注册资本主要是由公司行使财产权，股东不能抽回投入资本，注册资金随时会有变化。

第二节 大学生创业的选择与误区

一、大学生创业的选择

（一）选择创业的方向

1. 科技成果

当今社会背景下，科学技术迅速得以发展，高校是培养高科技人才的重要基地与场所，大学生如果能够在某一个领域中取得科技成果，可以利用自己的成果走进科技创业的道路上。

大学生在进行科技创业的时候，应充分应用学校中的资源，包括校内其他人的科技成果、技术或者校内的设备、教师以及同学等资源，巧妙将其转化成为比较有现实意义的成果。

2. 科技服务

大学生可以通过老师或者学校增强与企业之间的联系，帮助企业解决科技方面的问题，为企业提供科技服务，进而有效实现科技创业目标。如果某一项科技服务成果能够成为大企业的长期配套产品或者服务，将会为创业者奠定良好的发展基础。

大学生创业的过程中应立足于实际情况，切记不可好高骛远，不一定将自己的眼光放在改变社会生活的角度之上，而是应从人们日常生活出发，密切联系现实生活中的小科技服务产品，这也可能有着比较大的市场需求。

3. 信息技术

现代知识经济社会背景之下，信息技术发展较为迅猛，信息技术领域成了大学生就业与创业的热点领域。大学生可以通过互联网信息技术的发展创业，比如电子商务服务行业。

电子商务的成本相对来说比较低，并且不受时间以及空间等方面的限制，当代大学生接触计算机比较多，大学生通过网络渠道进行创业应融合自我创新元素，可以结合自身的特点提供一些网上智力服务，或者开发创意电子商务。

4. 智力服务

大学生创业应将自己的知识优势以及技能都能够充分发挥出来，选择一些需要知识与专业的智力服务。比如，翻译、电脑维修维护、家教培训等。

5. 创意小店

大学生的思维比较活跃，且学习能力比较强，他们通常比较喜欢接受新鲜的事物，能够发挥自身的特点开有创意的小店。比如，幼儿绘画坊、个性饰品店、咖啡屋等。

6. 连锁加盟

连锁加盟是一种比较成功的商业模式，能够为加盟者提供成功的经验，并使加盟者掌握有关的技术或者模式。

大学生由于长期在校园生活、学习，其经营、管理等经验相对来说不足，可以选择通过连锁加盟的形式进行创业，快速掌握经营所需要的经验与知识，降低创业的风险。此外，大学生在选择加盟连锁企业的时候，应选择体系相对来说比较完善、适合自己的项目，从而更进一步降低企业的风险，提升创业成功率。

（二）选择创业的项目

1. 岗位创业

岗位创业指的是员工不离开企业，在从事本职工作的时候，通过引进市场机制以及风险意识等，使被动履行岗位职责的状态转变为主动对岗位进行创新，并负责好自己的工作。这样一来，将效益与风险相结合，以优秀业绩以及创新成果等实现超越工资的财富梦想。

长时间以来，我们国家的大学生自主创业率比较，创业的层次低、规模小、效益差。追求其中原因，主要是因为大学生岗位创业能力相对来说比较差，专业创造与创新能力相对来说不足。

从本质上来看，岗位创业是对企业用人的主体与利益关系的转变，具体为以下几方面。

（1）劳动者转变主体身份，从"打工者"变为合作者。

（2）转变岗位责任主体，从履行岗位职业转变成为岗位创业，成为企业发展中的主人。

（3）转变劳动关系，从雇佣关系转变成为合作关系。

2. 服务业创业

服务业创业主要是指从事服务产品的生产、交换以及消费等，在各环节中进行创业活动，该创业项目有着以下基本特点。

（1）没有生产地域方面的限制，没有经营品种的限制，经营路子比较宽，且活动的范围比较广。

（2）经营的方式比较灵活，大多数企业多采用综合经营的方式，小企业可以采取专业经营的方式。

（3）业务技术性比较强，服务人员应该在一定的领域中具有比较高的职业素养与职业能力。

（4）创业资金与启动门槛相对来说不高。

（5）经营模式的形成受到服务对象消费理念以及习惯等方面的影响比较大。

3. 科技创业

科技创业主要是指创业者以高层次技术为基础，从而开展创业活动。科技创业主要是将知识创新的成果孵化成为新技术与企业的创业，科技创业是当前时代背景之下，大学生创业的热点领域。

科技创业主要依靠知识与技术，并将其作为生产力进行创业活动，科技创业成功的关键在于应抓好有关的环节，具体为以下两个环节。

（1）将知识转化成为技术，通过企业的方式运作的现代化实验室，形成兼具潜力、活力的实验室经济，并将实验室经济作为企业自主创新的"孵化器"。

（2）将技术变为产业，关键应在于有风险投资，需要顺畅的社会运作机制。

4. 网络创业

网络创业主要是依托网络信息进行创业活动，创业的成本较低、形式新颖，十年来新兴的一种创业形式，网络创业的特点具体如下。

（1）专业门槛较低，无论大学生是否毕业，以及大学生无论学习何种专业，只要对网络有一定了解，并热爱网络，有好的理念、创意以及能力，就能够在网络世界中实现低成本的投入以及快速扩张。

（2）技术要求比较低，在电子商务领域之中，国内有着各类成熟的平台提供商，为大学生提供了创业的平台。

（3）与实体创业相比较而言，网络创业投入的风险相对来说比较低。

5. 绿色创业

绿色创业主要是通过创业方式主动实现生态目标，开发比较符合未来需求的绿色产品以及服务，从而开拓市场，进行创收的经济活动。

　　绿色创业是一种比较全新的创业方式，有着与传统企业不同的特点，具体如下。

　　（1）绿色创业即生态化创业，比较注重创新与创建绿色组织。

　　（2）绿色创业依赖绿色市场与绿色消费者，必须使消费者认识到现存技术与产品的不可持续性，进一步有效促进消费者产生消费需求。

　　（3）绿色创业是一种具有较长周期性与政策依赖性的创业活动，扮演着生态建设以及创业的双重角色。

　　6.社会创业

　　社会创业主要是以解决多种社会问题未实名，从而进行创业的行为，其关键的特征表现为社会性方面。

　　（1）将解决社会问题作为重要导向，比如雇用困难群体人员、销售有关产品与服务。

　　（2）有着显著的社会目的与使命，社会创业的创业者或者机构扮演着变革代理人的重要角色，相较于商业创业，经济价值不再是主要的目标。

　　（3）解决问题方式的创新性，不同于商业创业，社会创业面对的社会问题在较大程度上具有紧迫性以及社会危害性等特点。由此可见，社会创业在解决实际问题的时候，需要更强的创新性。

　　（4）核心资本的社会性，不同于商业创业，社会关系、合作伙伴网络等社会资本是社会创业的核心。社会资本有着资源杠杆的功能，社会创业者或者机构通过构建广泛的伙伴网络关系，能够为企业带来创业的资本。

二、大学生创业的误区

（一）全民创业，难以成功

　　目前，我们国家已经进入"全民创业时代"，随着经济的迅速增强，为创业者提供了更多的机会，创业者有着更加广阔的发展空间，更多的人具有创业意愿，并付诸创业行动。但是由于创业市场十分激烈，只有少数创业成功者。

　　在面对积累的社会竞争时，许多大学生虽然想创业，但是又不敢付诸行动，认为创业困难比较大，难以取得成功，所以放弃了创业。

（二）盲目跟风，拿来主义

大学生相对来说比较缺乏创业实践经验，在进行创业的道路上，许多大学生容易盲目生搬硬套他人的模式，但是往往面临着创业失败，此类创业失败的主要原因无外乎有以下两方面。

（1）创业者急于求成，认为一味复制他人的创业成功经验与方式是一条捷径，未能正确认识到创业是一种有创造性的生产活动，并且无法充分认识并应用自身的资源。

（2）一些创业者为了实现快捷发展以及做大做强的目标，盲目套用了大公司取得成功的经验，忽视了本企业的实际情况，从而丧失了竞争的优势。

（三）资金充足，创业则能成功

资金问题是许多创业者在创业初期所面临的最大问题，所以，导致了许多创业者走入了误区。事实上，这是一种错误的创业认知，创业资金对于创业成功虽然有着比较重要的影响，但是绝非决定成功与失败的因素。

如果创业者在创业初期资金方面准备比较充足，那么对于创业者来说是一把"双刃剑"，可能会使得企业管理者或者企业员工体验到安乐感，造成其出现缺乏约束的、冲动的花费等现象。如此一来，可能会为企业带来比较严重的人事管理以及资金管理等问题，应把钱花在有用之处。

（四）急于求成，求快求大

由于多种因素的影响，许多创业者选择创业可能加工全部家当投入进去，只能背水一战，受到了各方面的压力，一些创业者想要快速实现企业的营利，并且比较渴望在短时间之内取得较大成功，盲目追求扩大规模与经营，及与取得一定成效。这样可能会导致决策的失误，为企业带来不可挽回的致命打击。

创业者应充分认识到，任何一个企业的发展都有着一定的成长周期，并且都是从小到大逐渐成长的，在创业的初期，应为企业未来的发展扎实基础，不可冒进。

(五)单枪匹马,轻视合作

无数企业成功发展都为我们带来了启示,单枪匹马将企业做大做强几乎是不可能实现的,即便是能够做大做强也难以长时间维持下去,企业的发展仅仅依靠一两个人是完全不够的,而是离不开整个团队的共同努力。

大学生创业的时候,其各方面经验相对来说都比较匮乏,在创业的时候,应更多地寻求机会,与他人进行合作,如果总是想完全拥有整个公司的所有权与控制权,只会导致企业的成长受限。由此我们可以看出,创业者应有开阔的眼界以及广阔的胸怀。

第三节 互联网时代下的创新创业

一、互联网基础理论分析

(一)互联网的含义

如今,我们处于互联网快速发展的社会背景下,互联网实现了全世界范围之内的信息高速传播,使得整个地球变成了"地球村"。在全球范围之内,人与人之间的交流更加便捷,互联网技术的出现推动人类社会文化交往迈向了一个新的阶梯。

当前,伴随着互联网技术的持续快速发展,互联网技术日益普遍,并深入人们的日常生活之中,现代人们生活逐渐转向了智能化方式,形成了互联网集成态势。

(二)互联网的本质与特征

1. 互联网的本质

互联网主要是一个能够实现人与物、物与物之间的信息交换以及共享的网络系统。互联网的核心是互联网技术,将互联网技术作为基础,借助互联网的网络系统,有效实现互联网服务的拓展,进一步促进人们生活、生产以及经济活动的运作等。

2. 互联网的特征

互联网的特征如下：

（1）网络化，互联网的基础须形成信息传播的网络状态。

（2）物联化，实现人与物、物与物的即时交流。

（3）互联化，在有关的协议下，实现多种网络分布式、协同式融合。

（4）感知化，以信息传感设备为载体识别、收集信息，比如射频识别、全球定位等。

（5）自动化，通过信息技术软件自动对信息加以处理。

（6）智能化，通过技术应用代替人对客观事物加以分析，并有效处理周围环境，采取适当的行动。

二、互联网时代下的创业机会

随着互联网时代的到来，逐渐推进了新知识技术的应用与普及，各行各业与互联网的联系更加紧密，基于互联网背景下的创新项目更是层出不穷，众创、众筹等项目正在依托互联网平台而不断发展、壮大，吸引了越来越多的创业者。互联网环境下隐藏着无尽的创业机会，基于互联网创业的大背景之下，创业者应结合互联网思维以及互联网精神，找准创业的机会，果断抓住创业机会是创业者实现成功的首要条件。

（一）互联网时代下创业机会的新变化

互联网渗透到各行各业已经成为大趋势，并且作为一种新型的经济形态出现，是新一轮技术革命的重要产物。互联网时代下的创业以成本小、门槛低的优势吸引了众多的创业者，在互联网背景之下，影响创业机会识别的政策法规因素、市场因素等都在发生着变化。创业者在分析创业机会的过程中，应重点把握这些因素的变化，以互联网思维深入挖掘创业机会，找准创业的实际需求，并识别新生的创业机会。

1. 互联网时代下的产业变化

互联网能够将有关的企业、产业以及创业者等相互衔接，共同融入互联网的空间之内。从传统产业的角度上来说,互联网成为升级产业的一种新方式。互联网大大降低了创业的成本,推动了产业的发展与进步,并优化了市场资源配置,这些无疑都为创业者的创业机会分析、识别产生了影响。

互联网的宏观背景下更加有助于传统产业的转型升级,从而提供更加丰富的创业机会。如今,伴随着我们国家经济社会步入新常态,传统的产业面临着诸多问题,其中,包括了布局不合理、产能过剩等,传统产业出现的产品滞销、产品价格暴跌等情况应探索切实可行的突破渠道。互联网时代的到来无疑为传统产业转型带来了契机,创业者可以结合互联网途径推销、销售传统产品,拓展传统产品销售渠道,并颠覆传统产品销售模式,完美将传统产业与现代技术相融合。创业者在发现创业机会的过程中,应充分结合电商平台的积极作用,从而实现传统产品的线上营销,将资源最优化利用。

互联网时代能够有效促进新兴行业的发展,为创业者的创业提供了多元化机会。互联网与农业、工业、服务业等相继出现,实现了在拓宽原有领域的同时,促进了有关新兴行业的出现,并且为创业者提供了更多机会。

2. 互联网时代下市场供求关系的变化

互联网不仅有效推动了传统产业转型升级以及新型产业出现,同时也使得市场因素发生了诸多新变化,消费者的消费结构逐渐多样化,市场资源配置在不断优化、调整,都能够为创业者提供良好的创业机会。

互联网时代背景下,日益多样化的经营模式也推进了消费者消费结构的变化,互联网空间上的消费成为一种新型的消费方式。此外,伴随着我们国家经济结构的变化,正处于转型升级的阶段,并且这一升级的趋势在不断加速,消费者的实际需求将会进一步扩大,这种消费结构的变化无疑为创业者带来了更多的机会。

需要注意的是,相较于传统的创业机会,创业者可以借助互联网时代下的便利引领消费者进行消费,凸显创业者的创意。创业者可以及时依据互联网成本低、门槛低的优势,及时发现市场供求的发展趋势,并且做出相应判断,创造新的消费方式。

3. 互联网时代下知识技术的进步

创新与应用技术是互联网时代下的显著特征,知识技术的进步是保障互联网技术实现的关键,创业者可以结合技术资源越来越多,以及操作越来越便捷等优势,把握互联网时代下的机会。在产业升级转型中,互联网技术发挥了重要支持作用,主要依托于互联网的有关行业也相继出现,有力拓展了产品市场,打破了传统行业时空方面的限制,突破了传统创业过程中遇到的瓶颈,所以也带来了更多的创业机会。互联网技术下有着专业、强大的信息处理能力,促使信息传递模式与获取方式更加简易化,为创业者信息的收集与处理提供了更多便捷。与此同时,伴随着互联网技术的快速发展,大数据、物联网等有关的技术被广泛应用,具备更大的发展空间,并且以此带来了有关市场的迅速成长、扩大,从而增加了创业的机会。

4. 互联网时代下政策法规的推动

在互联网的深入推广之下,国家提出了"大众创业、万众创新"的政策,同时,各地政府也将此作为指导,推出了一系列配套的鼓励政策,均为创业者提供了优质的创业环境与创业机会,拓展了创业者创业所需的工作空间,丰富了其创业资源等。

有的学者提出,互联网时代下的创新创业活动已经在信息不对称、市场化程度较高等方面取得了较大的进展,在未来,互联网背景下的创业活动将会适应发展阶段与人口结构变化等方面所带来的需求变化。

(二)互联网时代下创业机会的新特征

1. 创新性

创新是推动社会发展的内驱动力,更是创业者创业应具备的关键要素之一。互联网有着去中介化、平等化等特征,有效将创业者的关系背景淡化,并打破了传统意义上的行业垄断,创业的机会更加合理、公平。从迅速发展的网络时代背景来说,创新占有重要作用与地位。创新是突破甚至颠覆传统,互联网时代为创业者的创新突破提供了诸多的可能性,创新的水平高低也成为衡量创业成功的主要标志。

在一定程度上来说,创业的过程就是创新的过程,尤其是在越发重视创新性发展的互联网时代背景之下,创业者只有在创业的过程中,关注到创新的重要意义,并且将此贯穿于创业的整体过程之中,才能够发现比较有价值的创业机会，促使创业的过程更加有社会效益。

2. 时机性

在推动信息整合以及技术发展的同时，互联网也促使创业的机会瞬息万变，创业者如果未能及时对创意进行实践，那么极有可能被其他创业者捷足先登，或者可能出现过时的情况。这就需要创业者具备较强的洞察力，及时发觉创业的机会，并且在仔细评价创业机会之后，应及时抓住创业机会付诸实践行动，开发创业的机会。与此同时，创业者应明白，互联网时代下的创业机会稍纵即逝，机会对于每一个创业者来说并非绝对的平等，因为信息资源有着复杂性与多样性等特点，所以在创业机会成倍增加的同时，也需要创业者获取信息更加透明化，创业者应果断抓住机会，否则难以取得创业成功。

3. 个性化

互联网时期，创业活动更具个性化特点，关键在于创业者能够依据互联网所提供的大数据，除了准确把握消费者的广泛需求，还能够关注消费者的个性化需求，并针对个别消费者的个性化需求进行相应的创业活动。互联网时代能够将原本相对来说孤立的产业，通过现代化科技手段相联系，借助大数据完成行业之间信息的交换与处理，从而实现对目标消费群体的深入化分析。其中，包括了不同行业以及不同性别等消费者群体，以及消费者个体的消费偏向等，进一步为消费者提供更加精准化的产品或者服务。互联网时代背景之下，消费者的消费结构多样化也在无形中造就了创业者应关注不同消费者的消费倾向，有针对性地实施创业活动。这样一来，能够使得创业者在细化分析市场的前提之下，充分挖掘他认为能识别的创业机会。

4. 风险性

任何的创业活动都或多或少存在风险性，互联网时代背景下更应如此，尽管在互联网领域中的创业机会较多，但是创业的成功绝非偶然或者随机的。创业机会在识别的过程之中，本身就存在着较强的不确定性，在如今互联网时代下更是如此。与此同时，互联网时代下的创业受到了时效性影响，创业者如果缺乏警觉性或者无法敏锐观察市场的变化以及竞争者之间的竞争，那么通常会出现盲目跟风的情况，进而直接对创业的成功率造成了影响。创业者应对目标消费者的实际需求以及心理选择偏好进行系统化的分析、研究，做好市场预期调查工作，结合产品与市场的相互关系，找准市场的盲点，根据互联网时代下的优势，及时对产品与服务的策略进行调整、优化，从而保持良好的消费者黏性。

（三）互联网时代下创业机会的识别

伴随着互联网的飞速发展，其中隐含着无数的创业机会，如何在互联网中立于不败之地，并果断抓住机遇、识别创业机会，是创业者应掌握的基本能力。

1. 借助互联网收集与处理创业机会信息资源

互联网发展推动了数字化步伐的加快，收集、加工、处理信息等更加灵敏，整个过程体现出了实时、动态的特点，结合互联网具备的共享性与开放性特点不难看出，互联网环境之中存在着海量的资源信息，创业者应及时寻找所需要的创业信息，掌握创业应必需的信息资源，进而有机整合、处理信息资源，通过系统分类、处理信息而发现市场刚需，并找准创业机会的突破点。

互联网技术的发展能够为创业者提供全方位的平台共享信息资源，依据大数据服务、移动终端设备等，创业者能够十分便捷地获取所需要的有关信息。便利、快捷的全面信息资源能为创业者提供支持，并且使创业者获取全方位的创业信息成为可能，创业者可以通过互联网建立技术联盟的形式，充分将技术优势发挥出来，对创业过程中的分析、处理信息进行服务，最大限度上实现信息资源的有效利用。

与此同时，由于互联网信息的透明化特征，创业者能够获取到互联网平台山有关同行业的竞争信息，便于其进一步结合这些信息做出及时的创业机会评价，并有针对性地进行调整。与此同时，有助于创业者在创业的过程中有机结合个人兴趣、创业活动，增加其创业的机遇。在互联网时代背景下，人们的需求更加细化，充分体现了个性化的特征，创业者可以借助互联网技术，有效分析、甄别目标群体的购买倾向与喜好，这是创业者在传统创业环境之下难以获取的。

2. 借助互联网有效整合创业机会资源

互联网的快速发展推动了数字化处理技术的发展加快，使得信息加工、处理、反馈等更加灵敏，整体的过程用时较短、消耗较低，且数量较大，表现出了动态性以及实时性的特点。互联网时代下的创业打破了时间与空间方面限制，创业者可以将已经发展成熟的电子商务平台作为载体，实现技术的"零门槛"开发及利用。创业者结合互联网的优势，能够在实现创业信息资源共享的基础上，有效实现人力资源、市场资源的整合，从而指引创业机会识别与评价。

创业者通过互联网渠道收集不同层次与不同结构的资源，并且进行吸取、配置等，从而获取到更加具有价值与意义的资源，摒弃无价值的资源，形成新的创业机会识别过程中所需要的资源体系，同时也能形成独有的核心竞争力。互联网时代下，创业者的人力资本、创业资本等都发生了翻天覆地的变化，创业者资金来源更加多样化，通过网络的连接作用，创业者能拥有更加多元化的社会网络，这些都能为创业者的创业机会识别提供有效帮助。

互联网时代下使得跨领域以及跨行业的协同创新发展更有可能性，在多个领域中，能够实现相互之间的交融与渗透，跨领域以及跨行业的协同创新源源不断涌现了出来，呈现出了从点到面的发展趋势。

三、互联网时代下大学生创新创业支持体系构建

（一）基本思路及原则

在互联网快速发展的时代下，大学生创业遇到了种种困难，其中包括了资金、政策以及技能等多方面。虽然一些学校进行了大学生创业方面的培训，但是仅仅依靠这些难以全面为大学生成功创业提供服务，支持大学生创业是一项比较系统化的工程，需要一个完整、成熟的服务体系。就目前而言，我们国家尚未形成一个比较完整的大学生创业支持体系，难以为大学生创业提供有力保障。基于此，我们可以积极借鉴发达国家的经验，结合我国目前大学生创业服务体系之中所存在的不足之处，建立完善的支持体系。完善大学生创业支持体系并非一蹴而就，而是需要一个漫长且艰辛的过程，应结合具体国情，本着实事求是的原则，吸收国外的经验，在实践当中完善大

学生创业支持体系，切实保障大学生创业服务工作的高效开展。

（二）构建大学生创业支持体系

建立一个以社会、国家为基础的，比较适合我国国情，符合当下大学生实际要求的，比较全面的创业支持体系，从而帮助大学生更加全面了解创业方面的内容，帮助大学生克服创业过程中遇到的种种困难。同时全面鼓励大学生发挥自身的主观能动性，强化其创新思维，引导大学生不断突破自我积极进行创业，为展现我国大学生自身真正的价值，并促进我国经济飞速发展而努力。

1. 完善创业政策支持体系的构建

自我们国家改革开放以来，我们处于良好的经济环境之中，有着潜在的、巨大的创业机会。但是在我国现行的市场经济体制下，仍然有着诸多有待完善的地方。所以，应从多个方面出发，制定一系列的政策以及措施，从而鼓励大学生进行创业，便于大学生积极创业，使其能够真正成为中国经济发展的中坚力量。

2. 完善创业教育支持体系的构建

高校作为大学生创业学习的重要基地，在培育大学生有关的创业理论知识、创业基本技能等方面有着十分重要的作用。创业教育是大学生成功创业的关键因素与前提条件，所以十分有必要加大开展创业教育的力度，为大学生创业奠定基础。

（三）互联网时代下大学生创业支持体系构建的对策

近年来，有关部门对于大学生创业就业给予了高度关注，纷纷出台了多种多样的举措，引导、鼓励大学生创业就业，这是一项民生工程，关乎社会的稳定与和谐。伴随着政策效应的产生，大学生创业热情持续增加，为高校、社会完善以及实践大学生创业支持体系提供了实践平台。

1. 大学生创业的方向

互联网使得创业成为一种生活方式，并且使创业教育成为一种思维，有着较强的开放性以及包容性等，借助互联网技术能够达到不受时间与空间约束的立体式教育。

（1）线上创业。互联网为大学生的创业提供了较大的便利平台，大学生可以借助网络平台进行创业。一方面，大学生创业可以充分利用学生顾客资源，另一方面，大学生比较熟悉同龄人的消费习惯。

（2）借助网络技术创业。大学生群体相对来说比较熟悉网络，他们处在科技的前沿，有着一定的优势，许多大学生创业企业的成功皆是得益于创业者的网络技术优势。想要在这方面创业的大学生，可以积极参与一些有关的创业大赛，获取更多的创业机会，以便于吸引更多投资方的关注。

（3）借助互联网开展线上智力服务。在智力服务领域创业中，大学生通常能做到游刃有余，智力服务创业项目的门槛相对来说比较低，投资比较少，比如设计、翻译等，通常只需要一台电脑、一张桌子就能开业。

2. 互联网时代下大学生创业支持体系构建方式

对大学生的培育、引导是一个漫长的过程，离不开政府以及社会等多方面的共同努力，同时，更加需要充分应用当下互联网经济发展的势头，通过互联网促进大学生创业的成功。

（1）以互联网为主构建创业教育体系。首先，借助互联网构建合适的各个区域创业教育课程体系，创业教育课程是创业教育理念的重要载体，同时也是实现创业教育目标的重要方式，更是实施创业教育的重要途径之一。结合高校所在的区域学生特点与需求，应用互联网技术构建立体式的课程体系，比如，开发专门的创业教育网站、创业网络课堂等等，鼓励学生随时随地进行创业课程的学习，建立创业微信群，及时解答创业者的问题，等等。其次，结合互联网技术打造创业教育实践体系，创业是一种有着较强实践性的活动，应借助互联网技术设置一系列创业实践活动，改变传统的实践方式。比如，组织学生进行网上模拟创业活动，线上线下实战经营，建立远程视频系统，鼓励大学生创业者与有关的专家或者创业成功人士进行线上互动交流，充分突出实践性以及创造性等特色。最后，以互联网技术为载体，构建创业教育评价体系，创业综合素质以及创业能力水平的提高等有关指标，不能全面将教育实际状况反映出来，为了切实确定创业教育的实施情况以及最终效果，应以互联网技术为载体，建立创业教育评价体系，以创业率、成业成功率、创业教育影响力等因素为评价指标。

（2）结合互联网理念打造大学生创新创业新模式。大学生创业的过程中，尤其是传统产业的创业企业，应及时应用互联网时代下的新理念，将传统企业与互联网巧妙融合，走信息化与工业化相结合的道路。大学生应充分结合互联网时代下的优势，为企业打造一个开放式的创新平台，采用众包模式，聚集全社会的创新力量，以此为主，为客户提供多种类型的个性化服务与体验，从而进一步加快企业创新与个性化发展的步伐。

（3）借助互联网技术引导大学生开展电子商务创业。组织大学生开展网上创业模拟实际训练活动，提高大学生创业者的操作能力，全面打造大学生电子商务创业实践基地，为大学生提供电商培训、电商企业运营等一体化服务。与此同时，对大学生电子商务创业实行以奖代补，并且对创业初期的小微电商企业进行一定补贴。

四、互联网时代下大学生创新创业教育的发展及展望

如今，我们国家正处于经济社会转型的重要时期，创新创业成为一种新型的社会需求，可以说，西方发达国家经济可持续发展基本上都是以大学生创新创业为驱动的。作为社会中关注的焦点，大学生创新创业不仅仅是满足社会的需求，同时也是其自身实际需要以及大势所趋。但是，伴随着互联网的飞速发展，为大学生创新创业开启了新的大门。

（一）互联网时代下大学生创新创业实际需求

当前正处于经济社会转型的重要阶段，企业的转型决定了经济社会转型能否成功，而企业的转型与人才数量、质量等方面紧密关联，是否拥有足够的创新型人才资源是企业转型的关键所在，高校创新创业教育是培养高技能创新型人才的基地。对此，为了确保企业以及整个经济社会的顺利转型，高校应重视创新创业教育，积极适应市场的实际需求，主动寻求变革发展路径，在校园内建立良好创新创业氛围，引导大学生树立创新创业意识，培养创新创业高技能人才。

（二）互联网时代下大学生创新创业教育新模式

互联网技术已经渗透到了人们日常生活中的方方面面，延伸至社会的各个角落，高等教育同样如此，教育改革呼声越来越高，有效的途径以及突破口正是创新创业教育。结合互联网技术的高校创新创业教育改革意义重大，应不断探索新路径。

1. 内容模式

教学资源信息化平台能够有效对传统的教学内容高效组合、整合创新，互联网作为传播内容的平台，通过将教学内容上传至互联网上，能实现内容共享。互联网上的教学资源不仅有着传统资源的多人共享统一资源特性，且由于其信息的公开性特点，凡是使用互联网的用户都能够共享这一资源内容，不受副本数量方面的限制。将课程作为核心，平台可以对课程介绍、教学大纲等资源进行整合，同时，实现教学资源创作的分享。互联网作为一种内容平台，其内容形式包括了视频内容以及文档内容。

视频内容可以分成两种类型，一是远程教育或者网络学校，主要的教育形式就是将传统教学内容通过视频的形式在网站上进行播放，使无法在学校参与学习的人也能接受有关教育，突破了学习地点的局限性，但是互动性比较差，缺乏一定的针对性。在实际教学活动之中，能够充分有效利用教学资源，不仅取决于其自身的质量，更取决于资源的来源以及资源的被使用方式。依据教学资源信息化平台，能实现项目教学、小组讨论等合作性的教学方式所开展的团队教学活动。通过真实的实践项目以及开放的实践内容等等，能激励学生投入理论知识学习中，引导学生积极主动参与，有效解决教学过程中的种种冲突或者压力等。

二是近些年来所流行的慕课，是为了强化知识传播，由具备分享与协作精神的个人组织发布的互联网开放课程。传统教学与慕课的区别之处是：前者以"教"为主，后者以"学"为主，前者是注重知识传输，后者是注重能力培养。随着慕课的到来，为我们带来了一种全新的教学模式，一种以学生为根本，多角度获取知识的方式。这种教学方式对传统教学模式造成了冲击，为优质教学资源在全世界范围之内的共享提供了充足机会，同时也为学校培养人才带来了全新变化。目前，慕课正在探索多元化的互动形式，从而解决慕课教学模式现有的互动性不强的劣势。

文档内容主要将提供文档资源作为平台上的主要功能，将散落的知识资源集中在一个平台上，从而使平台成为学习资料库，提高资源利用的实际效用。

2. 平台模式

这种模式主要是以提供平台作为运营的侧重点，平台本身并不产生内容，只是为资源与用户创造连接的平台。

3. 社交模式

这种模式比较注重开发网站社交功能，提供类似的在线社区服务平台，使学生与学生之间以及学生与教师之间能够更加便捷地交流沟通，相互学习。

4. 工具模式

工具模式在线教育产品主要是提供各种各样的有利于学习的工具，形态相对来说比较分散，且功能相对比较单一。从目前来看，这是一种使用比较普遍的模式，对于教师而言，可以通过网络渠道搜集与课程有关的教材或者资源，结合实际情况进行整理、归纳，在上课时使用。除此之外，教师可以选定主题作为学生拓展学习的内容，要求学生在课后通过互联网方式搜寻相关资料，并撰写报告。

（三）互联网时代下大学生创新创业教育的展望

互联网与教育的结合已经对当今社会产生了深远影响，触网即活已经成为时代特征。互联网与教育结合的模式下，人机互动、人机智能等不仅使得教学模式以及学习场所发生了明显转变，更推动了教育观念以及教学方式的转变。可以预见，互联网时代下，未来大学生创新创业教育的理念以及课程体系等都将具备更强的互联网特征。

1. 教育理念

如今，互联网迅速渗透至教育领域之中，不仅改变了传统教育模式中的课程管理、技术手段，还改变了教学思想以及价值观念等，以前以课本为主、以教师为中心的基础教育模式发生了巨大转变，应遵循以人为本、学以致用的教育理念。

（1）以人为本理念。以人为本主要是指教师明确自身定位，并转变自身观念，教育的本质是育人，人的发展是教育的初衷，在教育的过程中，应将人作为首要位置，将人的发展作为重点追求目标。教师应树立以学生为本的理念，给予学生尊重、理解以及关心等，在教育的过程中从学生发展出发，使学生能够获得全面、主动的可持续发展。以学生为本就是应将学生作为一切教育活动的主体部分，从学生实际发展情况出发，在互联网的冲击之下，教师已经不再是学生获取知识的唯一渠道，学生由被动逐渐转向了主动，成为学习活动的"主角"。在此种背景之下，需要教师改变自身的角色意识，树立课堂联网开放观，梳理网络时代学生观，并树立民主、平等的师生观等。

①树立课堂联网开放观是指在互联网时代下，教师应有创新意识、开放意识等。比如，采用翻转课堂模式，促使学生能通过互联网查询课堂所学的内容、原理等，在课堂上引导学生探讨、分析，最终得出结论，避免过于满堂灌的模式。互联网时代下的课程教育既充实了教学内容，强调了多元化教学方式的转变，同时也进一步加深了学校与社会技术发展的关联。

②梳理网络时代学生观，在网络时代背景下的教育注重发挥学生自主性、能动性，不再以追求高分作为教育的目标，这就需要教师将每一位学生都作为具有自己感情的独特个体，着重培养学生思维的批判性与多向性、此外，教师还应重视开发学生的信息资源，在传统的教学模式中，学生资源容易被忽视，如果无法引起足够的重视，那么容易导致学生课程资源的浪费。如今，伴随着人们教育思想以及教育观念的革新，学生成为有待开发的宝贵课程教学资源，学生主体地位得到了充分发挥，且必须重视学生课程资源的地位。在现今网络时代，学生所拥有的信息是比较多样化、丰富化的，一个学生团体所拥有的信息总量不可轻视，教师合理应用这些学生信息组织教学活动开展，学生们通过同伴之间的信息交流实现学习，将会成为现代化教学的重要特征。

③树立民主、平等的师生观，在网络时代下的交往通常有着虚拟化以及符号化等特点，师生之间是平等的主体，主体之间更多的是基于网络信息与思想层面交流，从而证实彼此所存在的重要价值。因此，师生之间应构建一

种相互理解、相互认可的社会性关系，教师应是学生的"对话者"与"合作伙伴"。

④教育技术观，互联网时代下为教育提供了更多的可能性与便利，引发了教育手段以及教育理念的更新，大数据、翻转课堂等新生事物层出不穷，教师如果缺乏对这些技术手段对教育的作用了解，那么势必无法跟上时代步伐，被时代所淘汰。对此，教师应以开放的态度学习新的技术手段，做到与时俱进。

（2）学以致用理念。在网络化时代背景下，教育的最终目的不是仅仅向学生传输知识，而是为了创新，创造出更具价值与意义的内容。现代化社会背景下，信息技术比较发达，使得网络教育为知识的传输、创新搭建了良好平台，大大缩短了学习与生活之间的距离。人们之所以选择互联网渠道进行学习，最终目的是学习有用的内容，学以致用是硬道理，网络教育是与现代化信息技术结合最为密切的教育领域。

（3）面向未来理念。网络时代下，教育的本质就是"面向未来"，传统教育中，无论是教育的观念、教育的内容，还是教材都是对于过去经验的总结，主要是面向过去的，与社会实际发展情况之间存在着一定的差距。网络时代背景下，网络技术以及信息技术日新月异，使得传统的教育方式难以跟上时代发展的脚步。鉴于此，创新创业教育应立足于当下实际情况，面向未来，突出一定的前瞻性，如此才能培养出紧跟时代步伐的应用型人才。

除此之外，在教育理念方面还应形成博大精深的品格，体现出开放、包容的心胸，这样有利于我们国家国际化人才发展环境的形成。

2. 课程体系

互联网的快速发展导致现有的理论总结比较落后，面对诸多新问题以及新业态，如何在设计课程的时候为学生提供更好的指导，以及更好地满足学生实际学习需求，这是广大教育工作者应重点关注的问题。互联网时代背景下，人才培养的整体体系需要进行改革与创新。

传统的模块化课程内容需要学生进行系统化学习，课程内容时间有限，且学生需要在特定的地点与时间进行学习。但是随着移动互联网的普及，对课程内容重新进行了设计。

3. 教学模式

互联网教育重新解构了传统模式，创新了以互动、参与为特点的新型教学模式，特别是以在线教育作为传统教育模式的有力补充下，得到了空前发展。新型的教学模式之中，体验式学习、协作式学习等多种学习方式并存，且各自呈现出了不同特色。

（1）翻转课堂主要是互换教师与学生的角色，从传统的教师在课堂中授课，学生课后做作业的模式，转变成学生通过网络渠道自学知识点，再带着自己的疑问在课堂中与教师、同学进行交流、讨论的方式。翻转课堂使得教师由主动传授知识转变为被动为学生答疑解惑，学生自主性、能动性等更能得到体现。

（2）虚拟实践。随着虚拟技术的高速发展，将虚拟技术引入课堂教学之中有着无限可能性。在教育中，虚拟现实技术的应用模式大致分成了两种类型，一种是虚拟课堂，另一种是虚拟实验室。

如今，伴随着现代化技术的演进，互联网还会以标准算法、系统模拟等为基础，为学生们提供个性化的学习服务。因为技术的增强，学生自主性大大有所提升，其主动性空前调动，充分结合互联网所提供的便利条件，能进行自主化的学习与研究。

4. 评价方式

互联网教育背景下，教育评价体系变得更加多元化，不仅从多层次上完善了对学生的考核，并且对于教师的考评也更加具体化。具体来说，互联网教育中，教学评价更加全面、技术化。

（1）学生评价方式的变革。现有的测评体系应全方位进行变革，建立全新的测评体系，不仅需要改革评价考核的方式，还应革新考核内容。网络环境之下，对学生的评价不仅是依据网络学习目标，对于学生的整体学习过程以及学习效果等进行价值判断，同时以发展为出发点，目的在于不仅限于鉴别，也包括了发展，并且力求促进学生的学习。在学生学习过程中设置若干评价项目，尽可能收集大量的反映学生学习情况的信息，包括结果性与过程性的，再以此进行建设性评估、判断以及学习指导。如此一来，在互联网时代环境下，学生学习评价不仅是收集多方面的信息，从而准确、客观评价，更重要的是借助评价结果对学生的学习加以综合指导。

（2）教学评价的变革。网络评价已经逐渐成为考察现代教育管理工作的重要指标以及方式，互联网时代下，教育领域中的每一个人都是评价的主体，更是评价的对象，社会各阶层也将更加容易通过网络方式对教育介入评价。基于互联网条件之下，对教学双方的评价是信息化的，同时也是基于教学双方表现与过程的。对学生的评价主要是其应用知识的能力，关注的重点不仅是其学习到了什么知识，而是其在学习过程中获得了哪些技能，评价通常来说是不够正式的，且缺乏建议性的。互联网背景下的评价主要包括以下几点指标。

①交互程度。对于学生交互程度的评价可以通过记录其应用网络教学支撑平台中的交流学习工具来进行，包括学生发言次数或者发言数据量等。

②答疑情况可以结合学生请教的问题数量、浏览问题解决次数等反映出来。

③资源利用情况包括课程本身资源以及与互联网资源等利用情况。

④作业。结合学生作业完成的情况，评价系统生成其知识点掌握程度以及作业完成情况等。

⑤考试。评价系统结合学生考试情况生成其知识点掌握程度以及问题解决情况报表，并对学生下一步的学习提供调整的意见。

总而言之，基于互联网条件之下，教学评价主要是由教师与学生结合实际问题以及学生的兴趣、经验等共同制定的，体现出了学生为主体，教师为主导的特点。

5. 教学空间

互联网时代下的信息技术为传统的教育形式与教育内容带来了革命性挑战，教育信息网络使得教学空间由教室拓展至虚拟电子空间，多种多样便捷的宽带接入方式，使得每一位需要接受教育的人都能够以远程方式，随时随地获取需要学习的内容。日益丰富的在线教育课程能够为人们提供教师在课堂中不能讲授的多元化知识，各种各样的多媒体课件资源能够使得不同的学习需求皆得到满足。将网络资源远程传输作为手段，将多媒体课件资源作为主要内容，将自主学习与互动交流教育作为形式，不仅提升了教育的质量，同时也提出了更高的挑战。互联网时代下的教育有着开放性特征，能够令学生在开放、积极的学习环境之中，以主动的姿态进行尝试与探索，谋求个体创造潜能得到最大程度上的发挥。

总的来说，基于互联网时代背景之下，大学生创新创业教育将会发生革命性变化，并逐步走向更加开放化、人性化的未来。

五、企业在互联网时代下转型的动因、模式与绩效

（一）企业转型的基本理论

通过对有关文献的梳理与分析可见，企业转型基本上分为了两个方面的内容。一方面，是跨行业转型，主要是指企业在不同行业或者不同领域中的转变。另一方面，是组织管理层面的转型，主要是指企业为了适应外部环境的变化，或者为了有效提高内部运作的实际效率，在企业组织结构以及管理模式等方面进行优化的过程。

因为受到了全球性金融危机的影响，粗放式的经济发展模式长期积累的问题逐渐集中爆发。所以，企业的转型以及升级是新兴经济体最为重要的企业行为，同时也是我们国家管理领域中的热点话题。伴随着我们国家经济进入新常态，经济增长逐渐从高速转变成为中高速，经济的结构在不断产生变化，经济增长的主要动力从要素驱动、投资驱动转向了创新驱动的角度上。基于这种转变之下，中国企业转型升级的需求也变得更加迫切。

1. 企业转型动因

关于企业转型的主要动因，目前的研究更多的是关注外部环境因素与内部组织因素。企业转型的升级的动因主要分为了两类，一是比较主动，包括企业结合长远发展以及自身实际发展水平等方面的考虑，二是比较被动，主要因为宏观环境的推动以及市场竞争加剧等方面的考虑等。

如今，信息技术与互联网技术高速发展，技术革新伴随着商业模式的创新，均为传统产业造成了巨大挑战，所以传统企业面临着十分严峻的外部环境压力。

除此之外，企业能力以及资源在推动企业转型的过程中承担着十分重要的角色，如果企业产品或者服务涉及较多领域，那么企业所拥有的资源则

越丰富，企业通过重组此类资源进行变革的可能性则更大，那么机会也就越大。据有关的研究发现，企业多元化程度越高，企业实施战略变革的动机也就越强。

外部环境压力与企业所拥有的资源能力等，可以为企业创造更多可能，企业家精神为企业转型提供了强有力的支撑与推动力。企业家精神内含创新特质以及较高的企业抱负，这都能对企业转型产生深刻影响。企业家抱负水平直接影响了组织对于学习的投资程度，基于动态环境之下，可能会引发较大程度上的组织变革。

2. 企业转型模式

企业转型升级涉及了多样化的产品、服务或者市场环境等，所以企业需要通过动态能力以及组织学习等，从而克服转型过程中的重重阻力。动态能力指的是企业整合、建立以及重构内外部资源，从而快速适应环境变化的能力。组织学习通过响应外部环境的变化，能够及时捕捉市场与技术信息，这是构建动态能力的基本前提。

企业转型应具备相对应的能力与技术，这种能力一般是需要企业通过不断学习而获得的。企业应为了克服不同认知与功能的障碍开展各种有关活动，运用新方法论、新实验等方式获取知识与技能。与此同时，企业往往能够通过与相关企业的合作，从而提升自身知识水平与技术水平，组织之间的联系能够帮助企业获得资源，并且创造出一定的竞争优势。

结合不同的技术资源可以看出，转型企业技术能力的培育有两种模式，分别是原有技术能力的挖掘再利用以及基于新产业的技术学习。一般情况下而言，影响模式选择的因素主要有两方面。首先是产业关联度，如果企业转型涉及了跨行业，那么跨度越大，企业原有的技术能力体系则在新产业中的价值将会越低，此时，企业更有可能会采取并购合作等方式，从而获取相应的技术资源。其次是企业所处产业生命周期，企业所处产业周期的阶段性将会对企业资金实力产生直接影响，也是企业转型的动因，最终对企业转型的方式造成了影响。再者是技术机会，如果企业所处行业将会因为某一种新的技术或者是新的模式出现巨大变革，则企业将会有着更大的动力获得相对应的技术，此时，将会在新技术或者新产业技术的积累情况之下进行模式选择。最后是企业融资的难易程度,如果企业融资相对来说比较容易,将会更有可能通过并购参股的方式获取企业转型所需要的有关技术与能力。

3. 企业转型战略与绩效

国内外有关于企业转型方面的研究更多的是关注工业企业,且转型所涉及的层次有所不同。通常而言,企业转型是过程升级、产品升级、功能升级以及跨产业升级这四种类型,呈现出了阶梯式上升的过程。针对四种不同的升级类型,升级绩效的衡量标准也大有不同,综合来看,企业升级绩效衡量通常有新产品、市场销售收入比重以及企业整体盈利能力。

结合企业转型整体的过程来看,企业转型绩效主要包括了三部分,分别是:转型准备,描述企业转型准备充分的程度;转型绩效,反映企业转型所需变革的程度;企业绩效,着重对企业整体的绩效加以关注。

除了企业自身资源、能力以及企业家能力,企业转型绩效严重受到了转型模式的影响。企业转型的过程之中,相关的企业可以有效应用原有产业积累的资源与能力,从而增强企业转型的效率。通过证实还可以发现,原有产业与新进产业与企业绩效之间呈现出了正相关的关系。内部发展主要通过自主培育的方式,具体目标比较准确,但是需要比较长的投资周期。外部发展主要涉及了参股控股以及资产重组等,外部发展可以快速进入新的产业,需要企业具备比较强的整合能力,通过内部发展新建业务的方式投资周期比较强。

综上所述,现有的企业转型研究更多的是关注工业企业,研究方式以案例为主,研究的内容涉及了企业转型升级的概念、动因以及绩效等。在学术界,有关于转型升级的概念已经有了比较深入化的探讨,在实质内涵方面也基本上达成了一致。企业转型动因的研究中,学者主要对内部组织因素以及外部环境因素给予了高度关注,内部组织因素主要包括了企业可利用的资源、积累的能力等,外部环境因素主要包括了技术以及市场环境等。在选择企业转型战略方面,目前的研究更多的是关注转型的方式以及方向等。企业转型战略选择会对企业转型绩效产生一定影响,而衡量企业转型绩效的标准主要有新产品、业务收入占比等。

（二）公司创业理论

在初始阶段，创业研究关注创业者的个人特质，伴随随着大型公司内出现了大量的新创事业，其局限性日渐凸显。目前在学术界尚未对公司创业的界定形成一致意见，通常而言，有着狭义与广义之分，狭义的界定强调了公司创业主要是从事创新业务的活动，旨在利用组织内现存的创业资源或者人员等，从而进行新业务的开拓活动。广义界定强调了公司创业包含着多类创造或者创新活动的过程，指的是已经建立的公司通过重新整合资源，实施产品技术的创新、更新战略等创新活动的一种内部组织过程。

纵观国内学术界对于公司创业的定义可见，其呈现出了由窄变宽的趋势。可以说，公司创业是在现存企业的内部，并且得到组织授权以及资源保证的创新或者创造活动。这些活动可能会涉及新业务开发、产品或者技术创新等。

结合上述对于主要概念的基本界定，我们可以认为互联网时代下所采取的战略实际上就是企业借助互联网有关的技术以及传统产业融合发展的企业转型、公司创业行为。在不同的时代，企业转型有着不同的情境，当前互联网产业与传统产业融合发展的时代背景之下，基于互联网的转型是企业转型理论的热点话题。除此之外，互联网基础上的战略涉及了企业业务流程、组织结构等重新构造，所以其本质是企业追求可持续发展的公司创业行为。目前来看，学术界在企业转型理论与公司创业理论方面已经收获颇丰，这为我们进一步研究企业转型理论以及公司创业理论，分析互联网时代下的战略提供了有利的理论基础。

知识经济时代下，市场与技术的变化可谓是层出不穷，这为企业可持续发展带来了较大的挑战。企业想要保持竞争优势，那么就需要在发展的过程中重视自我革新，在现有的基础之上开展二次创业，所以，公司创业成为学术界以及实业界共同关注的一大热点话题。从目前而言，学术界对公司创业研究的重点放在了公司创业衡量、性质以及对绩效的影响关系方面。

1. 公司创业衡量

有关于对公司创业的衡量，学术界重点关注划分公司创业的维度，由于其架起了公司创业理论以及实证检验的桥梁。虽然不同研究者对于公司创业维度秉持着不同的划分观点，但是在关键的维度上，学术界还是达成了基本的一致。

公司创业是一个多维度的构想，包括了创新性、战略前瞻性等。公司创业导向的五个维度是：独立性、创新性、主动性、风险承担性以及竞争积极性。就目前而言，大多数研究将创新性、战略前瞻性以及风险承担性作为了创业导向的维度。

2.公司创业类型

因为公司创业形式有所不同，学术界对于其外延有着不同的划分，公司创业涉及新产品或者业务开发、组织变革等。

由于创业源的不同，可以将公司创业分成不同的类型：企业内部创业与企业间内创业。企业内部创业更加关注企业内的创业过程，企业间内创业则主要聚焦于企业间的创办过程。

3.公司创业战略与绩效

公司创业是一种企业战略性的行为，常常以各种形式的创新为主，所以会对组织的生存发展以及绩效产生无形的影响。结合资源基础观的视角上来看，公司创业是一种积累、转化以及开发资源，从而实现战略目的的重要形式，有效的公司创业能够帮助企业创造知识，这些知识嵌入在企业的人力资本之中。企业可以借助这些知识有效实现创新，进而超越竞争对手，并获取竞争优势。

通过有关的实证研究可以发现，公司创业行为与企业的绩效呈现出了正相关的关系。但是伴随着公司创业研究深入发展，学术界也开始发现了公司创业战略与企业绩效之间的关系不一致。有关的研究开始提出，公司创业与绩效之间的关系受到战略与环境因素的影响，公司创业导向与绩效之间的关系不够显著，甚至在特定的环境与组织背景之下会出现恶化现象。

除了组织因素与环境因素，近年来，开始有学者加强企业网络对于公司创业战略与绩效影响的关系方面的重视。作为一种新兴的网络组织，企业集群被认为有利于企业创业活动的实现。

公司创业研究已有大量的文献作为依据，这些研究重点关注公司创业的内涵、维度以及对于企业绩效的影响关系，有关于公司创业的概念、类型以及维度，学术上已经有了比较充分的探讨，并且达成了基本的一致。但是有关于公司创业以及企业绩效的影响关系方面，现有的研究存在着比较大的分歧与不一致。追究其中原因，主要是由于公司创业与企业绩效的关系方面不仅受到了企业自身的影响，同时也会受到企业所处市场以及竞争环境等方面的干扰，所以，揭示环境特征对于这一关系的调节作用成了当前重点研究的内容。不仅如此，目前的研究极少关注公司创业类型与公司战略匹配对于企业绩效的影响关系。

（三）互联网对企业的影响

自二十世纪九十年代以来，互联网与信息技术逐渐被企业应用，在进入二十一世纪之后，企业逐渐扩大了在信息技术方面的投资。一方面，互联网与信息化技术的应用能够大大提高企业资源配置的效率，增强企业对环境变化的适应性与灵活性。另一方面，互联网及信息技术能够有效改变企业组织结构，颠覆传统的商业模式，推动着产业融合全面发展。

信息技术对于企业的改变主要体现在了三个层次，分别是替代性改变、功能整合升级、结构性变化。通过信息技术的应用，能够使企业将一些烦琐的业务变得程序化，强化业务的实效性，减少认为处理可能造成的损失。通过将先进信息技术嵌入人工智能，企业能够有效实现部分生产或者服务的自动化与智能化。并且信息技术与传统产业价值链的整合，可以大大提高企业的效率，通过互补性融合而创造企业竞争优势，进而实现企业升级。最后，使用信息技术能够大大提高资源配置的效率，推动整个经济社会高效协同运作，并且有效改变传统经济部门的结构。

立足于互联网资源属性的角度来看，有关人员对互联网的技术性、公平性与渗透性特征进行了分析、研究，并且探讨了互联网对于显示经济的影响。从交易层面上来看，互联网平台减少了信息的不对称，增强了交易效率。从内部运营层面来看，互联网提升了资源配置的效率，强化了管理的实效性。从组织结构层面来看，使用互联网与有关技术对于环境的变化更加具备灵活性与适应性。从商业模式层面来看，互联网通过了比较强大的渗透力不断对传统产业的商业模式进行了革新，并且与其他产业融合发展。互联网与传统产业融合能出现信息化、数字化的趋势，产业融合也将会跨越产品、业务以及市场三个层面。

近些年来，伴随着移动互联网以及物联网为代表的新一代信息技术快速得到了发展，经济社会逐渐转变。技术的创新伴随着商业模式的创新，一系列新模式与新业态逐渐呈现了出来，传统在位企业面临着比较大的生存发展压力。促使在位企业积极拥抱互联网，从而使自身能够在新模式之下仍然保持良好竞争力。互联网有着公共性特点，企业可以通过互联网平台接触消费者、供应商以及合作伙伴，并且应用相关的技术能够与消费者保持密切的关联，加强与供应商、合作伙伴之间的协同效应，比较有利于企业打造竞争的优势。各国政府逐渐意识到了信息化、技术化对于国家发展战略的重要作用，所以纷纷出台了有关的政策，大力支持相应领域的研发与投入，政府对于一些产业的管制放松也为互联网产业以及传统产业融合提供了合理性的途径。

（四）信息技术与企业绩效的关系

1. 信息技术与企业绩效的直接效应

如今，随着企业不断加大在信息技术方面的投入，大量的研究更加关注信息技术对于企业的经济价值，探讨了在企业竞争优势创造过程中，信息技术所体现出的价值与作用。

从产品或者服务差异化的视角上来看，互联网是能够为企业创造新价值的主要来源，企业能够更好地满足消费者实际需求，并且开发出新的产品或者提供新的服务。通过合理应用信息技术，企业能够动态跟踪消费者为满足的实际需求，俘获并且应用消费者知识更好地进行设计，并做到更好的预测、生产以及运送等。互联网能够为企业创造出新的市场与销售渠道，企业可以借助其强化对于自身产品或者服务的认识，并且能够吸引新的消费者。互联网可以有效提升顾客全生命周期的管理，通过不断实践接触，企业可以提升客户忠诚度与满意度。

从节约成本的视角上来看，互联网帮助企业降低了运营、管理以及营销等成本。使用信息系统能够有效提升价值链各个环节的实际效率，降低企业运营的成本，互联网能够使企业之间的信息共享更加便捷，供应链伙伴之间的联系更加紧密，进而有效降低沟通协调成本。使用信息技术可以帮助企业有效实现部分流程的自动化与自主化，进一步有效降低企业管理的成本。互联网平台能为企业提供多元化的营销渠道，这些新兴的营销渠道与传统营销渠道相比较而言，其速度更快、辐射范围更广，且成本相对来说也更低，企业顾客获取以及营销活动的成本能有所降低。

2. 信息技术与企业绩效的间接效应

虽然信息技术在许多情境之下能够有效增强企业的价值，但是通过缩减成本或者增加收入这两种方式并不一定能够为企业带来持续竞争优势。一些学者发现了，信息技术本身并不会创造企业的竞争优势，所以，一些研究重视信息技术对于企业绩效影响的间接效应。

信息技术与企业战略之间有着紧密关联，企业应巧妙将信息技术能力与战略有效结合。将信息技术与企业价值链相联系，可以使信息技术提升企业价值链活动的沟通协调效率。信息技术可以有效支持企业竞争战略，包括成本领先、差异化、创新等。

与此同时，更多的研究开始重视信息技术与企业自身资源的整合，企业应结合信息技术深入挖掘自身特有的无形资源，其中包括组织领导力、文化以及业务流程、将人力资源、技术资源等与信息技术互补性融合，企业可以创造竞争优势。结合资源基础观可以证实基础设施投资与电子商务能力的互补性，结合实证可见，企业信息技术投资只有与企业的战略意图相一致的时候，企业绩效才能有所提高，并且验证了企业信息技术能力在这一关系之中的正向调节效用。

总的来看，当前的互联网有关研究更多的是关注互联网以及信息技术对于企业的经济价值，并进一步探讨其对于企业整体绩效的影响。大量的研究从互联网以及相关技术的特征出发，对其经济价值展开了理论性推导。基于这种理论分析，大量实证研究检验了信息技术与企业绩效之间的影响关系，但是结论却大多处于不一致的情况。对此，研究者开始聚焦于企业信息技术能力以及企业战略或者企业资源的互补性，并且在这种视角之下得出了相对来说比较一致的研究结论。

六、互联网时代下大学生创新企业模式的构建

新创企业由战略至管理、由组织至文化、由生产至营销,基本上可以归纳成为几个关键要素,即商业模式、管理模式、生产模式以及营销模式。在网络时代下,尤其是在互联网时代背景之下,新创企业应紧跟时代潮流,通过互联网技术、互联网思维以及互联网精神调整、优化企业的整个价值链。在网络时代下,商业模式的变化以及战略方针的选择等方面都离不开"互联网化"。

(一)互联网时代下的企业商业模式

互联网时代下的企业商业模式需要通过互联网思维以及互联网技术全面打造一个开放的平台,从而改变原有的盈利模式。

互联网时代下,企业之间的竞争不仅体现在了产品竞争方面,还涉及了商业模式的竞争。企业想要在市场竞争中拥有绝对的核心竞争力,则应着重加快实现商业模式的互联网化,充分结合互联网颠覆整体的商业价值链。商业模式对于新创企业而言十分重要,是大学生创新创业过程中,企业所运营的核心部分,网络时代的商业模式在营销推广以及产品内容等方面都有了诸多新变化。

1. 商业模式的概念

商业模式旨在企业与其内外部之间有关的利益形成的一种交易结构,设计这一交易结构的主要目的是为了使企业能够在经营的过程中最大限度获取利润。

从本质上来看,商业模式主要就是一群利益者为了获取利益,聚合自身的资源能力,从而形成一个交易结构,在这一交易结构之内进行交易,从而创造出比整合这些资源能力之间的更多价值。参与商业模式中的每一方都会得到与自身投入资源能力相符合的价值,当每一方得到的价值高于他人投入资源能力的机会成本的时候,这一交易结构则会更加稳固。

互联网时代下,无论是哪种商业模式都需要依靠互联网平台,借助互联网的功能与力量获取相应的资源,并开展其经营活动。

2. 互联网时代下企业商业模式的类型

（1）长尾型商业模式。长尾理论的原理十分简单，描述媒体行业从面向大量用户销售少数拳头产品，至销售庞大数量的利基产品的转变，虽然每一种利基产品相对来说只产生小额销售量，但是利基产品销售总额能与传统面向大量用户销售少数拳头产品的销售模式形成比较。长尾理论的核心是结合提高冷门产品的销量，从而刺激人们对于冷门产品的实际需求，进一步增强这类产品的利润上限。结合实际生活来看，人们对冷门产品并非没有需求，而是人们缺乏对其的重视、关注，未能形成潮流。这类产品一旦不能达到一定规模的市场销量，那么就能明显提升人们的需求欲望，这类产品的利润潜力也会逐渐随之有所增加。不仅如此，过去的企业关注成本太高，所以难以全面顾及小客户的需求。而在互联网时代之下，企业的关注成本大幅度有所降低，企业有能力兼顾大客户与小客户的实际需求。

（2）跨界商业模式。从本质上来看，跨商业模式是一种商业模式的新探索以及新变革，同时也是对于一个企业的商业模式进行创新、重塑，特别是对于广大的创业大学生而言，具有对传统行业的颠覆性价值。想要完成这种颠覆性，离不开特定的条件，包括良好的综合素养、宽松的市场环境等。在探索这种跨界商业模式的过程中，大学生应整合原有的低效率产业资源，重构生产关系，提升资源运用的实效性。

跨界思维的核心是进行颠覆性的创新，并且通常来源于行业之外的边缘性创新，所以应跳出行业而看待行业，建立系统的、交叉的思维方式，以跨界的思维突破传统的惯性思维，并且进一步超越传统的经营理念以及商业模式，构建科学的商业价值链。

（3）免费商业模式。互联网时代是一个注意力稀缺的时代，同时也是一个信息过剩的时代，如何在无限的信息中获取有限的注意力，成了互联网时代下的核心命题。对此，互联网经济主要是通过吸引大众的注意力为基础而创造出价值，再转化成为盈利。许多互联网企业都是通过好的产品、免费产品而吸引更多的用户，令用户体验新的产品或者服务，在此基础之上，重新构建商业模式。

免费模式具有一定的颠覆性，从某种意义上来看打破了固有的交易概念。在互联网时代下，用户比较多是最大特点，基于全面参与的情况，因为受众比较多，所以免费模式成为可能。互联网之所以能免费，主要是由于一款产品用免费获取海量的用户之后，其边际成本趋向于零。比如，当互联网网站上增加了一名新用户，可以说网站支持新用户的成本几乎为零，则可以通过广告或者增值服务谋取利益，实际上就是创造了新的价值链，使得数字时代下的"免费模式"能真正成为一种赚取利润的经济模式。

互联网企业大多数情况下是通过提供免费且有一定价值的服务令用户进行体验与传播，互联网以用户体验至上为核心观念，创造机会增强用户的实际体验，在这一过程中感受到价值，从而将商业价值建立在用户价值之上。

（4）平台商业模式最为突出的特点就是结合现代化网络信息技术进行产品线上营销与服务活动，从而带动线下产品的生产、消费。这种商业模式的出现在极大程度上转变了传统的商业运行方式，使得产品生产、营销以及服务能够有效融合，从而减少产品中间的流通环节，并且降低产品的成本。

互联网时代下，用户的实际需求变化多端，更加难以捉摸，仅仅依靠企业自身拥有的资源以及人才能难以快速满足用户个性化需求。所以，通过平台快速汇聚资源，可以满足用户多元化、个性化的需求，平台模式的精髓在于全面打造多方互利共赢的生态圈。

传统企业不能轻易尝试做平台，尤其是对于中小型企业来说，不能一味追求将平台做大，而是应集中自身的优势资源，发现自身产品或者服务的独特之处，瞄准精准目标用户，围绕着产品全面打造核心用户群，并且以此为据点打造一个品牌。

（二）互联网时代下企业管理的模式

互联网时代下的企业管理模式是需要围绕着如何有效为用户提供产品与服务而开展，企业管理模式互联网化主要体现于三个方面，分别是：组织结构的互联网化、企业文化的互联网化以及管理平台的互联网化，进一步通过互联网技术改善管理、提高效率。

1. 组织结构互联网化

伴随着移动互联网的快速发展，传统组织结构的弊端逐渐显现了出来，内部各自为政，决策的实际效率低下等。在互联网时代背景之下，用户的需求呈现出了长尾分布，企业应更多地接触客户、市场等，所以十分需要灵活的组织模式与之相匹配。企业应结合互联网思维重新梳理公司战略、文化、组织等，并重新审视僵化的企业文化与组织结构，对公司产品与服务重新定义，彻底、全面转向以用户为中心的组织。互联网时代下，企业的核心竞争优势主要来源于企业对于用户需求的敏感度以及满足度，每一个公司想要取得成功，必须广泛与用户进行沟通。

2. 企业文化互联网化

企业转型的过程中，文化转型是比较重要的一点，更是人的思维转型，如果这些转型不能高效完成，企业转型将会面对重重困难，甚至会以失败告终。所以，互联网时代下，企业应建立以互联网精神文化氛围，解决内部员工的观念转变，进一步有效改变企业的战略，所有的转型都应固化成为企业文化，只有实现文化转型，才是真正意义上的精神传承。只有企业具备互联网元素，才能有效发挥出员工的创造性、积极性以及主观能动性等，才是真正意义上的企业互联网化。

3. 管理平台互联网化

互联网时代下企业积极尝试了协同管理的模式，建立了协同管理的平台，实现了产品平台化、企业社交化以及应用共享化等，借助该平台能快速打通企业之中各个异构系统的互联互通，整合企业、员工以及客户之间的各种应用，并且打通相互之间的数据交互、信息共享等，进而实现事物的大协同。当今时代移动互联网能使传统办公场景向企业社交化逐渐过渡，提升团队执行力以及创造力等，协同管理中的企业社交化，能够为工作流程注入移动化、生活化等创新元素，并且将会更好地推动企业内部沟通。

（三）互联网时代下企业营销的模式

互联网背景之下，企业模式也应紧跟时代发展步伐，企业的营销错综复杂、千头万绪，最终归结于三方面的因素，即营销环境、营销对象以及营销方式。

1. 营销环境移动化、碎片化、场景化

在互联网时代背景下，企业营销环境趋向于移动化、碎片化、场景化，人们不再是局限于固定的时间之内或者固定的场所之内进行消费，而是转变为多渠道、多场景的消费，消费者可以随时随地，通过任何方式购买自己所需要的或者喜欢的商品，足以体现出整个营销环境的移动化。移动网购不受多方面限制，用户可以随身携带移动通信设备，随时随地进行购物。移动技术能够使用户在任何具有网络信号或者通信信号覆盖的地方获取信息。移动软件有着存储容量方面的限制，内存软件能够更好地帮助用户存储、分类信息，满足用户需求。

如今，人人都是自媒体，个个都是消费源，人们的注意力被各个媒体所分散，所以也就进一步加剧了用户碎片化趋势，也就是消费地点碎片化、消费时间碎片化以及消费需求碎片化。除此之外，许多情况下，营销要触动消费者，需要有相匹配的情景，因为人们是受到环境影响的，场景化能够将消费者购买欲望激发。

2.消费主体个性化、社交化、娱乐化

年轻一代已经逐渐成为消费主力军，如今人们生活在物质大爆炸时代，他们的性格多变，且比较有个性、活力四射，对于消费要求比较高，难以取悦。他们在消费的时候往往不仅是为了获得更多物质产品，而是注重通过消费获得精神愉悦以及个性满足等，其消费观念、消费意识等正在对整个商业环境产生深刻影响。同时，他们的心理特点是追求与众不同的个性以及自我张扬，重视产品消费体验的过程中，是否能够为自身带来精神以及情感方面的满足，并且获得差异性、个性化等体验。

3.大数据、社群化、场景化的营销方式

（1）大数据营销。大数据主要是为了获取用户的信息，大数据营销主要就是通过实时监测或者追踪消费者在互联网中产生的海量行为数据，借助数据库筛选、分析以及挖掘，从而找寻目标客户，实施有效推广策略，进而实现精准销售，并且灵活解决营销中心最小投入、最精准的链接问题。移动互联网时代背景下，企业经营策略已经逐渐从传统以产品为中心转变成为以用户为中心。而以用户为中心的必要条件是清楚了解其喜好、行为习惯等特点，掌握其真实需求以及潜在需求，大数据能使一切皆成为可能。

（2）社群营销。社群营销主要是结合某一个相同或者相似的兴趣爱好，通过某种载体聚集人气。互联网的快速发展推动了信息交流更加便捷化，志同道合的人更加容易聚集在一起，从而形成社群。互联网时代下消费者的社群变得更强，移动互联网技术的发展能使得企业与消费者之间的关系变得更加紧密。对此，移动互联网时代所传播的核心应是找到合适的影响点，在合适的时机影响那些能在社群中产生影响的人，从而取得品牌增值的杠杆效应。对于大多数的企业而言，市场营销活动主要针对特定群体的营销活动，是一种小众化的营销。从某种意义上来说，社群是比较好的营销对象，这是一种最为贴近人群的营销方式，并且在社群中，企业无须逐个询问每一位客户的喜好以及对产品的意见等信息，社群成员能主动提出自己的意见或者看法，并且引起讨论，这样一来，企业就能轻而易举地收集社群成员的建议与想法，及时获取有关信息。虽然社群营销不能与大众媒体或者广泛传播相提并论，但是社群营销所在圈的人均为潜在客户或者精准客户，传播速度比较快。社群能凭借多元化的社交构建独特的生态系统，并且生态系统中的人群都有着共同的喜好与特点，社群营销不仅能够作为一种普通宣传活动的方式，还能针对特定目标组织或者特殊人群进行宣传活动。基于社群互动、评论的过程，更容易建立起社群人员对于企业产品或者服务质量的动态评估，增加产品与品牌的附加值，形成较强的品牌忠诚度。社群营销方式主要是以人际关系、兴趣圈子以及口碑传播为核心，随着时间的流逝，在圈子里形成的口碑不仅不会消失，反而如果在被一些因素激活的情况下，能够产生发酵。

（3）场景化营销。场景营销是判断用户在当下情景中的实际需求，为用户做个性化推荐。移动互联网时代下，用户消费场景发生了巨大变化，用户消费行为不再是完全静止的、有计划性的。用户主要分散在媒体接触中，不断吸收营销信息，所以许多消费行为都会由于特定品牌设定的广告、体验场景实时触发，新技术的发展能令随时捕获这种情景变得比较容易。伴随着移动互联网的高速发展与技术、数据等方面的升级，场景营销通过了深入挖掘用户需求，主动为用户提供能够解决需求的工具，全面打造新的使用场景，从无到有，创造全新的营销机会。

七、互联网时代下大学生新创企业营销平台

一个优秀的互联网创业营销平台，能结合企业战略与关键流程科学选择合适的管理软件，数据与流程的整合应用，充分借助互联网技术，通过一种有机的方式整合企业内外资源以及顾客价值等，从而实现市场驱动。互联网时代下的创新创业充分发挥了现代化技术的支撑作用，结合线上网络以及线下实体的优势，能够聚集、共享各类要素资源，从而形成大众创业、万众创新的浓厚氛围。网络营销是一种新时代下的营销方式，其有着费用低、见效快等特点，能够更好地帮助企业与个人快速完成市场调研、网站策略等一系列的营销活动。互联网背景下的大学生新创企业营销应充分结合互联网广告、移动终端等营销渠道，突出信息变化的节奏以及客户需求多样化特征。

（一）互联网广告营销

互联网广告是当前基于互联网进行商业营销、产品推广的一种重要方式，同时也是互联网时代背景下，大学生创新创业的主要形式之一。互联网广告指的是通过网络广告平台在网络上投放广告，借助网站上的文本链接、多媒体等方式，在互联网刊登广告内容，通过网络传递至互联网用户的一种高科技广告运作方式。互联网广告可以准确追踪、分析用户的偏好，这是互联网相对于传统媒体营销的优势所在。

互联网广告投放策略为确定业务目标、营销策划方案设计，业务目标应明确几个问题，分别是：确定目标市场，企业服务的顾客类型、地点、市场规模、顾客需求，这是制定营销策划方案的基础数据；确定企业营销效果，这里的效果不仅包括了企业的获利能力指标，同时还包括了其他一些企业追求的目标，比如企业的信誉、知名度等。营销策划方案的设计方面，企业产生营销方案的渠道是多元化的，比较常用方式是相竞争对手学习、进行自我创新等。

（二）移动软件营销

伴随着移动设备的不断普及，人们上网的方式逐渐从PC端转换成移动

端，移动软件越来越受人们的青睐。于是，第三代体验营销、移动营销时代来临，移动软件成了营销的重要方式。移动软件作为移动互联网时代下新兴的营销模式，凭借着精准互动与个性化的特点正在被企业推崇。相较于传统的营销手段，移动软件有着一定的优势，包括了：用户增长速度较快、经济能力较强；整合多种新型技术，为用户带来前所未有的体验；具有随时随身性、互动性等特点，容易实现裂变式增长；与传统营销模式相比较，移动软件开发成本更低；通过分析新技术与数据，移动软件能够实现精准定位企业目标用户，达到低成本快速增长。

大学生新创企业在进行移动软件营销的过程中应遵循常规的法则，主要涉及了下面几点。

（1）企业做好移动软件功能与角色的定位，需要在充分进行市场调查的基础之上进行定位，考察消费者的使用习惯、消费心理等方面。

（2）有针对性地选择移动软件营销的产品与信息，移动软件营销的职责是为了丰富产品与品牌信息，并且做好消费者互动与服务。在运营的时候，如何在一定的时间内使消费者遇到合适的信息是关键所在，企业通过移动软件向消费者传达有针对性的产品与信息，并且在移动软件营销的过程中提升用户产品体验与品牌体验，从而引起消费者的共鸣。

（3）关注最新的有关科技发展动态，找寻移动软件营销的技术手段创新灵感并在关注规划移动软件内容的同时，随时关注日新月异的科技发展动态，特别是与体验有关的技术。因为其中的一些技术能够成就创新的移动软件营销形式，为消费者带来耳目一新的体验感。

（4）企业应用移动软件营销应是细水长流的，企业需要做好长期的规划与维护更新，除了立足于消费者的角度上出发开发移动软件，还可以面向内部员工、客户以及合作伙伴等开发移动软件，使其能与企业共同宣传品牌、促进销售。

就目前而言，许多企业开始尝试着开发与使用自身企业专属的移动软件进行营销，这类的移动软件营销方式更加具有灵活性，并且个性化程度比较高。但是，这类移动软件通常容易出现质量、创意等方面的问题，许多企业比较困惑的问题就是怎样成功吸引并留住客户。大学生在创新企业的过程中面临着多如牛毛的移动软件市场，除了用广告硬推、捆绑下载等比较老套的方式，还应使自己的移动软件真正意义上获取消费者青睐，并且以实用性为前提，将核心重点放在互动方面，以创意为关键点，并且应整合应用其他媒体终端以及营销方式，相互配合、自成体系。结合线上线下的多种营销方式与工具，整合服务、平台，使消费者能够通过多角度、全方位体验企业营销活动的刺激，强化营销的质量。

第八章 "双创"背景下大学生创新创业教育措施

第一节 重塑高校大学生创新创业教育理念

当今时代,正在以智能化、信息化为主要特征的第四次科技革命、产业革命以及教育革命的汇聚发展加速重塑全球科技版图以及创新格局,创新成为引领发展的首要动力。着重推动创新创业教育发展有着深远意义,创新创业教育的关键在于"教育",归根结底是需要培养德智体美劳全面发展的社会主义建设者与接班人。

在深入推进创新创业教育的当下,其中的短板与不足应有效规避、改进,结合我国高校创新创业实践的经验进行深入探讨。从1999年清华大学承办首届挑战杯以来,全国大学生创业计划大赛正式拉开了全国高校创新创业教育的序幕。在我国,创新创业教育已经走过许多个年头,多年以来,创新创业教育的理论与实践从表及里、由浅入深地发展,在提升了高等教育质量、促进了创新创业人才培养等多方面发挥出了重要作用。深化高校创新创业教育改革,是有效适应全球竞争、服务国家创新驱动发展战略、推动经济提质增效的时代背景需求,同时也是进一步强化高等教育综合改革,强化大学生高质量创业就业的客观需求。

一、我国大学生创新创业教育的瓶颈与挑战

2015年,我们国家印发了《关于深化高等学校创新创业教育改革的实施意见》,提出了完善人才培养质量的标准等,全面深化了高校创新创业教

育改革的重要举措，意见的提出也标志着我们国家高校创新创业教育进入了全面深化的新阶段。2016年，我们国家教育部门下发了《关于建设全国万名优秀创新创业导师人才库的通知》，并开启了国家级的创新创业导师人才库建设工作。2018年，我国印发了《关于推动创新创业高质量发展打造"双创"升级版的意见》进一步提出了应深化产教融合加强创新创业教育的培训工作。2019年，教育部门印发了《国家级大学生创新创业训练计划管理办法》，更进一步的规范了"国创计划"的项目管理工作，深化了我国当代大学生创新创业教育改革。

当下，"挑战杯"全国大学生课外学术科技作品竞赛、创业计划大赛等成了我国大学生创新创业项目的竞技场与孵化器，获奖项目的签约率、成果转化率等不断有所提高，进一步扩大了社会的影响力，我们国家高校创新创业教育正在进入一个全面深化、快速发展的全新阶段。

然而，伴随着我国大学生创新创业教育的全面深化以及快速发展，虽然大学生创业人数以及创业项目呈现出了逐年递增的趋势，创新创业课程建设、导致队伍建设等方面也逐步有所改善。但是大学毕业生总体的创业率自己创业成功率却连续保持"双低"的趋势，创新创业人才培养与国家创新驱动发展战略、经济社会发展需求方面仍存在着比较大的差距。轰轰烈烈的创新创业教育活动与冷冷清清的本科毕业生创业率、创业成功率形成了较大的反差，创新创业教育与专业教育割裂、导师队伍能力匮乏、实践平台缺少等诸多瓶颈问题有待化解。

实际而言，创新创业教育涉及了创新创业人才培养的各个关节，可以说是高等教育自身对于科技革命、产业革命与经济社会发展在人才需求方面做出的回应，也是对于新时代人才培养目标与基本理念的重塑，更是当代高校教育范式的深刻改革。对此，在人才培养方面，应着重从提升教育服务国家发展能力的高度，从主动适应经济社会发展以及产业转型升级需求的深度，从参与全球化竞争、前瞻性引领未来世界发展的广度而对当下的创新创业教育进行审视，将创新创业教育渗透于培养人才的整体过程之中，致力于培养出具有国际视野、创新精神以及创业能力的领导者。在如何有效培养人才方面，应鼓励不同类型与不同层次的高校结合自身学科特点、资源禀赋等，不断加深对于创新创业教育模式的探索，进而形成多元并包的当代大学生创新创业教育模式与分层分类的质量检测标准。

二、推进创新创业教育与专业教育的交叉融合

结合目前的情况来看，许多高校均成立了创新创业学院，开展了轰轰烈烈的活动，但是并未在较大程度上提升广大专业教师的积极参与度，创新创业教育以及专业教育实际上处于相互割裂的尴尬境地。深入推进当代大学生创新创业教育以及专业教育的深入交叉融合迫在眉睫，一方面，是应推进教育目标的有机融合，将创新精神与创业意识、创业能力等方面的培养融入专业教育目标体系之中，使其能够成为专业人才评价的重要标准。另一方面，是应进一步推动课程体系的融合，除了建设基础化的"光谱式"创新创业课程之外，还应大力推进需求导向以及学科交叉的"精准式"创新创业课程建设工作开展。针对大学生创新创业实践活动中的核心需求，提供个性化的课程模块以及联合课程模块，从而做到因材施教、精准帮扶。还应在更广泛的范围之内推动专业课程体系的升级与改造，使得专业课程能够充分融合创新创业理论、技术以及最新成果与最佳创新创业实践等方面的内容。此外，应进一步推进教育教学方式的融合，结合大数据技术以及信息技术，有效满足学生个性化与多样化的学习需求。并且应大力改进实践教学活动，鼓励学生以科技创新作品、创新实验等形式申请学分、毕业。同时应大力推进专业实验室、创业实验室等有关实践平台建设的有效结合，进而实现平台资源共享。

三、推进"内外兼容"师资队伍的建设

结合当前的现状来看，高校教师普遍比较缺乏产业实践的经历，且知识结构相对单一化、创新创业指导能力低下等问题，这些问题急需解决。

（一）推进教师创新创业教育能力的发展

应进一步完善从专业教师、创新创业教育专职教师至行业企业挂职锻炼制度，补充教师实践能力的缺点，并且应积极探索创建探索建立教师创新创业教育能力标准和课程体系。这套标准和体系应涵盖教师的创新创业理论知识、实践能力、教育方法等多方面内容，成为教师上岗和职称晋升的必要

条件。这将有助于确保教师具备必要的创新创业教育能力，进而提高教育效果。

（二）不断优化创新创业师资队伍结构

通过薪酬激励、荣誉激励和创新创业合作等方式，吸引具有专业背景的科学家、政策制定者和行业精英走进课堂。他们可以担任创新创业课程的授课教师或导师，为学生提供丰富的实践经验和行业资源，这将有助于提升创新创业教育的实效性。

（三）不断优化教师评价机制

深入推进破"五唯"，应该将教师参与创新创业指导工作纳入职务评聘和业绩考核体系，这将有助于激励教师积极投身创新创业指导，提高创新创业教育的效果。同时建立多元化的评价指标，教师在创新创业教育方面的贡献不仅仅体现在科研成果上，还包括学生创新创业能力的培养、企业合作项目的开展等多个方面。因此，评价机制应该综合考虑这些因素，给教师提供全面、客观的反馈。

（四）完善科技成果转移转化激励机制，推进科教协同育人

鼓励教师用最新科研成果反哺教育教学，学校应该支持教师将最新的科研成果引入课堂，使学生能够了解到前沿的技术和理念，培养学生的创新精神和实践能力。鼓励教师以合同转让、作价入股和自主创业等形式将科技成果产业化，教师可以通过这些方式将自己的科研成果转化为实际的经济效益，从而为社会创造更多的价值，这也将有助于提高教师在创新创业方面的积极性。鼓励教师带领学生协同创业，学校应该为教师和学生提供合适的支持和资源，帮助他们共同开展创新创业项目，这将有助于培养学生的团队合作和创新创业能力，为他们的未来职业生涯打下坚实基础。

四、推进"多元协同"的外部合作网络建设

当前，高校创新创业教育的社会参与程度有限，为促进创新创业教育高质量发展，需要破除体制机制障碍，构建多元协同的外部合作网络。以下四个方面是推进外部合作网络建设的关键：

（一）校友发展网络

高校应充分挖掘校友资源，建立完善的校友信息数据库，实现校友资源的系统化管理和有效利用。鼓励校友以导师、讲师、投资人等身份参与创新创业教育，为学生提供实战经验、行业资源和资金支持。通过举办校友论坛、创业沙龙等活动，搭建校友与在校学生的交流平台，促进校友资源的有效传递和利用。

（二）企业合作网络

高校应积极与企业建立合作关系，定期组织校企对接活动，促进教育需求与市场需求的对接。还可以与企业共建创新创业实践基地，为学生提供实践机会，培养学生的实际操作能力和创新精神。并且应鼓励企业参与高校创新创业教育，为优秀创新创业项目提供资金、技术和市场支持。

（三）技术转移转化网络

高校可以设立专门的技术转移转化机构，负责推动校内技术成果的转移和产业化进程。提供专利信息服务、技术转移服务等支持，为学生创新创业项目提供技术、资金等方面的支持。通过建立实践基地，为学生提供创新创业实践平台，帮助学生将所学知识运用于实际项目。

（四）国际合作网络

高校可以邀请国际知名专家、学者和企业家参与创新创业教育，引入先进的教育理念和方法，提高创新创业教育的国际化水平。与国际知名高校、研究机构共建创新创业实验室和研究中心，实现资源共享、人才互动和技术交流。积极参与国际创新创业教育组织、竞赛和活动，拓宽国际视野，促进教育交流与合作。同时应针对国际学生的特点和需求，提供个性化的创新创业教育，培养具有国际竞争力的创新创业人才。

在实施上述策略的过程中，还需要注意以下几点：高度重视创新创业教育、加强政策宣传和培训、营造良好的创新创业氛围、建立健全的评价体系、强化政策支持、保持灵活性和开放性、融入地方发展战略、跨学科融合。

未来，随着科技进步和产业结构的变革，创新创业将成为推动社会进步的重要引擎。高校作为人才培养的摇篮，肩负着培养具有创新精神和创业能力的人才的重任。因此，构建多元协同的外部合作网络，推动创新创业教育高质量发展，已成为当务之急。只有这样，才能为国家和社会培养出更多具有创新创业能力的优秀人才，助力社会发展和繁荣。

第二节　研究高校"双创"教育政策的演进逻辑及推进策略

一、高校"双创"教育政策的演进逻辑

（一）高校内部教育适应外部经济变革的转型发展逻辑

1. 经济与教育的互动关系

（1）经济发展对教育的影响。经济发展是教育的基础和动力来源，随着我国经济的快速发展和结构调整，对人才的需求不断升级，需要具备创新精神和创业能力的人才应运而生。在这个背景下，高校创新创业教育作为人才培养的核心内容，应紧密结合经济发展的需求，适时调整教育内容和方式，为社会经济发展输送更多的创新型、创业型人才。

（2）教育对经济发展的支撑作用。教育是经济发展的先导和人才培养的基础，高校作为人才培养的重要基地，通过提供创新创业教育，培养具有创新精神和创业能力的人才，为经济发展提供强大的支撑。同时，创新创业教育在培养人才的过程中，也不断推动科技创新和产业升级，为经济转型和发展提供有力支持。

2. 高校内部教育转型发展的逻辑

（1）适应市场经济发展的需求。市场经济的发展要求高校在培养人才方面更加关注市场需求，注重培养学生的创新创业能力。因此，高校应在教育理念、课程设置、教学方法等方面进行调整和改革，以适应市场经济的发展需求，为社会输送更多具备创新精神和创业能力的人才。

（2）响应国家战略和政策导向。随着国家创新驱动战略的推进，创新创业教育成为国家战略的重要组成部分。高校应紧密结合国家战略和政策导向，积极推进创新创业教育的发展，为实现国家战略目标提供有力支持。

（3）适应社会需求和发展趋势。随着经济社会的发展，人们对创新创业教育的需求不断增长。高校在创新创业教育的过程中，应充分关注社会需求和发展趋势，不断调整和完善教育内容和方式，以满足社会对人才的多元化需求。此外，高校还应积极参与国际合作与交流，引进先进的教育理念和方法，为创新创业教育的发展注入新的活力。

3. 高校创新创业教育的发展路径

（1）完善创新创业教育体系。高校应建立健全创新创业教育体系，包括课程体系、实践体系和教师队伍建设等方面，为学生提供全方位、多层次的创新创业教育服务。在课程体系方面，高校应将创新创业教育融入专业课程，加强理论与实践的结合；在实践体系方面，高校应打造多元化的创新创业实践平台，增强学生的实践能力；在教师队伍建设方面，高校应引进具有产业实践经验和创新创业能力的教师，提高教师队伍的整体水平。

（2）深化产学研合作。高校应加强与企业、科研机构等社会力量的合作，推动产学研一体化发展。通过深化产学研合作，高校可以为学生提供更丰富的实践机会，帮助学生将所学知识应用于实际工作中，提高学生的创新创业能力。此外，产学研合作还有助于高校调整教育内容和方式，以更好地适应社会发展的需求。

（3）加强创新创业教育的评价与激励机制。高校应建立科学的创新创业教育评价体系，对学生的创新创业能力进行全面、客观、公正的评价。此外，高校还应制定切实可行的激励政策，鼓励学生积极参与创新创业活动，培养学生的创新精神和创业意识。

（4）推进国际合作与交流。高校应积极参与国际合作与交流，引进国际先进的创新创业教育理念和经验。通过国际合作与交流，高校可以拓展学生的国际视野，提高学生的创新创业能力。同时，国际合作与交流也有助于提升高校创新创业教育的国际化水平，增强高校在全球范围内的竞争力。

（二）从单一到协同、从短期到长远的办学引导逻辑

高校创新创业教育政策的演进经历了由单一到多元的过程，主要体现在以下几个方面：

1. 从教育行政部门到多部门联动

从贯彻落实"以创业带动就业"的战略来看，大学生就业工作是整个社会就业工作体系的一部分，因此不仅仅是教育行政部门及高校的工作，而是整个社会的工作。1999年以来，教育部层面或是国务院层面关于高校毕业生就业创业工作的相关文件呈现出了多部门联动的特点。在推进创新型国家建设，实施"创新驱动"战略过程中，高校的创新创业教育政策也呈现出教育行政部门、科研部门、工商税务等多部门联动的特点。根据高校创新创业教育发展的各个阶段来看，也充分凸显了政策演进的这一逻辑。

随着政策逐渐完善和多部门的共同参与，各部门在资源整合、政策制定、实施和执行等方面取得了良好的协同效应。各部门之间的沟通、协作和信息共享，有利于政策的精细化管理和高效实施，同时也能够更好地满足高校创新创业教育的多元化需求。

2. 从创业教育到创新创业教育

从1997年清华大学开展创业教育开始到教育部2010年印发《关于大力推进创新创业教育和大学生自主创业工作的意见》之前，这一阶段主要强调的是创业教育，围绕学生的就业来进行。《教育部关于大力推进创新创业教育和大学生自主创业工作的意见》中首次用"创新创业教育"替代"创业教育"，之后的政策变成了创新教育和创业教育。这一转变表明了教育部门对高校教育重点的调整，不再仅关注学生的就业，而是更加注重培养学生的创新精神和创业能力，以适应社会和经济发展的新需求。在创新创业教育中，教育部门强调创新思维、实践能力和创业精神的培养，旨在为国家培养更多具有创新精神和创业能力的人才。

3. 从大学生创新创业到大众创业、万众创新

2015年国务院印发了《关于大力推进大众创业万众创新若干政策措施的意见》，高校的创新创业教育政策被纳入大众创业、万众创新的大洪流中，

政策更加综合和多元，层级更高。这一变化表明了国家对创新创业教育的重视程度提高，将创新创业教育与国家战略紧密相连，强调创新创业教育在全社会范围内的推广和普及。大众创业、万众创新的理念将高校创新创业教育与社会、企业、行业等多方面紧密结合，形成了一个全方位、多层次的创新创业教育体系。

4. 培养主体从单一的学校到学校、企业、社会联动

国家在推进教育治理现代化进程中，鼓励校企合作、产教融合，在政策上引导和鼓励高校与政府、行业、企业合作来培养人才。这种多方共同参与的培养模式有利于培养出更具创新精神和创业能力的人才，同时也有利于高校教育与社会需求、产业发展更好地对接，提高人才培养的质量和效果。

5. 从短期功利性到长远理性选择

国家提出创业教育的初衷是为了缓解大学生"双向选择，自主择业"就业政策下的就业压力，解决大学生就业难题，因此具有短期功利性。但是随着经济转型升级、提质增效，创新驱动战略的实施，创新创业教育又被赋予了新的内涵和意义。深化创新创业教育改革，不断完善大学生创新创业政策，将新创业教育理念升华为高等教育的理念，进而成为一种教育思想，通过创新创业教育培养大学生的创新精神和创业能力，提升大学生创新素养，培养大批富有创新精神、勇于投身实践的创新创业人才队伍，持续增加高等教育对调结构促改革稳增长的贡献值，不仅是以创业带动就业和"提高自主创新能力，建设创新型国家"的发展战略的要求，也是适应未来经济社会发展的需要，进创新型国家战略的长期理性选择。

在此过程中，高校创新创业教育的内涵和形式也不断丰富和拓展，从创业教育课程设置和创业实践项目，到创新创业实验室、创业孵化器、创业导师制度等多元化的教育手段，为学生提供了更为丰富的创新创业学习资源和实践平台。同时，高校也积极开展创新创业教育研究，不断总结经验、完善方法，形成了一套较为成熟的创新创业教育理论体系和实践经验，为我国高校创新创业教育的发展积累了宝贵的知识财富。

（三）数量到质量、由低级到高级的渐进式发展逻辑

在早期，创业政策与大学生的就业政策融为一体，作为就业政策的一部分。自二十世纪九十年代后期以来，国家关于普通高校毕业生的就业工作的相关意见明确地表现出以创业带动就业的目的。这一时期的政策引导重点在于就业数量，对高校开展创业教育的好坏主要以大学生的创业数量作为主要衡量标准。然而，随着产业转型、技术升级，社会对人才的需求规格不断升级，这对高校的人才培养提出了新的要求。

为适应社会经济发展的需要，高校需要不断对人才培养进行改革，以提升大学生的就业竞争力和就业质量。高校的创新创业教育成为引导和推进高校进行人才培养改革的重要突破口。在这一过程中，创新创业教育被融入人才培养全过程，教育理念、课程设置、实践体系、教学方法、评价方式等均发生了根本性变化，呈现出全员、全过程、全方位的特点。

这一政策的变化清晰地反映出了高校人才培养规格与社会人才需求之间的矛盾运动，在经济已由高速增长阶段转向高质量发展阶段后，国家在创新创业方面也有了新的导向，开始引导创业向高质量方向发展。

在这一背景下，高校创新创业教育的发展逻辑也发生了重要变化，教育理念的转变使得创新创业教育从过去关注创业数量向关注创业质量转变。高校开始强调培养具备创新精神、实践能力和创业意识的复合型人才，以满足社会对高质量创新创业人才的需求。

课程设置的改革也反映了这一转变，高校开始将创新创业教育纳入课程体系，涵盖从基础理论知识到实践操作技能的多元化教学内容，使得学生在创业过程中更具备解决问题的能力和创新精神。此外，通过与产业界、企业和社会的深度合作，高校还将实际案例、前沿技术和市场趋势等纳入课程，以培养学生的创新意识和创业实践能力。

实践体系的完善也是高校创新创业教育发展逻辑的体现，除了课堂教学外，高校还设立了创新创业实验室、创业孵化器、创业基地等实践平台，为学生提供充足的实践机会和资源。同时，通过组织创新创业竞赛、实践项目等活动，高校鼓励学生将所学知识应用于实际创新创业项目中，提升其实际操作能力和创新能力。

教学方法的创新也是创新创业教育发展逻辑的重要组成部分，高校教师在教学过程中，逐渐摒弃传统的灌输式教学方法，采用项目导向、团队合作、案例分析等启发式、互动式的教学方式，激发学生的主动性和创造力。此外，高校还引入创业导师制度，邀请具有丰富创业经验的企业家、行业专家等担任学生的创业导师，为学生提供实际创业过程中的指导和帮助。

高校创新创业教育发展逻辑还体现在了评价方式的改革上，从以往单纯关注学生创业数量的评价方式转向关注学生创业质量和创新能力的评价体系。这种评价体系不仅关注学生在课堂上的学术表现，还重视学生在创新创业实践中的表现，以及创业项目的市场前景、技术创新水平等多方面因素。

从整体角度上分析可知，高校创新创业教育政策从数量到质量、由低级到高级的渐进发展逻辑，体现了国家对高校创新创业教育的高度重视和战略定位。在未来的发展中，高校创新创业教育应继续坚持以人才培养为核心，推动政策创新和体制机制改革，加强与产业、企业和社会的深度合作，进一步提升创新创业教育的质量和水平，培养更多具备创新精神、实践能力和创业意识的高素质人才，以满足国家经济发展的需要。高校创新创业教育应紧密跟踪国际创新创业教育的发展趋势，借鉴国际先进的经验和做法，加强国际交流与合作，提升创新创业教育的国际化水平。

（四）行政主导与集权管理到多方参与、民主发展的多元治理逻辑

多方参与、民主发展的多元治理逻辑，将为高校创新创业教育政策带来更加科学、有效和可持续的发展。在政策制定层面，多元治理逻辑有助于充分调动各方的积极性和创造性，形成更为丰富、多样的政策建议。通过广泛征求政府、高校、企业、社会组织和大学生等各方的意见和建议，可以确保政策更贴近实际、更具针对性，提高政策的可行性和有效性。在政策实施层面，多元治理逻辑有助于形成政策的合力，提高政策的执行效果。多方共同参与政策实施，可以克服单一主体可能存在的局限性和盲点，实现资源、技术和信息的优化配置。此外，各方在政策实施过程中互相监督、协作，有利于发现和解决政策执行中的问题，进一步提高政策的执行效果。在政策评估和反馈层面，多元治理逻辑有助于实现政策的动态调整，提高政策的适应性和灵活性。各方在政策实施过程中可以积极反馈问题和建议，为政策的调整

和优化提供有力支持。同时，各方共同参与政策评估，有助于提高评估的客观性和公正性，促使政策不断完善，更好地适应高校创新创业教育的发展需要。

多元治理逻辑有助于提升高校创新创业教育的民主性和公平性，在多方参与的过程中，各方可以充分表达自己的诉求和利益，确保政策在制定和实施过程中兼顾各方的合理诉求。这有助于提高政策的公平性，为高校创新创业教育提供更加公平、公正的环境。

从行政主导、集权管理到多方参与、民主发展的多元治理逻辑，是高校创新创业教育政策发展的必然趋势。在新的历史条件下，高校创新创业教育应坚持走多元治理之路，发挥各方的积极作用，共同推动创新创业教育的健康、持续发展。以下几个方面可以进一步拓展多元治理逻辑在高校创新创业教育政策中的应用：

1. 强化政策制定的透明度和公开性

在多元治理逻辑下，政策制定过程应充分保障信息的透明度和公开性，让各方都能够了解政策制定的过程和结果。这有助于增强政策的公信力，提高各方对政策的认同度和执行力度。

2. 建立健全政策评估和调整机制

多元治理逻辑要求在政策执行过程中，各方共同参与政策评估和调整，以便及时发现政策的不足和问题。因此，应建立健全政策评估和调整机制，明确评估指标、程序和责任，确保政策的动态调整和完善。

3. 加强政策协同和资源整合

多元治理逻辑强调各方在政策实施过程中的协同合作。为此，需要加强政府、高校、企业、社会和学生等各方在政策实施中的协同合作，形成政策合力，整合各种资源，共同推动创新创业教育的发展。

4. 完善政策沟通和反馈渠道

在多元治理逻辑下，各方在政策制定、执行、评估过程中的沟通和反馈至关重要。因此，需要完善政策沟通和反馈渠道，搭建政策信息共享和反馈平台，确保各方能够及时获取政策信息，为政策的优化和调整提供有力支持。

高校创新创业教育政策应坚定走多元治理之路，充分调动各方的积极性和创造力，共同推进创新创业教育的健康、持续发展。在新的历史条件下，坚持多元治理逻辑，将有助于高校创新创业教育政策更好地适应时代发展的需要，为高校创新创业教育培养更多优秀人才，为国家和社会发展做出更大贡献。

二、高校"双创"教育的推进策略

展望高校的创新创业教育政策发展趋势，必须在中国特色社会主义进入新时代这一背景下进行。我们要基于国家的教育优先发展战略，着眼于现代化建设和实现中华民族伟大复兴的中国梦。教育是国家的基石，对于人才的培养和创新创业的推动具有至关重要的作用。因此，高校创新创业教育政策应在国家战略的指导下，为现代化建设和实现中华民族伟大复兴的中国梦贡献力量。围绕经济社会发展对不同类型人才的需求与高校人才培养之间的结构性矛盾运动这一主线进行，随着经济社会的发展，人才需求的结构也在不断发生变化。高校创新创业教育政策需要紧密关注市场需求，适应人才培养与社会需求之间的变化，以更好地为经济社会发展提供优质人才。同时结合目前高校创新创业教育的现状，以问题为导向，从政策完善的角度来着力。当前，高校创新创业教育仍面临一些问题，如政策体系不完善、多元治理机制不健全、资源配置不合理等。为了更好地推动创新创业教育的发展，应加强对于这些问题的关注，从政策完善的角度出发，提出针对性的解决措施。

（一）优先发展，加快现代化教育

教育现代化是国家现代化的重要支撑。党的十九大提出，应注重要加速教育现代化，办好人民满意的教育，需要优先发展教育，推动教育走向更加深层次的改革。2018年我国召开了全国教育大会，全面阐述了教育现代化的相关理论和实践问题，全面部署了办好人民满意的教育和建设教育强国等相关工作。2019年《中国教育现代化2035》、《加快推进教育现代化实施方案（2018-2022年）》分别出台。《中国教育现代化2035》是新时代建设教育强国、推进教育现代化的纲领性文件，具有指导性、战略性、全局性，也是中国首个以教育现代化为主题的中长期战略规划。《加快推进教育现代化实施方案（2018—2022年）》则为政府建设教育强国、加快推进教育现代化的路线图、时间表，重在问题导向，突出行动性、操作性。

建设教育强国是实现中华民族伟大复兴的基础工程，在建设社会主义现代化强国的进程之中，教育系统始终体现出了比较重大的贡献点。在经济建设中，需要深度融入创新驱动发展战略、乡村振兴战略、区域协调发展战略和对外开放；在政治建设中，应扎实推进治理现代化、依法治教办学、加强法治教育；在文化建设中，应在培育践行社会主义核心价值观、加强思想道德建设、发展文化事业产业方面大有作为；在社会建设中，应主动在促进就业、脱贫攻坚、提高收入和社会保障水平、健康中国战略、社会治理等方面积极参与；在生态文明建设中，应积极投身于生态环境的保护，共同落实可持续发展战略，以上内容为加快教育现代化的重要使命和重点任务。自改革开放以来，随着中国教育现代化的推进，创造性地形成了具有中国特色教育现代化的"国家优先发展教育，教育优先满足国家发展需要"的模式。其中两个"优先"，相得益彰，共同构成了中国教育现代化进程中的双轮驱动。近些年来，这种"双优先"模式及其互相强化的作用尤为突出。在可见的将来，"双优先"模式将更加有助于持续深入推进我国和教育的现代化发展。

作为一种教育范式，创新创业教育在国家推进教育现代化的进程中，必将得到长期、持续、更加全面的政策支持。政策引领和驱动向着更加综合、更高级别的方向发展。政策在内容上将更加丰富和全面，不仅关注创新创业教育的课程设置、教学方法、教师队伍建设等基本要素，还会涉及与其他学科的交叉融合、产学研结合、国际交流合作等方面，从而为创新创业教育提供更加完善的制度保障。政策将更加注重实施效果，关注教育成果的转化。通过对创新创业教育政策实施的有效监测和评估，以及对成果转化的激励和支持，将有助于提升创新创业教育的质量和水平。政策将更加注重多元化的参与主体，在创新创业教育政策制定和实施的过程中，将更加重视高校、企业、社会组织等多种力量的参与，以形成合力推动创新创业教育的发展。政策在实施层面将更加精细化，根据不同地区、不同类型高校的具体情况，制定有针对性的政策措施，以满足各类高校在创新创业教育发展中的不同需求。政策在评价体系上也将不断完善，将逐步建立起以创新创业能力为核心的评价体系，以更科学、客观的评价标准来衡量创新创业教育的质量和成果,为政策制定提供有力的依据。

(二)协同合力,打造生态系统

在当前社会经济发展的背景下,打造具有合力的创新创业教育生态系统,需要加强各参与主体之间的信息共享和资源整合。这不仅可以提高创新创业教育的效率,还能避免重复投入和浪费。通过构建统一的信息平台,实现政府、高校、企业和社会力量之间的信息互通和协同,有助于进一步优化创新创业教育的资源配置。

我们可以从以下几个方面深入剖析创新创业教育的多元协同和合力形成:

1. 政策层面的支持和引导

政府在创新创业教育方面制定了一系列的政策和规定,比如《关于深化高等学校创新创业教育改革的实施意见》《国务院关于强化实施创新驱动发展战略进一步推进大众创业万众创新深入发展的意见》等。这些政策为创新创业教育提供了明确的发展方向,鼓励高校、企业和社会力量参与其中,形成合力。政府还需要在资金、税收、人才等方面给予支持,推动创新创业教育的发展。

2. 高校在创新创业教育中的角色

高校是创新创业教育的主体,需要结合自身特点,制定创新创业教育的策略和计划。高校需要调整课程设置,增加创新创业教育相关课程,提高学生的创新创业素养。此外,高校还应加强师资队伍建设,引进具有创新创业背景的教师,提升教育质量。同时,高校应主动与企业和社会力量合作,搭建实践平台,让学生有更多的实践机会。

3. 企业参与创新创业教育的方式

企业是创新创业教育的重要合作伙伴,可以为学生提供实习、实践、就业等机会。企业可以与高校开展产学研合作,共同培养创新创业人才。此外,企业还可以参与课程设置,提供实际案例,让学生了解市场需求。企业还可以通过投资、赞助等形式,支持高校和社会力量开展创新创业教育活动。

4.社会力量在创新创业教育中的作用

非营利组织、非政府组织等社会力量可以在创新创业教育中发挥出重要作用。他们可以为创新创业教育提供资金、技术、人脉等支持,帮助学生实现创新创业梦想。此外,社会力量还可以开展创新创业教育的普及和推广活动,提高社会对创新创业教育的关注度和认可度。比如,社会力量可以举办创新创业大赛、培训班、讲座等活动,帮助学生提高创新创业能力。此外,社会力量还可以与政府、高校、企业等其他参与主体建立合作关系,共同推进创新创业教育的发展。

5 跨学科和跨领域合作的推动

创新创业教育需要跨学科和跨领域的合作,以便为学生提供全面的知识体系和技能培训,高校应鼓励学生开展跨学科研究,培养他们的综合素质。同时,高校应与其他高校、研究机构以及企业合作,共享资源,推动创新创业教育的发展。此外,政府、企业和社会力量也需要关注跨学科和跨领域的合作,以便更好地支持创新创业教育。

6.国际交流与合作的拓展

国际交流与合作是推动创新创业教育发展的重要途径,通过国际交流与合作,可以引进国外先进的创新创业教育理念和实践,提高我国创新创业教育的质量和水平。政府、高校、企业和社会力量应积极参与国际交流与合作,共享国际创新创业教育资源,培养具有国际视野的创新创业人才。

大学生创新创业教育生态系统的多元协同和合力形成是一个系统性、综合性的过程,涉及政府、高校、企业和社会力量等多个参与主体。只有各方共同努力,才能推动创新创业教育的发展,为培养更多创新创业人才提供有力支持。

(三)放管结合,自觉形成特色

深化对重点领域教育的改革是有效推动现代化教育发展的重要举措,我们国家有关的决策提出应深化教育领域的综合改革,2017年,我们国家有关部门联合印发了《关于深化高等教育领域简政放权放管结合优化服务改革的若干意见》,该意见旨在进一步向地方高校与地方放权,从而为高校减负、增效,使高校能掌握更大的办学自主权。

1. 政府与高校关系的调整

（1）政府角色的转变。从管理者向服务者转变，降低对高校的行政干预，着力解决高校在办学过程中遇到的问题，为高校发展创造良好的环境。政府要积极推动教育领域简政放权、放管结合、优化服务，进一步向高校与地方放权，给高校减负松绑，破除束缚高校改革发展的障碍，激发广大教师、科研人员教书育人、创新创业的主动精神和积极性。

（2）高校办学自主权的扩大。扩大高校的办学自主权，让高校在人才培养、科研创新、资源配置等方面有更多的自主权和决策权。这有助于高校灵活调整教育教学模式、课程设置和科研项目，更好地满足社会和经济发展的需要。

2. 高校创新创业教育的自觉发展

（1）自主制定创新创业教育发展战略。高校要根据自身的发展定位、办学特色和优势资源，制定符合自身实际的创新创业教育发展战略，明确目标和任务，确保创新创业教育与高校的整体发展战略相协调、相融合。

（2）融入学科建设与专业教育。高校要将创新创业教育融入学科建设和专业教育，打破学科壁垒，推动多学科交叉，培养具有创新精神和创业意识的复合型人才。同时，高校要改革课程体系，加强创新创业教育课程的设置和建设，确保学生在专业学习的基础上，掌握创新创业所需的知识和技能。

（3）打造创新创业实践平台。高校应该充分利用校内外资源，打造创新创业实践平台，如创新创业实验室、创客空间、孵化器等。同时，加强与企业、产业园区等外部实践基地的合作，为学生提供更多的实践机会，培养学生的创新创业能力和团队协作能力。

（4）加强学生创新创业能力培养。高校要关注学生创新创业能力的培养，通过开展创新创业竞赛、创业实践活动等方式，激发学生的创新创业热情和动力。此外，高校还应为学生提供创新创业指导、辅导和培训，帮助学生克服创新创业过程中遇到的困难和问题。

（5）加强创新创业教育体系建设。高校要加强创新创业教育体系建设，完善创新创业教育的组织管理体制，明确各部门、各单位在创新创业教育中的职责和任务，形成全校上下共同参与、齐抓共管的良好局面。同时，高校要加强与政府、企业、社会等各方的沟通和合作，形成创新创业教育的共同体，提升创新创业教育的整体水平。

3. 高校创新创业教育特色发展

（1）明确创新创业教育特色。高校要明确自身的创新创业教育特色，根据学校的历史传统、学科优势、地域特点等因素，确定创新创业教育的发展方向和重点领域，为学生提供多样化、个性化的创新创业教育服务。

（2）发挥优势资源。高校要充分发挥自身的优势资源，如学科优势、师资优势、科研优势等，推动创新创业教育与学科建设、科研创新、产学研合作等方面的深度融合，形成创新创业教育的核心竞争力。

（3）深化合作交流。高校要积极开展国内外合作交流，引进先进的创新创业教育理念和实践经验，推动创新创业教育的国际化。同时，加强与其他高校、研究机构、企业等的合作，共建创新创业教育平台，共享创新创业教育资源，提高创新创业教育的整体水平。

（四）优化体系，助力学生全面发展

1. 紧密结合五育并举，促进创新创业教育科学发展

创新创业教育应将促进学生全面发展作为根本目标，关注学生在知识、能力、素质等方面的全面成长。高校要从培养人的全面发展角度出发，调整教育观念，突破传统教育模式的局限，培养学生具备创新精神和创业能力的综合素质人才。高校要关注每一个学生的个性化发展，提供多样化、个性化的创新创业教育服务。通过开展个性化的指导、辅导和培训，帮助学生找到自己的兴趣爱好、特长和发展方向，引导学生发挥自身优势，实现自身价值。

高校要关注学生的身体素质和健康成长，将体育教育与创新创业教育相结合。体育锻炼可以培养学生的团队协作能力、挑战自我的精神和积极向上的心态，为创新创业提供良好的心理和生理基础。还应将美育教育与创新创业教育相结合，培养学生具备审美能力、创意思维和人文素养。通过开展美术、音乐、舞蹈等艺术教育活动，激发学生的创造力和想象力，为创新创业提供源源不断的创意灵感。当代高校应将劳动教育与创新创业教育紧密结

合，强化学生的实践能力和动手能力。通过参与社会实践、志愿服务等劳动活动，培养学生的责任感、合作精神和创新实践能力，为创新创业积累实践经验。

创新创业教育学科化发展要立足中国国情，结合国内外创新创业教育的成功经验，构建具有中国特色的创新创业教育学科体系。同时，要关注国家和社会对创新创业人才的需求，紧密联系产业发展和社会变革，培养具有国际竞争力的创新创业人才。

高校创新创业教育学科化发展应兼顾问题导向和学科导向，既关注现实问题的解决，又关注学科体系的建设。注重理论研究与实践应用相结合，以问题为导向，发现和解决创新创业教育中的问题；以学科为导向，构建完整的创新创业教育学科体系，推动学科发展。

除此之外，在促进学生全面发展方面，体育、美育、劳动教育也具有不可替代的作用。创新创业教育需要与这些方面相结合，使学生能够在全面发展中获取更广泛的知识和技能。比如，体育锻炼可以提高学生的身体素质和意志品质，使其具备更好的创新创业精神和创新创业能力。美育可以培养学生的审美能力和艺术鉴赏能力，使其更有创造力和想象力。劳动教育可以让学生更加深入地了解社会和生产生活，培养其创业和创新的实践能力。

促进学生全面发展是创新创业教育的重要目标，在实施创新创业教育的过程中，应当注重与专业教育、体育、美育、劳动教育等方面的融合，打造"五育平台"，实现全员、全过程、全方位育人，让学生在全面发展中获取更丰富的知识和技能。同时，创新创业教育也需要在发展中注重"学科化"，提高其规范性、专业性和科学性，构建共同的教育哲学基础、明确学科边界和主体领域、加强平台建设和人才培养。

2. 完善与优化高校创新创业教育改革

高校深化创新创业教育改革需要完善和优化体系，这是非常重要的一步。一个完善的创新创业教育体系，应该包括课程体系、实践体系和保障体系三个方面。

在课程体系的完善方面，应该遵循层次化、类别化的原则，面向全体，分类施教。这意味着，高校需要建立起一套完整的创新创业教育课程体系，包括各个层次的创新创业课程,针对不同类别的学生进行分类教学。在课程的开发方面,应该采用"统整-融入式"开发模式,将创新创业知识与学科知识、行业知识相结合,实现创新知识与能力、创业知识与能力、创新教育与创业教育的统一。这样的课程体系可以帮助学生在全面、系统地掌握创新创业知识和技能的同时,更好地融入专业学习中去,形成具有专业性和创新性的能力。

在实践体系的完善方面,高校应该鼓励学生通过参与科研项目、参加学科竞赛等方式来培养、训练创新思维和能力。高校应该加强与政府、企业、社会的联动,搭建大学生创新创业与社会需求对接平台,为学生提供更多的实践机会和资源,帮助学生更好地将创新创业理论与实践相结合。这样的实践体系可以帮助学生在实践中更好地掌握创新创业知识和技能,培养创新创业精神和实践能力。

在保障体系的完善方面,高校应该将创新创业教育纳入全方位、全过程、循环闭合的质量保障体系中,不断提升培养质量,促进学生全面发展。这样的保障体系应该包括目标系统、资源系统、过程系统和监控、分析、反馈系统等多个方面。在目标系统方面,高校应该明确创新创业教育的培养目标和要求,制订相应的课程和教学计划。

值得注意的是,创新创业教育的完善和优化不仅需要高校本身的努力,也需要政府和社会的支持和参与。政府可以制定创新创业教育相关政策,为高校提供更多的资源和支持,鼓励企业和社会组织参与创新创业教育,提供实践机会和资源支持,从而实现产、学、研和社会的深度融合,为培养具有创新创业精神和能力的高素质人才提供更多的机会和支持。

第三节 构建新时代高校"思政"与"双创"协同育人路径

自党的十八大以来,大众创业、万众创新理念深入人心,创新创业教育已成为高校教育改革的重要方向。而思想政治教育则一直是高校教育的重中之重,它不仅关乎学生的思想道德素质,更关系到学生未来的发展和社会的和谐稳定。高校应该充分认识到思政教育与双创教育的密不可分,将二者有机融合，为学生的全面发展和成才打造更加完善的育人体系。在双创背景下，高校要主动创新思政教育，将其融入双创教育，构建"一带一路""互联网+"等新时代背景下的思政教育，促进学生全面发展和成才。高校要加强思政教育的时代性，贴近时代脉搏，引导学生认识时代变革的重要性，进一步推进中国特色社会主义事业。并将思政教育与创新创业相结合，推动学生创新创业思维和意识的培养，帮助学生了解创新创业的基本知识和技能，能将其应用到实践中去。

一、强化当代大学生综合素质，为创新创业打下坚实的基础

高校思想政治教育以"双创"为切入点，即创新和创业，旨在从形势、任务、法律、道德等方面全面培养学生。这种教育模式不仅有利于培养学生的创业精神，而且有助于树立正确的价值观。在高校思政教学中，坚持"以人为本""以德为本"理念，将"双创"与"思政"相结合，更有利于实现预期中的理想化思政教育目标。

高校"思政"与"双创"协同育人助于培养学生的创新意识、创业精神、团队合作精神和领导能力、消除学生的心理顾虑等。创新意识是指具有发现问题、解决问题的能力和敢于挑战权威、突破常规的精神。高校思政教育通过研究时事政策、法律法规等内容，使学生充分了解国家发展形势和各项政策，从而激发学生的创新意识。例如，可以通过分析国家科技政策，让学生了解国家对创新创业的支持力度，从而鼓励他们大胆尝试新的技术和创意。创业精神包括敢于尝试、坚持不懈、勇于承担风险等品质。高校思政教育通过学习法律法规、社会道德等内容，使学生明确个人责任和社会义务，培养其勇于承担责任的精神。例如，可以通过学习企业家的成功案例，让学生了解创业的艰辛和成功的喜悦，从而培养他们具备执着追求目标的毅力。创业往往需要团队的协作和有效的领导。高校思政教育通过组织各类团队活动和培训，使学生学会沟通协作，培养其团队精神。同时，通过学习领导力课程，使学生具备组织协调、决策判断等领导能力。例如，可以通过开展团队拓展训练、模拟创业比赛等活动，让学生在实践中学会合作和领导。由于大学生的社会经验和经历相对较少，在创业过程中容易产生负面情绪。高校思政教育通过引导学生了解社会现实，培养其正确的人生观、价值观和世界观，使其具备应对困难和挫折的心理素质。例如，可以通过组织心理辅导活动，帮助学生认识到创业过程中的挫折和困难是正常现象，让他们学会调整心态，积极面对挑战。

二、为培养高质量"双创"人才做好思想政治工作

（一）借助思想政治工作提高大学生创新创业成功率

中共中央国务院出台了《关于进一步加强和改进大学生思想政治教育的意见》（以下简称《意见》），《意见》明确提出要把思想政治教育工作摆在首位，充分利用多渠道多样化地进行教育实践。长时间以来，我们国家的高校毕业生就业形势不容乐观创新创业成为当代大学生就业的一种有效途径。基于"双创"与思想政治结合的理念之下，当代大学生创业素质明显有所提升，且思维辩证能力得到了潜移默化的培养，可见，思想政治工作对于强化当代大学生创业意识以及创业水平等方面有着不可忽视的促进作用。对于广大创业者来说，获取并筛选信息、分析局势以及判断风险等都是比较重要的基础性工作，"双创"人才培养背景下的思想政治教育工作能令大学生细致、专业地分析所学知识，使大学生更好地适应并融入社会之中，最终提高其创业成功概率。

1.双创教育与思政教育的内在联系

思政教育为双创教育提供价值导向，旨在培养学生的正确世界观、人生观和价值观。双创教育关注创新和创业，是一种更具实践性和针对性的教育形式。将二者结合，能够使学生在追求创新和创业的过程中，始终坚守正确的价值观，充分体现社会主义核心价值观。思政教育培养双创教育所需的综合素质，注重培养学生的道德品质、心理素质、团队合作能力等综合素质，而这些素质正是双创教育所需的关键因素。在双创背景下，思政教育能够培养学生具有创新意识、创业精神和扎实的专业知识，为大学生的创业之路奠定坚实基础。

2.双创教育与思政教育的有机结合

在高校的课程设置中，可将创新创业教育与思政课程有机结合，通过课

程体系设计，引导学生在学习过程中形成正确的价值观。例如，在思政课程中加入创业案例分析，让学生了解成功创业背后的价值取向和道德观念；在创新创业课程中加入社会主义核心价值观的讲解和分析，培养学生在创业过程中始终坚守正确的价值观。此外，实践活动是提高学生综合素质的重要途径，高校可通过举办创业大赛、实践基地建设、社会实践等形式，让学生在实践中学会运用思政教育所学知识，解决创业过程中遇到的问题。同时，这些活动也有助于培养学生的团队协作精神和领导能力。

3. 双创教育与思政教育的实际成效

双创教育与思政教育的结合使学生在树立正确的价值观的基础上，培养出更强的创新意识和创业能力，有助于学生在未来的创业道路上，更加自信地应对挑战，提高创业成功率。同时还能培养具有社会责任感的创业者，这些创业者在追求自身发展的同时，也能够关注社会利益和公共福祉，为社会做出贡献。融合"双创"与"思政"教育可以提高大学生的创业成功率，为大量毕业生提供更多的就业选择。大学生创业成功不仅有助于解决个人就业问题，还能推动社会经济发展，为其他求职者创造更多的就业岗位。从长远来看，这将有利于优化我国的就业结构，提升就业质量。

（二）守好课堂教学主阵地

在高校进行"思政"与"双创"结合教育的时候，需要依托传统的教学方式，只有"得法"才能取得预期之中的教学成效，只有先做到"守正"，才能不断加以创新。因而，教师应结合高校思政教育与"双创"内容性质、实际学情、学生特点等，巧妙选择教学的方式。在思政教学过程中，依然将传统课堂教学作为主要渠道，将课堂作为主要阵地，符合学生学习规律以及认知规律。在实施课程思政的过程之中，采取传统的"面对面"授课方式以及"手把手"的实训方式，从而使学生在面对面的学习活动之中感受到温度，增强学生学习情感，进一步提升当代大学生"思政"与"双创"学习的效果。

在守正创新的基础上，思政教育要积极探索新的教学方法和手段，以提高教育质量和效果。传统的课堂教学方法在很大程度上满足了学生的学习需求，但随着社会的发展和技术的进步，学生的认知方式和学习习惯也在发生变化。因此,思政教育要与时俱进,适应新的教育环境,创新教学方式。例如,可以利用现代教育技术手段,如多媒体、网络、虚拟现实等,丰富教学手段,激发学生的学习兴趣。同时,还可以将教学内容与学生的实际生活、社会热点问题相结合,使思政教育更具现实意义和针对性。

在课程设置上,应将创新创业教育与思政教育相结合。在思政课程中加入创业案例分析,让学生了解成功创业背后的价值取向和道德观念;在创新创业课程中加入社会主义核心价值观的讲解和分析,培养学生在创业过程中始终坚守正确的价值观。这种课程设置有助于提高学生的创新意识和创业能力,使他们在追求创新创业的过程中,始终坚守正确的价值观和道德操守。

在教师队伍建设方面,高校应重视培养一支既懈怠授课技巧、又具有创新创业实践经验的教师队伍。教师在掌握专业知识的同时,还要具备一定的创业经历和实践经验,这样才能将理论知识与实际操作相结合,提高教学质量。同时,高校还要加强教师的继续教育和培训,使教师能够掌握最新的教育理念和方法,为学生提供更好的教育服务。

(三)运用现代化教学方式

不同时期皆会产生富有时代特色的教学方式以及教学手段,当今时代下,微课、慕课、翻转课堂等类型的教学方式跨越了时空的"鸿沟",使得思政教学效果能更好地得以发挥。比如,在对大学生进行艰苦创业教学的过程之中,过去的"老物件"是比较具有价值意义的教学资源,但是当代的大学生通常难以理解传统年代人们如何应用这些"老物件"谋取生存,更难以理解在改革开放之前,尤其是在物资贫瘠的时代,当时的人们处于怎样的生存状态。但是,如果能与时俱进,借助现代化的虚拟技术,则能使学生"穿越",以虚拟现实的教学帮助学生亲身体会到艰苦创业的必要性与必然性。

运用现代化信息技术不断对教学方式进行创新,能使思想政治教学的效果最大化发挥。不仅如此,现代化技术本身有着比较强的实践性教育作用,能够帮助学生在运用以及体验先进技术的过程之中启迪思想、塑造价值、传播精神,将学生爱国情结激发,并培养学生科学精神,使得学生在日后创新创业发展进程中呈现出良好的精神面貌以及精神品质。

在教学评价方面,可以尝试运用现代化评价方式,如网络测试、在线互动、学生自评等，以更全面、客观地评价学生的学习效果。这种评价方式不仅能够减轻教师的工作负担，还能为学生提供更多的学习反馈，帮助他们找到自己的不足，提高学习效果。

在教学资源上，应当充分利用现代化手段，如数字图书馆、网络资源、专业数据库等，丰富教学资源。这将有助于提高教学质量，增强学生的学习兴趣和自主学习能力。与此同时，教师应关注学生的信息素养培养，引导他们合理使用网络资源，提高自主学习能力。

（四）开展体验式教学

在高校思政教育中，体验式教学的运用至关重要，它通过各种互动、实践与反思的方式，激发学生的学习兴趣，引导他们深入思考社会问题和价值观念。体验式教学的深入实施能够让学生在亲身参与的过程中感受思政教育的魅力，培养他们的理想信念和价值观，并提高他们的综合素质与能力。

角色扮演作为体验式教学的一种重要方式，在高校思政教育中发挥着独特的作用。通过设置不同的历史情境和社会背景，引导学生站在不同角色的立场去审视问题，从而更好地理解历史的发展脉络和人物的思想情感。在角色扮演活动中，学生可以亲身经历不同角色的思考过程和决策抉择，从而提升他们的批判性思维和创新能力。同时，角色扮演也有助于培养学生的团队协作精神和沟通能力，为他们未来在社会中担任各种角色打下坚实基础。

演讲是体验式教学中一种重要的表达形式，在思政教育中，教师可通过组织演讲比赛等活动，引导学生充分发挥自己的思维与表达能力，对某一时期的历史事件、社会问题或思想家的观点进行阐述与评论。演讲活动不仅有助于提高学生的口头表达能力，而且能使他们在准备演讲过程中，深入挖掘相关主题背后的历史文化内涵和思想内核。此外，演讲还能激发学生的爱国情怀和社会责任感，培养他们具有时代精神和担当意识。

朗诵作为体验式教学的另一种形式，可帮助学生更好地体会诗歌、散文等文学作品所蕴含的思想、精神和价值。教师可通过组织朗诵活动，引导学生在诵读过程中领悟作品的内涵与美感，从而启发他们对国家、民族、家庭等方面的热爱与敬仰。同时，朗诵活动也有助于培养学生的审美情趣和人文素养，提升他们的文化修养。通过朗诵，学生可以学习和借鉴文学作品中的优秀品质和价值观，将这些内化为自己的精神财富，为未来的创业和人生发展奠定坚实基础。

除此之外，教师还可以运用案例教学、实地考察等体验式教学方法，带领学生深入分析社会现象和问题，挖掘其背后的思想观念和历史文化根源。通过案例教学，学生可以将理论知识与实际问题相结合，提高分析和解决问题的能力。实地考察则能让学生亲身体验历史遗址、文化景观等地的独特魅力，激发他们对历史文化的敬仰和热爱。

在创新教学方法时，教师应注意掌握"度"，在保持传统教学方法的基础上，有针对性地引入体验式教学。创新教学方式并非"越新"就越好，而要有"度"，有所为、有所不为。教师应尽量采取能够使学生沉浸式、互动式、反思式的教学方式，而不仅仅是简单的"你说我听"或哗众取宠。只有这样，才能切实强化学生学习效果，保障高校思政教育质量。

（五）"双创"教育与思想政治教育的有机融合

1. 相互整合，提升教学质量

在整合思政和双创课程的过程中，高校可以结合实际案例，将课程设计得更加贴近学生的实际需求和社会发展。例如，可以开设一门"社会主义核心价值观与创新创业"的课程，将思政教育内容与创新创业实践相结合。通过具体案例分析，引入知名企业，让学生深入了解这些企业如何在遵循社会主义核心价值观的基础上，取得了卓越的创新成果。

2. 开展实地考察

高校可以组织学生走出校园，到企业进行实地考察，了解企业的创新创业实践。例如，在考察某家高科技企业时，学生可以深入了解企业如何在遵循国家政策的前提下，实现技术创新和市场拓展。这种实地考察可以让学生更直观地了解创新创业的过程，同时，也有助于学生理解思政教育与创新创业之间的内在联系。

3. 提供专业指导

高校可以邀请具有丰富创新创业经验的企业家、创业导师等担任学生的导师，为学生提供专业的指导和建议。例如，在学生进行创业项目策划时，创业导师可以从市场定位、商业模式、法律法规等方面为学生提供实用的建议。同时，创业导师还可以分享自己的创业经历，帮助学生理解在创业过程中应如何坚持社会主义核心价值观，克服困难，取得成功。

4. 以创新创业教育为载体，培养学生的社会责任感

通过创新创业教育，学生可以更深入地理解国家发展战略、行业政策等方面的内容，从而增强其社会责任感。例如，高校可以开展关于绿色发展、可持续发展等方面的创新创业实践项目，让学生在实际操作中认识到环境保护和社会发展的重要性。此外，教师还可以通过案例分析、讲座等方式，引导学生关注社会热点问题，培养学生的公民意识和社会责任感。

总的来说，通过有关举措，高校可以实现思政与双创教育的有机融合，为学生提供更具体、深入的教育内容。在这个过程中，教师的引导和支持是至关重要的，他们需要关注学生的个人发展需求，充分发挥学生的主体作用，激发学生的创新精神和实践能力。同时，高校应积极与企业、社会等各方力量合作，共同为学生提供更多实践机会，帮助学生成长为具有创新创业能力和社会责任感的人才。

（六）文以载道，以文化人

高校的创新创业文化对于学生的教育熏陶十分重要，营造创新创业氛围，需要将创新创业教育与校园文化建设加以融合，与其他校园文化相得益彰，进而为双创教育与思政教育融合发展创造有利条件。

高校要进行更全面的宣传，利用校园内网、公众号和校报校刊等多元渠道进行思政教育与创业教育，加深大学生对创业的认知，增强学生的创业意识。例如，某高校通过校园内网发布创业知识、创业故事和创业成功案例，让学生在日常学习中接触到创新创业的理念。同时，学校还可定期发布创业政策和创业资讯，帮助学生了解国家和地方对创新创业的支持政策，进一步激发学生的创业热情。

积极开展创业相关活动，组织创业项目竞赛和"我是未来企业家"等讲座活动，通过类似活动，学生可以更好地理解什么是创业、为什么要创业以及如何创业。例如，某高校每年举办"创新创业大赛"，邀请校内外专家作为评委，激发学生的创业积极性。此外，学校还可以邀请成功的企业家和创

业者来校进行分享交流,通过他们的亲身经历和成功案例,为学生提供创业的启示和借鉴。

搭建创业平台,让大学生在此平台上了解创业相关知识,与志同道合的学生进行创业交流,或者建立创业联盟等社团。例如,某高校设立了创新创业中心,为学生提供创业培训、项目孵化、资金支持等一站式服务。同时,邀请成功企业家到校内演讲,以此激发大学生创业热情,营造良好的创业氛围。

为了培养具备创新创业精神的人才,高校还应将创业教育融入课程体系。在教学过程中,教师可以引导学生关注社会热点问题,鼓励学生寻找解决问题的创新途径。例如,某高校在课堂上组织学生分析社会现象,寻找商机,并要求学生设计创新解决方案。这种教学方式既能提高学生的创新创业意识,又能锻炼学生的实践能力。

新时代背景之下,思政教育及"双创"教育的融合发展是大势所趋,能有效实现协同育人以及立德树人的目标。在两者同源共进、同向同行、同频共振的教学活动之中,可以充分将教师专业化指导作用发挥出来,强化学生创新创业使命自觉,并树立浓厚的创新创业意识,形成良好的职业道德素养,不断强化当前时代大学生创新创业的能力。最终,形成特色鲜明的创新创业文化,实现以创业带动就业,进而创新创造美好未来。

第四节 "双创"教育未来发展趋向的思考

在新时代背景下,创业教育再一次站在十字路口,面临着变革还是因循守旧的选择。对于具有创新精神的创业教育者来说,这其实并非困难抉择,创业教育已从高等教育的奢侈品逐渐转变为必需品。深化高校创新创业教育改革已成为我国实施创新驱动发展战略、提升经济质量效益的迫切需求和必然选择。

自1947年哈佛大学教授迈尔斯·梅斯开设第一门创业课程"新创企业管理"以来,欧美高校的创业教育已逐步成为高等教育的重要组成部分。其发展趋势从单一课程到跨学科项目,进而演变为部分大学设立的独立专业,形成了从中小学到硕博研究生层次的相对完善和成熟的创业教育课程体系。

这一体系汇聚了一批学术研究群体和实践导师队伍，营造了良好的创业教育生态系统，反映出创业教育已经拥有了新的利基市场，不断推动创业教育学科专业化进程。

在新时代，我国高校也应当借鉴国际经验，推进创业教育改革。建立创新创业教育课程体系，将创业教育纳入各学科领域，形成融合式、跨学科的创业教育。

一、参与式"双创"教育方式成为主流

随着教育技术的不断发展，参与式的创业教育教学方法逐渐成为主流。创新创业教育更加突出实践性和现实性，更加注重教学对象的情境化体验。在欧美高校的创业教育教学中，翻转课堂、虚拟现实技术、数字经济和人机交互理念等都得到了不同程度的体现，推动了教学方法的不断变革，如多维度讨论式、深度体验式、仿真模拟式以及混合式教学方法的涌现。

参与式的教学方法体现了学生课程主体的地位，通过课程设计、教师引导、学生参与和知识探究进行知识传授与创新。这种方法关注受教育者的个性化需求，以学生更好地参与创业教育学习过程为出发点。教师在这个过程中不仅是知识的传递者，更是学生思维的启发者，学生则是平等交流的对象和课堂创新主体，而不是教学过程中的附属品。

参与式教学方法为学生创造力的释放提供竞技平台，将静听式课堂、知识灌输式课堂和教师主场式课堂深刻转变为对话探究式课堂、智慧启迪式课堂和学生主场式课堂。以下几个方面可以具体阐述参与式教学方法的特点和优势：

（一）翻转课堂

翻转课堂是一种将课堂内外活动颠倒的教学模式，学生通过在线学习、观看视频或阅读材料等方式自主完成课前预习，而课堂时间则用于讨论、实践和解决问题。这种教学模式有效激发学生的学习兴趣和积极性，有利于培养学生的自主学习和团队协作能力。例如，斯坦福大学的"创新与创业"课程采用翻转课堂模式，要求学生在课前完成相关阅读材料和在线课程，课堂上则进行小组讨论、案例分析和项目实践，培养学生的创新思维和实践能力。

（二）深度体验式教学

深度体验式教学注重学生在实际环境中的参与和体验，通过实践活动、实地考察、案例分析等方式让学生深入了解创业过程中的各种问题和挑战，从而提高他们的创业意识和能力。例如，麻省理工学院的"创业实践课程"要求学生组成团队，从创意到产品开发、市场营销和融资等全过程亲身实践创业项目。这种教学方法有助于学生充分认识创业的现实挑战，培养他们的团队合作、沟通协调和解决问题的能力。

（三）仿真模拟式教学

仿真模拟式教学通过计算机技术和虚拟现实技术模拟创业过程，让学生在模拟环境中进行创业决策、风险评估和资源分配等操作。这种教学方法既可以让学生在较低成本和风险下体验创业过程，也有助于提高他们的创新思维和决策能力。例如，哈佛商学院的"商业模拟游戏"让学生在虚拟环境中创建和管理企业，模拟创业过程中的各种情境和挑战，培养学生的战略思维、市场分析和风险管理能力。

（四）混合式教学

混合式教学将线上和线下教学相结合，利用网络资源、多媒体技术和传统课堂教学等多种手段相互补充和融合，既保留了传统教学的优势，又充分利用现代教育技术的优点。例如，英国剑桥大学的"创新与创业研究生课程"采用混合式教学模式，结合在线课程、线下讲座、实践项目和导师辅导等多种教学手段，全面培养学生的创业知识、技能和素质。

参与式的创业教育教学方法以学生为中心，充分激发学生的学习兴趣和积极性，有助于培养他们的创新思维和实践能力。随着教育技术的不断发展，这种教学方法将在未来的创业教育中发挥越来越重要的作用。

二、跨学科融合的"双创"教育课程体系设置成为趋势

随着数字经济时代的到来，创业教育课程内容不断丰富和多元化，紧密地与现代经济、社会和科技发展相结合。为了培养学生的实践能力和创造力，课程设置应特别注重与这些领域的结合。21世纪初，教育专家提出了

旨在提高学生创新能力的跨学科和复合型课程理念。在这一背景下,为了保持国家竞争力,高校创业教育课程体系应做出以下调整:

(一)增加创业基础课程设置

高校将创业基础课程设置为全校性的通识教育,使所有学生都能接触到创业教育。这些课程旨在传授创业的基本理念、原则和方法,激发学生的创业兴趣和潜能。例如,许多高校都开设了创业概论、市场营销、商业模式设计等课程,以帮助学生了解创业过程的各个方面。

(二)跨学科和跨专业性的综合类创业课程

高校在创业教育中注重课程内容的跨学科和跨专业性,将文、理、工科有机结合,帮助学生形成综合性的创业知识结构。例如,高校开设从创意产生、市场调查、产品开发、商业计划编写到融资、团队建设、市场推广等涉及多个学科领域的课程。这样的课程设置有助于拓宽学生的视野,提高他们在不同领域的创新创业能力。

(三)完善的创业选修课程及学分制度

高校建立相对完善的创业选修制度和学分制度,开设多种类型的创业选修课程供学生选修。这种制度鼓励学生在完成专业课程的同时,有余力跨学科、跨专业和跨系选修其他课程。通过这种方式,学生可以根据自己的兴趣和需求选择课程,更好地发挥自己的潜能,培养出能够适应市场需求的创业型人才案例分析和实践项目在创业教育中的重要性

高校在创业教育中应重视案例分析和实践项目,这使得学生能够在真实环境中应用所学知识,锻炼自己的实际操作能力。例如,课程中可能包括分析成功创业案例的环节,让学生深入了解创业者如何克服困难,实现目标。

(四)创业教育与科技创新的紧密结合

当前,高校比较注重将科技创新融入创业教育课程中,以培养学生具备科技创新能力的创业型人才。例如,开设科技创新与创业、创新思维、设计思维等课程,帮助学生掌握科技创新的理念和方法。同时,高校还应鼓励学

生参与科研项目，将科研成果转化为创业项目，从而推动科技创新与创业的融合发展。

如今，高校在"双创"教育的课程设置、科技创新等方面不断做出了努力，形成了具有跨学科融合特点的创业教育课程体系。这一发展趋向对于中国当代大学生创新创业教育有着不可忽视的意义，有助于培养更多具备创新创业能力的人才，推动国家的经济社会发展。

三、鼓励创新推动创业结构性的调整

在当前的创新创业热潮下，大学生创业已成为一种趋势和主流，但是在创业结构的发展过程中，存在着不均衡的问题。为了引导大学生更好地加快创新创业的结构调整，需要逐步健全创新创业的社会保障机制，同时鼓励大学生在创业区域、创业技术、创业产品和创业模式上不断创新发展。

（一）建立完善的社会保障机制

创新创业是一种高风险、高回报的活动，大学生创业中面临着资金、资源、市场等多方面的压力和挑战。因此，为了保障大学生创业的合法权益和创业风险的控制，需要建立完善的社会保障机制，为大学生创新创业提供更多的机会和支持。政府可以通过设立专项基金、提供优惠贷款、税收减免等方式，来支持大学生创新创业。同时，还可以建立创新创业保险制度，为创业者提供保险保障，降低其风险压力。建立完善的知识产权保护体系，保障大学生创业的知识产权和创新成果。对于侵犯知识产权的行为，应当及时追究责任，保护大学生的合法权益。应当建立完善的法律法规体系，规范大学生创业的行为和流程，保障大学生创新创业的合法性和安全性，同时也为其提供更加稳定的发展环境。

（二）鼓励大学生积极探索，不断创新发展

为了引导大学生加快创新创业的结构调整，需要鼓励大学生积极探索，在创业区域、创业技术、创业产品和创业模式上不断创新发展。具体来说，应当注重以下几个方面的创新：

（1）创新创业区域。大学生创业不仅仅局限于校园内，还可以在各个

城市、乡村等地方开展创新创业活动。因此，应当鼓励大学生在不同的创业区域中进行创新实践，以发掘各地的经济和文化资源，创造更多的商机。比如，在乡村地区可以通过农业、旅游、电商等方式开展创业活动，利用当地的资源和特色优势，开发新的市场。在城市中，可以利用人口密集和商业繁荣的地理优势，探索新的商业模式和产品服务。

（2）创新创业产品。创业过程中，产品的创新和优化是非常重要的环节。大学生创业应当注重挖掘市场需求，针对消费者的实际需求，开发出具有特色和优势的产品和服务。在产品的研发和推广过程中，应当积极与相关行业和企业合作，共同开展创新活动，形成产业联动效应。

四、准确定位个体创业立足点

针对大学生创新创业问题，要认清当前的创新创业及就业环境，并不断提升自己的知识能力和心理素质，以创造更多的就业机会。这是解决大学生创新创业问题的一个基本方向，需要大学生自身积极发挥作用，同时也需要社会各界的支持和配合。

在当前激烈的就业环境下，大学生需要深刻认识到自己的就业现实，积极提升自己的知识能力和心理素质。在这个过程中，大学生需要做好职业规划，选择与市场需求紧密结合的专业方向，了解市场的需求状况，不断学习和提高自己的技能和能力，为自己创造更多的就业机会。并且大学生还需要结合实际选择创新创业方向，在选择创新创业方向时，需要深入了解市场需求，把握市场趋势，选择适合自己的创新创业方向。注重创新创业的区域选择、市场调研和实地调查等方面的工作，了解市场的情况和行情，为自己的创新创业之路提供有力的保障。

在此过程中，高校应及时为大学生提供必要的帮助和指导，帮助大学生准确定位个体创业的立足点，消除大学生的疑虑和观望心理。高校可以指导学生找准创新创业的进入点，考虑好在哪个区域、做什么、怎么做、达到哪个目标等问题。高校还可以引导学生对意向市场进行分析，做好实地调研，掌握市场行情等方面的工作，帮助大学生深入了解市场，克服创新创业无门的心理障碍。

除此之外，地方政府也应当加大对大学生创新创业的支持力度，为大学生提供更好的创新创业环境和政策支持。政府可以通过财政、税收、金融等方面的政策扶持，为大学生提供必要的资金支持和政策保障。政府还可以完善创新创业培训机制，加强对大学生创业的信息和引导服务，通过对大学生创业区域、内容、路径的有效引导，为当代大学生顺利创新创业铺路。

参考文献

[1] 王帆. 推动实践与创新创业能力培养 [M]. 昆明：云南大学出版社，2021.

[2] 孔洁珺. 大学生创业价值观教育研究 [M]. 北京：中国人民大学出版社，2021.

[3] 陈虹. 大学创新创业教育 [M]. 北京：文化发展出版社，2020.

[4] 陈磊，张晓敏，黄利梅，等. 大学生职业发展教育 [M]. 重庆：重庆大学出版社，2018.

[5] 吴亚梅，龚丽萍. 大学生创新创业教程 [M]. 重庆：重庆大学出版社，2018.

[6] 胡楠，郭冬娥，李群如，等. 大学生职业规划与就业指导教程 [M]. 北京：人民邮电出版社，2017

[7] 胡楠，郭冬娥，李群如，等. 大学生职业规划与就业指导实践训练 [M]. 北京：人民邮电出版社，2017.

[8] 王长青. 大学生职业生涯规划与发展 [M]. 南京：南京大学出版社，2017.

[9] 吕晶. 新时代大学生职业观引导策略研究 [D]. 长春：东北师范大学，2021.

[10] 王晶. 新时代大学生职业生涯规划教育研究 [D]. 西安：西安科技大学，2020.

[11] 王东明. 当代大学生创业教育研究 [D]. 哈尔滨：哈尔滨师范大学，2020.

[12] 丁亿. 增强大学生创新创业教育实效性研究 [D]. 哈尔滨：东北林业大学，2020.

[13] 王艺昊. 当代大学生创新创业思想教育研究 [D]. 重庆：重庆交通大学，2019.

[14] 孙艺暄. "互联网+"时代大学生创业教育研究 [D]. 长春：吉林农业大学，2018.

[15] 王义友. 我国高职学生职业生涯规划教育研究 [D]. 长沙：湖南大学，2013.

[16] 邵蒙蒙. 加强职业生涯规划教育保障大学生充分就业的研究 [J]. 创新创业理论研究与实践,2022，5（21）:79-82.

[17] 祝燕萍，靳文学. 新时代视域下大学生职业规划中创新创业能力培养探究 [J]. 投资与创业,2022，33（18）:31-33.

[18] 丁楠，王琪. 新形势下大学生职业生涯规划与就业指导体系构建探析 [J]. 就

业与保障，2022（8）:166-168.

[19] 韩宝妍.以职业生涯规划为导向的大学生创新创业教育模式构建[J].中国多媒体与网络教学学报（中旬刊），2022（8）:195-198.

[20] 王晓飞.基于大学生职业生涯规划的创新创业教育探究[J].吉林广播电视大学学报，2022（1）:114-116.

[21] 陈惠鑫.基于职业生涯规划发展的大学生创新创业教育探讨[J].质量与市场，2021（22）:52-54.

[22] 林晓丹.基于职业生涯规划提高大学生创新创业能力思考[J].质量与市场，2021（22）:70-72.

[23] 董兰国,宁利红.大学生职业生涯规划能力与创新创业能力提升路径研究[J].科教文汇（中旬刊），2021（23）:27-29.

[24] 成翠雄.基于职业生涯规划的大学生创新创业教育模式探索[J].就业与保障，2021（15）:88-89.

[25] 杨宇.大学生职业生涯规划与创新创业教育协调发展策略研究[J].江西电力职业技术学院学报,2021,34（4）:148-149.

[26] 蒋晓丽,许理林.基于职业生涯规划理念下大学生创业能力的培养[J].就业与保障，2020（21）:65-66.

[27] 李露.创新创业教育融入大学生职业生涯规划教学的研究[J].创新创业理论研究与实践，2020,3（16）:163-164.

[28] 高帆.新形势下大学生职业生涯规划与就业创业探讨[J].就业与保障，2020（15）:65-66.

[29] 丁涵.创新创业背景下大学生职业生涯规划的研究[J].就业与保障，2020（13）:53-54.

[30] 刘丹.职业发展视角下大学生创新创业教育改革研究[J].辽宁高职学报，2018,20（4）:77-80.

[31] 霍晨,郑帅.大学生职业生涯规划与创新创业能力提升探析[J].文化创新比较研究，2017,1（14）:112,78.

[32] 韩译墨."互联网+"背景下大学生创新创业教育的新模式研究[N].山西科技报,2022-11-21（B07）.

[33] 阿妮尔.生涯早规划 就业有底气[N].江苏教育报,2022-06-15(1).

[34] 乔桥.新时代大学生创新创业教育的现实意义和有效途径[N].山西科技报,2021-08-16(A06).

[35] 赵珍,高建军.推进创新创业教育 破解大学生就业难题[N].山西日报,2016-01-19(C03).

[36] 张烁.创新创业,高校怎么教[N].人民日报,2015-07-09(18).